幼儿教师口语训练

主编 谢润姿

广东高等教育出版社
Guangdong Higher Education Press

·广州·

内 容 简 介

幼儿教师口语训练是一门理论与实践相结合，用理论指导实践，以训练为主线的课程。本教材旨在帮助有意从事学前教育事业的学生了解有关幼儿教师口语的相关内容，掌握口语的相关理论，建立科学理念，提高幼儿教师的口语表达能力。全书共分六章，主要介绍普通话基础知识与训练、幼儿教师教学口语训练、幼儿教师教育口语训练、幼儿文学作品朗读训练、幼儿故事讲述训练、幼儿教师体态语训练等内容。本教材配有丰富的案例，结合幼儿教育教学实际，采用更加直观的学习方式，增强教材的可读性和可操作性。

本书可作为高职高专学前教育专业和中等职业学校幼儿保育专业学生的教材，也可作为一线幼儿教师继续教育的培训资料。

图书在版编目（CIP）数据

幼儿教师口语训练/谢润姿主编. —广州：广东高等教育出版社，2022.9
ISBN 978-7-5361-7295-1

Ⅰ. ①幼… Ⅱ. ①谢… Ⅲ. ①幼教人员-汉语-口语-教材 Ⅳ. ①H193.2

中国版本图书馆 CIP 数据核字（2022）第 146029 号

YOU'ER JIAOSHI KOUYU XUNLIAN

出版发行	广东高等教育出版社
	社址：广州市天河区林和西横路
	邮编：510500　营销电话：（020）87554152　87553735
	http://www.gdgjs.com.cn
印　刷	广东鹏腾宇文化创新有限公司
开　本	787毫米×1 092毫米　1/16
印　张	18.75
字　数	444千字
版　次	2022年9月第1版
印　次	2022年9月第1次印刷
定　价	48.00元

（版权所有，翻印必究）

前 言

幼儿教师口语课程是一门理论与实践相结合、用理论指导实践、以训练为主线的课程。

本书作为课程实践教材，根据幼儿教师职业的特殊性和专业性，尝试将幼儿教师口语的理论知识和口语实践有机结合起来，旨在帮助有意从事学前教育事业的学生了解有关幼儿教师口语的相关内容，掌握幼儿教师口语的相关理论，形成正确的幼儿教师口语观，科学地掌握幼儿教师口语的基本知识和技能，提高幼儿教师的口语表达能力。

本教材重视幼教特色，具有较强的实用性和可操作性。从理论的阐释到训练材料的选择，尽量考虑学前教育专业的特点和要求，尽量结合幼儿园的教育教学实际，力求做到理论与实践相结合，讲解与训练相结合，循序渐进地引导学生提高口语表达能力，为日后顺利完成幼儿园的各项教育教学工作打下基础。同时，书中还设置了普通话水平测试训练的相关内容，力争使学习者既能掌握作为一名幼儿教师应具备的基本技能，又能顺利通过普通话水平测试。

本教材的主要内容有：绪论，普通话基础知识与训练，幼儿教师教学口语训练，幼儿教师教育口语训练，幼儿文学作品朗读训练，幼儿故事讲述训练和幼儿教师体态语训练。

本教材主要面向高职高专学前教育专业和中等职业学校幼儿保育专业学生，同时也可作为一线幼儿教师继续教育的培训资料。

本教材在编写过程中参考了有关专家、学者的研究成果，在此深表谢忱。

由于编写时间紧迫，本书所引用的部分作品未能及时与原作者联系，在此深表歉意！由于水平所限，书中疏漏与不足之处在所难免，恳请各位专家、同行和读者提出宝贵意见，以便进一步修改完善。

编　者

2022 年 5 月 20 日

目　录

绪论 ……………………………………………………………………………………（1）

第一章　普通话基础知识与训练 ………………………………………………（7）
第一节　普通话概说 …………………………………………………………（7）
第二节　声母训练 ……………………………………………………………（11）
第三节　韵母训练 ……………………………………………………………（29）
第四节　声调训练 ……………………………………………………………（44）
第五节　音变训练 ……………………………………………………………（49）

第二章　幼儿教师教学口语训练 …………………………………………………（61）
第一节　幼儿教师教学口语概说 ……………………………………………（61）
第二节　导入语训练 …………………………………………………………（70）
第三节　讲解语训练 …………………………………………………………（76）
第四节　提问语训练 …………………………………………………………（80）
第五节　过渡语训练 …………………………………………………………（85）
第六节　应变语训练 …………………………………………………………（89）
第七节　结束语训练 …………………………………………………………（93）

第三章　幼儿教师教育口语训练 …………………………………………………（99）
第一节　幼儿教师教育口语概说 ……………………………………………（99）
第二节　沟通语训练 …………………………………………………………（106）
第三节　启迪语训练 …………………………………………………………（113）

    第四节　劝慰语训练 ………………………………………………（117）
    第五节　说服语训练 ………………………………………………（121）
    第六节　激励语训练 ………………………………………………（124）
    第七节　表扬语训练 ………………………………………………（129）
    第八节　批评语训练 ………………………………………………（134）

第四章　幼儿文学作品朗读训练 …………………………………（140）
    第一节　朗读概说 …………………………………………………（140）
    第二节　朗读技巧 …………………………………………………（149）
    第三节　幼儿文学作品朗读训练 …………………………………（154）

第五章　幼儿故事讲述训练 ………………………………………（174）
    第一节　幼儿故事讲述概说 ………………………………………（174）
    第二节　幼儿故事的选择 …………………………………………（177）
    第三节　幼儿故事讲述技巧 ………………………………………（179）
    第四节　幼儿故事讲述训练 ………………………………………（189）

第六章　幼儿教师体态语训练 ……………………………………（204）
    第一节　体态语概说 ………………………………………………（204）
    第二节　表情语训练 ………………………………………………（208）
    第三节　目光语训练 ………………………………………………（211）
    第四节　手势语训练 ………………………………………………（214）
    第五节　身姿语训练 ………………………………………………（219）
    第六节　服饰语训练 ………………………………………………（222）

附录　普通话水平测试朗读作品 …………………………………（224）
参考文献 ………………………………………………………………（293）

绪 论

　　学前教育是一个人终身教育的开端,是国民教育体系的重要组成部分,是重要的社会公益事业,寄托着亿万家庭对美好生活的期盼。幼儿教师是幼儿园保教活动的组织者和实施者,对幼儿身心的发展影响极大,在幼儿全面、和谐的发展过程中扮演着重要的角色。

　　口语表达是幼儿教师开展工作的主要手段和方式。在幼儿园,由于幼儿年龄特征的制约,口语成为幼儿重要的学习工具和师生交际的主要途径。特别是幼儿教师的口头语言,对于较好地完成幼儿教师的保教目标、开发幼儿的语言智力、培养幼儿的审美情趣,有着极为重要的作用。因此,未来的幼儿教师可以通过本课程的学习,提升职业语言素养,为将来的幼儿教育工作做好充分的准备。

一、幼儿教师口语简介

(一) 幼儿教师口语的含义

　　幼儿教师口语指幼儿教师从事教育教学活动时所使用的符合幼儿教师职业规范的口头语言,是应用语言学研究的一个分支,是幼儿教师进行教育教学活动的最基本、最重要的手段,是教师的劳动工具。它有自己专有的内容、独特的要求和显著的特征。

　　幼儿教师口语主要包括教学口语和教育口语。在教学活动中,教师可以利用多种信息传递形式,如肢体语言、口语等,其中最重要的是口语。幼儿园活动的目标主要是通过口语实现的,教育教学任务也主要是通过口语完成的。除了教育教学口语外,幼儿教师口语还包括教师和家长、领导、同事及其他相关社会人士沟通时使用的交际口语。

　　幼儿教师口语必须以一般口语为基础,一般口语所反映出来的是社会各行业、各人群的共同的口语规律。一个在日常生活中难以完成口语交际的人,也同样难以在幼儿教育活动中清晰流畅、生动形象地进行讲述、讲解,难以对教育工作对象即幼儿循循善诱。幼儿教师口语和其他各类行业口语如司法口语、商贸口语等一样,都属于一般口语的行业延伸和应用。但是,育人的性质使得幼儿教师口语既是一般口语的提高和发展,又是一般口语在教育教学活动中的专业化体现。

(二) 幼儿教师口语的作用

　　教师的职责是"传道、授业、解惑"。教师是吃"开口饭"的,有人将教师这一职业称为"舌耕",因此,教师的语言修养直接影响教学质量。没有口才的教师,其教育教学效果一定是非常糟糕的。荀子曾说:"诵说而不陵不犯,可以为师;知微而论,可以为师。"意思是说,在吟诵经典、说文解意时,能做到不凌乱、不违逆(不违背原意),才具备了成为教师的条件；能洞察精微的道理且能表述出来，才具备了当教师的资格。夸美纽斯说："一个嗓音动听、语脉清晰的教师，他的声音便像油一样浸入学生的心里，把知识一道带进去。"叶圣陶认为："凡是当教师的人绝无例外要学好语言，才能做好教育工作和教学工作。"马卡连柯也特别重视教师口语的作用，认为教师的语言要恰当地运用语调，语调要抑扬顿挫，否则会引起教育对象的疲劳。他说："声调的运用之所以具有意义，倒不是仅仅为了谈吐嘹亮，而是为了能够更准确、生动、有力地表现自己的思想和感情。"他认为，教师只有在学会用15～20种声调来说"到这里来"的时候，只有学会在表情、姿态和声音的运用上能做出20种格调的时候，才算变成了一个真正有本领的人。到了那个时候，他就不怕有哪个学生不肯接近他，也不怕洞察不到他所需要洞察的东西。

幼儿正处在语言发展的关键期，教师在一日活动中使用的语言对幼儿语言发展，乃至其他心理发展有很大的影响。优秀教师的语言魅力在于能够在活动过程中化深奥为浅显、化抽象为具体、化平淡为神奇，从而引起幼儿的注意力，激发幼儿的学习兴趣和求知欲望。优秀的幼儿教师之所以深受幼儿喜欢，其组织的活动之所以能给幼儿留下深刻印象，除了他们拥有丰富的知识之外，纯熟、优美的语言也是一个重要因素，他们的语言可以使幼儿的一日生活更具有趣味性和艺术性。

幼儿的语言发展大部分是通过自然观察和模仿获得的，如果没有语言范例，幼儿的语言不可能正常地发展。在幼儿园，教师的语言无疑是幼儿模仿的对象、学习的范例，幼儿对教师的一词一句、一腔一调甚至某句口头禅都非常敏感。无论是在与幼儿的日常交往中，还是在正式的教育教学活动中，教师使用的语言都对幼儿语言的发展起到了示范的作用。根据信息加工理论的观点，他人的语言输入和语言反馈是幼儿语言发展过程中的重要环节，语言输入是幼儿分析、比较、内化语言规则的源泉，语言反馈在幼儿对语言规则提出假设并检验假设的过程中起到验证、调节的作用。因此，教师语言使用得当，能够帮助幼儿形成良好的语言习惯，让幼儿能够学会正确运用词汇、语调、语法表达自己的想法和内心感受。例如，当幼儿毛毛无意中把丽丽推倒在地，教师会提醒毛毛："毛毛，你应该对丽丽说什么？"毛毛回答："应该说'对不起'。"又如，一名幼儿对老师说："妈妈说我们明天去了舅舅家。"这时，老师通过重复幼儿的话来纠正幼儿语言使用中的错误："哦，你是说你和妈妈明天要到舅舅家去呀……"幼儿教师口语对幼儿语言的影响很多都是无意识的，但却是深远的。

二、幼儿教师口语的特征

幼儿教师口语是幼儿主要的模仿对象，对幼儿语言能力的发展有重要影响，这就要求幼儿教师在深入了解幼儿语言习得的特点和身心发展水平上，充分运用语言这一工具开启幼儿的心智。幼儿教师口语具有以下特征。

（一）规范有序

"规范"是指幼儿教师口语必须符合现代汉语的基本要求。教师为人师表，语言必须具有规范性。幼儿教师要用标准的普通话进行教学，语音规范，发音正确，这样幼儿才能比较容易听懂；不使用方言词、娃娃词、网络词等不规范词语，如"你走先""顶""洗澡澡"等。在幼儿园的活动中，有的教师的普通话标准，表达准确，孩子很喜欢；但有的教师语言基本功差，方言重，表达模糊，甚至东拉西扯，词不达意；特别是在语言领域活动的场景中，教师的口语表达成为幼儿直接模仿的对象，稍有不慎，将会对幼儿的语言发展造成不良影响。在师幼互动中口语的规范化是一个必要条件，而且没有老师希望自己教育的幼儿发音不清或者满嘴方言。

"有序"是指幼儿教师口语必须主题明确，层次分明，结构严谨。幼儿教师口语混乱无序的最明显特点是说话跑题或话题变来变去，把握不住中心，让人不知所云，而且一跑题就收不回来，甚至到后来连自己也不知道最初要表述的话题是什么。例如，一位幼儿教师的教学开场白是这样的："小朋友们，今天老师和你们玩一个游戏。大家喜欢不喜欢？老师知道每个小朋友的兴趣爱好都是不一样的，有的喜欢玩捉迷藏，有的喜欢玩丢手绢，有的喜欢玩打沙包；女孩子喜欢玩'过家家'，男孩子喜欢玩枪战。一说到捉迷藏呀，老师就想起了自己小时候，那时候老师没你们现在这么多玩具。你看你们的玩具真多呀，各种各样的布娃娃、毛绒动物、恐龙、奥特曼，还有飞机、坦克、火车、各种汽车、各种各样的枪，像真的一样。总之，真是五花八门，多种多样。可老师小时候玩的游戏只有捉迷藏，又叫'藏猫'。有一次……"这样的导入语会让幼儿不知所云。

（二）形象生动

幼儿阶段思维的特点是具体、形象，他们容易接受直观、生动、具体的事物，对概念的感知和理解更需要借助于形象。因此，幼儿教师要善于运用语言创造直观形象，以此帮助幼儿了解各种抽象的事物、词语、概念。比如，创作于20世纪50年代，影响了几代人的童话故事《小蝌蚪找妈妈》的开头："暖和的春天来了，池塘里的冰融化了，柳树上长出了绿色的叶子，青蛙妈妈在泥洞里睡了一个冬天，也醒来了……"形象生动的语言把人领入了一个生机盎然、令人神往的童话世界，激起了幼儿的兴趣和想象，之后用小蝌蚪一次次找错妈妈的情节把青蛙成长过程描绘得充满诗情画意，使人难忘。

（三）富有童趣

保持一颗纯真的童心，站在幼儿的角度去观察世界，是教师语言儿童化的必要准备。幼儿的思维具有形象性特点，主要凭借事物的具体形象或者表象进行联想，有形、有声、有色、有动感的语言才能唤起幼儿对事物的感知。幼儿教师要善于运用语言创造直观形象，帮助幼儿了解各种抽象的事物、词语和概念。教师要有目的地锻炼口语，抑扬顿挫的声调、鲜明的节奏感、夸张的语气更易于吸引幼儿的注意，这种较强的语言表现力才能抓住幼儿的心。同时，教师还要善于运用叠音词、象声词、感叹词、语气词和比喻、比拟、夸张、排比、反复、顶真等口语修辞手法，使口语变得风趣幽默、直观形象，这样的互动幼儿才会觉得轻松有趣。

（四）鼓励教育

幼儿教师的语言要激励幼儿积极上进，爱护幼儿，保护幼儿的自尊心。白居易曾说：

"感人心者,莫先乎情。"再渊博的知识,再精致的教具,再华丽的语言都抵不过真诚的言语和关爱,师幼互动的过程也是情感交流的过程,对于心灵稚嫩的幼儿来说,真诚的鼓励是对幼儿最好的教育,没有情感的压迫性教育只会扼杀幼儿的天性。教师要用充满情感色彩的语言叩开幼儿的心门,让他们感受到教师的一片爱心,沐浴在师爱的阳光之下。对于幼儿的每一点成绩和进步,教师要用热情洋溢的话语加以肯定和赞赏;对幼儿的缺点和错误,教师在批评时应饱含深情,使幼儿能发现不足,并有充分的勇气和信心改正缺点和错误,使幼儿在充满教师爱心的阳光下轻松快乐地学习、生活。

(五)科学准确

"科学"是指幼儿教师口语表达应准确无误,符合客观规律。不同学科的教学,都有各自不同的知识领域和知识系统。讲授不同的学科,就要使用不同的术语、概念。幼儿期是学习语言的关键期,教师的口语除了给幼儿产生示范作用外,还有潜移默化的作用。幼儿园知识的讲述既要求浅显易懂,也要有充分的科学依据。例如,有位幼儿园教师在教幼儿画金鱼的时候,在金鱼的嘴边画了很多气泡,下面的气泡大,上面的气泡小,并告诉幼儿:"气泡刚从金鱼嘴里吹出来的时候,金鱼用的力量大,所以下面的气泡大;气泡往水面上跑的时候,金鱼的力量越来越小,所以气泡变小了。"这位教师的讲述有误,事实上,这里的科学原理是水越深,压力越大,气泡越小;水越浅,压力越小,气泡越大。

(六)结构简化

句法结构较为简短、词汇涉及的范围较小也是幼儿教师使用语言时必须遵循的一个标准。教师在与幼儿交谈时,所使用的词汇和语法结构应当有所调整:句子不宜过长,复句和并列句不宜过多,多用动词、形容词,少用抽象名词和副词,语法和语义关系也应限定在一定的范围之内。比如《小猪盖房子》的开头:"猪妈妈有三只小猪,一只是小黑猪,一只是小白猪,还有一只是小花猪。"这一段故事共用了四个单句,后三句结构相似,都是由主谓宾句子主干成分构成的简单句式,"一只是……""一只是……""还有一只是……"的重复,看似啰唆,却与上句的"猪妈妈有三只小猪"相照应,符合幼儿的认知特点。又如儿歌《爱护青草》:"小龟小兔,轻轻跳。小狗小狗,慢慢跑。要是踩疼小青草,我就不跟你们好!"排比的句式、拟人化的对话、儿童的口吻语气、直白的语言,朗朗上口,好懂易记。

三、幼儿教师口语训练课程的内容与要求

(一)幼儿教师口语课程的内容

本《幼儿教师口语训练》教材包括了两方面的内容,其中,普通话是前提和基础,贯穿始终;教师教育、教学口语能力是教师从事教育教学工作必备的职业技能,与幼儿园工作实际相结合,职业特色非常鲜明。

(二) 幼儿教师口语训练课程的要求

1. 普通话与普通话水平等级及要求

教师不仅是教育工作者，而且是语言工作者，普通话是教师的职业语言。1995年实施的《教师资格条例》规定了持有符合标准的普通话等级证书是教师资格认定的必需条件。2001年国家又实施了《国家通用语言文字法》，其中规定教师应当达到国家规定的普通话等级标准。这是国家相关法律政策对教师普通话的要求。作为在幼儿教师岗位上的教师，只有用标准或比较标准的普通话开展保育、教育活动，才能给幼儿的语言学习以较好的示范，才能较好地完成教育教学任务，才能激发幼儿学习语言的兴趣。所以，普通话的学习是学前教育专业学生口语技能的基础，该专业学生需先学好普通话，打好这一基础。基于以上情况，本书建议学前教育专业学生普通话等级水平应达到二级甲等及以上（国家规定为二级乙等），以满足教育教学的需要。

2. 教学、教育口语技能及要求

这是教师口语技能训练的重点。职业语言并不是从业者生来就有的，它有一定的规律，是通过后天的培养与训练形成的。教师职业口语训练就是在相关理论指导下培养学前教育专业学生在教育教学过程中的口语运用能力，包括掌握与幼儿谈话的语言，活动的导入语、讲解语、结束语、提问语、评价语，对孩子的沟通语、劝慰语、激励语、表扬语、批评语。教师要能对这些语言与技巧灵活运用，以达到教育、教学工作的最佳效果。

四、幼儿教师口语的学习方法

口头语言表达能力的提高非一日之功，也无捷径可走，必须经过认真学习、刻苦训练方能见效，为此本书建议从以下四个方面努力。

(一) 在理论的指导下实践

理论的学习可以避免训练的盲目性和随意性。比如普通话中的儿化韵，如果没有掌握普通话韵母的儿化规律，就无法分辨"鲜花儿"和"小鸡儿"这两个词中儿化韵的不同发音。按照儿化规律，音节末尾是 a 的，韵母不变，在后面加 r（卷舌动作）。如："鲜花儿"中的"花儿"读作 huar；而韵母是 i 的在后面加 er。如："小鸡儿"中的"鸡儿"读作 jier。

(二) 在模仿中不断提高

在口语训练中，模仿法是一种简单易学、娱乐性强、见效快的方法。正如古人所说的，"法乎其上，得乎其中"，看电视新闻时，我们可跟着播音员学说标准的普通话；看电视剧时，我们可以模仿不同角色的对白，锻炼自己的声音模仿能力；听广播时，我们也可以模仿电台主持人说话的语调、语气，锻炼语感，纠正自己的方言语调。因此，要想练好口语表达，只要留心，处处都有可以学习的老师，时时可以找到模仿的对象。我们还可以根据自己学习中遇到的问题，有针对性地寻找模仿对象。例如在学习如何绘声绘色地讲故事时，可以找中央电视台少儿频道主持人讲故事的视频，模仿其讲述时的神态、动作、语

气和语调。只要有毅力，通过反复的模仿练习，并在模仿中有所创造，口语表达能力就能得到提高。

（三）多积累，以丰富表达的内涵

好的口语表达不只是普通话标准，还必须言之有物，言之有理。口语表达的训练目的是能更好地和不同的人进行交际，而与人交流时，谈什么、怎么谈非常重要。我们可以通过阅读书籍、报刊，看电视节目，浏览各大门户网站，积累天文、地理、历史、娱乐、时政等方面的知识；也可以通过参加各种活动，增加人生的阅历，积累生活方面的知识。这样不管是与家人，还是与朋友、同学交流时，才能对各种事物发表自己的看法和观点。

（四）多描述，以训练表达的思维

表达思维的训练往往容易被忽视，却是权衡表达水平的关键点。一是要注重普通话表达思维的训练。在说普通话的过程中，有些同学会把头脑中的方言翻译成普通话，这样很容易导致普通话和方言交替出现的现象。所以这要求我们在平时就要把普通话培养成潜意识语言，用普通话思维进行阅读和思考，表达时自然就会流利起来。二是注意表达的逻辑思维训练。说话要突出重点，按照一定的顺序，有条理地进行表达，尽量做到用词准确、表达精练。

要做到这一点，就要多进行描述训练，也就是把看到的景、事、物、人用描述性的语言表达出来。没有现成的文字材料，就需要自己组织语言进行描述，因此通过描述训练可以提高语言组织能力和语言表达的条理性。

第一章　普通话基础知识与训练

知识目标

1. 掌握普通话的定义。
2. 掌握声母、韵母和声调的基本知识。
3. 掌握变调、轻声、儿化、语气词"啊"在语流中的音变规律。

技能目标

1. 能发准普通话的声母、韵母和声调。
2. 能熟练运用音变规律，语流表达自然、流畅。

第一节　普通话概说

普通话是以北京语音为标准音，以北方话为基础方言，以典范的现代白话文著作为语法规范的现代汉民族共同语。它是我国的标准语、通用语。普通话的"普通"二字是"普遍通行""共通"的意思，并不是"平常普通""普普通通"的意思。

一、普通话的历史

民族共同语是民族内部共同用来交际的语言，是识别一个独立民族的主要标志之一。汉民族共同语不是一日之间便能形成的，也不是由某个先贤圣人独创出来的，它是在汉民族长期社会实践中逐步形成，在无数有识之士不断探索之下才逐步明确的。可以说，汉民族探索和实践"语同音"的过程，要比实现"书同文"的过程漫长得多，也艰难得多。

汉民族共同语的形成，难以指明确定的年代。它最晚在上古的夏商周时期就产生了，当时的民族共同语叫"雅言"，主要流行于黄河流域，我国第一部诗歌总集《诗经》的语言就是"雅言"；汉代的民族共同语叫"通语"；唐宋时期，人们写文章、作诗词非常注意使用"正音"（国家颁布的读音）；明清时期的汉民族共同语叫"官话"；民国时期汉民族共同语叫"国语"；新中国成立后的汉民族共同语才叫"普通话"。用"普通话"替代"国语""官话"的名称，是考虑到语言的群众性，考虑到汉语应当同少数民族语言平等。

普通话作为我们汉民族共同语的地位是历史形成的。

第一，作为北方方言代表的北京话，数百年来作为官府的通用语言传播到了全国各地而发展成为"官话"。

第二,"白话文运动"以后,作家们自觉地运用普通话写作,因此涌现出一大批作为普通话书面语规范的典范作品。

第三,"国语运动"在口语方面增强了北京话的代表性,促使北京语音成为全民族共同语的标准音。

第四,北方方言区自身特殊的政治、经济、文化地位和人口优势等客观条件奠定了普通话作为汉民族共同语的地位。

"普通话"的定义,在新中国成立前的几十年一直是不明确的,也存在不同的看法。新中国成立后,1955年10月召开的"全国文字改革会议"和"现代汉语规范问题学术会议",将汉民族共同语的名称正式定为"普通话",并同时确定了它的定义,即"以北京语音为标准音,以北方话为基础方言"。1955年10月26日,《人民日报》发表题为《为促进汉字改革、推广普通话、实现汉语规范化而努力》的社论,文中提到"汉民族共同语,就是以北方话为基础方言、以北京语音为标准音的普通话"。1956年2月6日,国务院发出关于推广普通话的指示,把普通话的定义增补为"普通话是以北京语音为标准音,以北方话为基础方言,以典范的现代白话文著作为语法规范"。这个定义从语音、词汇、语法三个方面明确规定了普通话的标准,使普通话的定义更为科学、更为周密。

二、普通话与方言

我国幅员辽阔,人口众多,全国各地都有说汉语的居民。但由于山川阻隔和社会历史原因,远在上古时期汉语就有了方言的分歧。方言是民族语言的地方变体,是某一地区的人们使用的语言。像一切语言中的方言一样,汉语的这些方言也是从属于民族共同语的语言低级形式。它们同民族共同语之间虽然有明显的差异,但由于语音上的对应规律很整齐,基本词汇和语法构造也大体相同,因而只作为汉民族共同语的地域分支(或地方变体),并不是独立的语言。根据各方言的特点,联系方言形成和发展的历史,就目前方言调查的初步结果看,现代汉语方言大体上可分为七大区。

1. **北方方言**

以北京话为代表,是现代汉民族共同语的基础方言,内部一致性较强。在汉语各方言中,它的分布地域最广,使用人口约占汉族总人口的73%。

2. **吴方言**

以苏州话为代表,分布在江苏长江以南镇江以东(不包括镇江)地区和浙江的大部分。使用人口约占汉族总人口的7.2%。

3. **湘方言**

以长沙话为代表,分布在湖南大部分地区(西北角除外)。使用人口约占汉族总人口的3.2%。

4. **赣方言**

以南昌话为代表,分布在江西大部分地区(东北沿江地带和南部除外)、湖北东南一带。使用人口约占汉族总人口的3.3%。

5. 客家方言

以广东梅县话为代表，分布在广东东部和北部、广西东南部、福建西部，此外，湖南、四川也有一些客家方言点。客家人从中原迁徙到南方，虽然居住分散，但客家方言仍自成系统，内部差别不太大。使用人口约占汉族总人口的3.6%。

6. 闽方言

闽方言主要分布在福建省、广东东部的潮汕地区、海南和台湾省的大部分地区。使用人口约占汉族总人口的5.7%。

闽方言可分为闽东、闽南、闽北、闽中、莆仙五个次方言。其中最重要的是闽东方言，分布在福建东部闽江下游，以福州话为代表。闽南方言分布在闽南二十四县、台湾及广东的潮汕地区、雷州半岛、海南省及浙江南部，以厦门话为代表。

7. 粤方言

以广州话为代表，分布在广东中部、西南部和广西东部、南部以及香港、澳门特别行政区。使用人口约占汉族总人口的4%。

方言与普通话的差异主要表现在语音方面，词汇、语法方面的差异较小，因此，学习普通话的重点是学习普通话的语音。了解方言的特点，找出其与普通话的对应规律，可以帮助我们更好地学习、推广普通话。

三、普通话与幼儿教育

普通话成为幼儿教师的职业语言是有法律依据的。国家法律、法规明确规定教师在教育教学中必须讲普通话，写规范字。《中华人民共和国宪法》第十九条规定："国家推广全国通用的普通话。"《中华人民共和国国家通用语言文字法》第十条规定："学校及其他教育机构以普通话和规范汉字为基本的教育教学用语用字。"第十九条规定："凡以普通话作为工作语言的岗位，其工作人员应当具备说普通话的能力。以普通话作为工作语言的播音员、节目主持人和影视话剧演员、教师、国家机关工作人员的普通话水平，应当分别达到国家规定的等级标准；对尚未达到国家规定的普通话等级标准的，分别情况进行培训。"《中华人民共和国教育法》第十二条规定："学校及其他教育机构进行教学，应当推广使用全国通用的普通话和规范字。"《中华人民共和国义务教育法实施细则》第二十四条规定："实施义务教育的学校在教育教学和各种活动中，应当推广使用全国通用的普通话。师范院校的教育教学和各种活动应当使用普通话。"《幼儿园管理条例》第十五条规定："幼儿园应当使用全国通用的普通话。"

以普通话为幼儿教师的职业语言是保证教育教学质量的需要。从信息传播的角度来说，教育教学过程就是师幼双方信息传递和接收的过程。教师向幼儿传递信息的载体是多样化的，但最重要、最及时、最基本的信息载体是语言，如果载体出了问题，必定会影响教育教学的质量。之所以强调幼儿教师要以普通话为职业语言，正是为了最大限度地消除语言障碍对教育教学效果的影响。

在推广普通话的过程中，幼儿教师起着举足轻重的作用。幼儿正处于口语形成和发展的关键期，也是模仿学习的重要时刻。若幼儿学语言的最佳年龄期受到方言的影响，一旦形成方言语音、语感的定式，就很难矫正。学说普通话有利于幼儿识字和阅读，为幼儿入学后掌握书面语言、理解字义打下基础。幼儿教师在幼儿园讲普通话，并引导、督促幼儿自觉学习和使用普通话，对于推广和普及普通话具有重要意义。

四、学习普通话的方法

语音、词汇、语法是构成语言的三大要素。学习普通话必须兼顾这三个要素，如果语音比较正确，但用了方言中特殊的词语、特殊的语法，那么别人仍然不能理解。词汇和语法的学习可以通过书面进行，而语音的学习必须通过口、耳训练来提高。

汉语方言的分歧突出地表现在语音方面，不但各大方言区的语音系统差别很大，就是同一地区、同一方言内部在语音方面也常表现出明显差异。这些差异是造成交际困难的主要原因。因此要大力推广以北京语音为标准的标准音。

学习普通话语音包括发音和正音两个方面。

发音是一种口耳技能的训练。要求掌握普通话的语音系统，即掌握普通话的声母、韵母、声调、音节以及轻声、儿化、变调等的正确发音。要学好普通话语音就应该充分利用汉语拼音这个有效的正音工具。

发音准确是语音学习的最基本要求。如果发音错误，又没有及时发现并纠正，反复练习这些错误的发音对普通话的学习是没有裨益的。我们要通过有效的语音训练方法，使语音达到相当标准的程度。首先，要掌握普通话的正确发音方法，懂得听辨别人发音的正误。其次，在发音准确的基础上，反复练习，达到完全熟练的程度，这都是发音训练的重要环节。发音准确的较高要求是：通过反复的训练养成普通话的发音习惯，达到熟练的程度，即不假思索，脱口而出，同时完全符合普通话的语言标准。

正音是掌握汉字、普通话词语的标准音，纠正受方言影响而产生的偏离普通话的语音习惯。因此，要了解自己的方言与普通话的对应关系和对应规律，求同辨异。了解了这些规律就可以一批一批地记忆，而不必一个字音一个字音地记忆。正音训练不仅体现在字和词语上面，还要通过朗读、会话的训练，逐步运用到实际口头语言中。未经事先准备的即席发言可以真实地检测普通话语音水平的高低。

学习普通话的过程中，要注意多听多说。普通话是口耳之学，只有加强耳听口说的实践，才能学有所成。要在掌握正确发音的基础上，利用广播影视等传播媒介多听并且用心地听普通话，然后再模仿，还要争取机会多说普通话，多用普通话交流，使普通话的表达与思维同步。

在学习普通话的过程中，要注意正确处理普通话与方言之间的关系。学习和推广普通话，不是为了消灭方言，而是要在会说方言的基础上，还要会说民族共同语。推广普通话总的要求是在正式的场合和公共交际场合讲普通话，并不排斥在非正式场合讲方言。国家推广全国通用的普通话是有重点、有步骤地进行的，并不是所有场合一律不让说方言。语言没有优劣之分,方言为一个地区的人们服务,能够很好地发挥日常交际的功能;同时,普通话也不断地从方言中汲取营养,以丰富自己。普通话与方言是相依共存、互补互用的关系,它们既互相影响又互相丰富,不是互相对立、互相排斥的。

第二节　声母训练

一、什么是声母

声母是汉语音节开头的辅音。辅音依附元音而存在,是指气流在口腔或咽头受到阻碍而形成的音。发辅音时,气流要受到口腔器官的不同部位、不同方式的阻碍,阻碍部位不同、形成阻碍和消除阻碍的方式不同、气流的强弱、声带是否振动,最终都会形成不同的辅音。因此,声母发音的过程也就是气流受阻碍和克服阻碍的过程。普通话一共有 21 个辅音声母。没有辅音开头的音节,习惯上把它的声母称为"零声母"。

不同的声母是由不同的发音部位和发音方法决定的。因此,要读好声母,必须要找准发音部位,掌握好发音方法。

二、声母的分类

（一）按发音部位分类

发音部位指发音时气流受到阻碍的部位,如发 b 时,气流在双唇处受到阻碍,则 b 的发音部位为双唇,即上唇和下唇。(参见图 1-1)

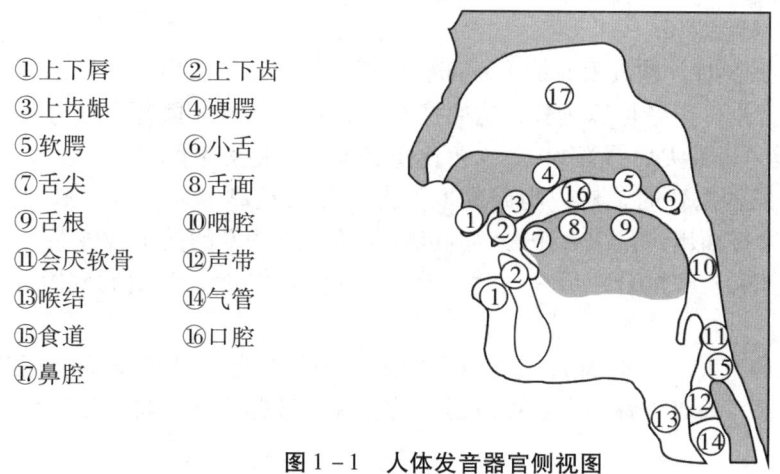

①上下唇　②上下齿
③上齿龈　④硬腭
⑤软腭　　⑥小舌
⑦舌尖　　⑧舌面
⑨舌根　　⑩咽腔
⑪会厌软骨　⑫声带
⑬喉结　　⑭气管
⑮食道　　⑯口腔
⑰鼻腔

图 1-1　人体发音器官侧视图

普通话声母按照发音部位的不同可以分为以下七类。

1. **双唇音**

由上唇与下唇闭拢构成阻碍,共有 b、p、m 三个。

2. **唇齿音**

由上齿和下唇构成阻碍，只有 f 一个。

3. **舌尖前音**

由舌尖和上齿背构成阻碍，共有 z、c、s 三个。

4. **舌尖中音**

由舌尖和上齿龈构成阻碍，共有 d、t、n、l 四个。

5. **舌尖后音**

由舌尖和硬腭前部构成阻碍，共有 zh、ch、sh、r 四个。

6. **舌面音**

由舌面前部和硬腭前部构成阻碍，共有 j、q、x 三个。

7. **舌根音**

由舌根和软腭构成阻碍，共有 g、k、h 三个。

（二）按发音方法分类

发音方法是指发音时节制气流的方式和状态，包括发音时构成阻碍和克服阻碍的方式、气流强弱的情况及声带是否振动等几个方面。

1. **按阻碍方式分类**

根据成阻和除阻方式的不同，普通话声母可以分为以下五类。

（1）塞音。发塞音时，构成阻碍的上下部位靠紧，然后气流突然冲破阻碍，爆发成音，声音短暂，这叫塞音，也叫爆破音或破裂音。塞音声母有三对：双唇塞音 b、p，舌尖塞音 d、t，舌根塞音 g、k。

（2）擦音。发擦音时，构成阻碍的上下部位靠近，并不靠紧，留有窄缝，气流从窄缝中摩擦而出，发出音来，声音可以延长，这叫擦音，或叫摩擦音。擦音声母有六个：唇齿擦音 f，舌尖前擦音 s，舌尖后擦音 sh、r，舌面擦音 x，舌根擦音 h。

（3）塞擦音。发塞擦音时，构成阻碍的上下部位开始是靠紧，然后气流冲开一条窄缝，接着从窄缝中摩擦而出，发出音来，声音可以延长。塞擦音的前半截像塞音，后半截像擦音，所以叫塞擦音。塞擦音声母有三对：舌尖前塞擦音 z、c，舌尖后塞擦音 zh、ch，舌面塞擦音 j、q。

（4）鼻音。发鼻音时，口腔器官构成阻碍的上下部位靠紧，软腭下降，打开鼻腔通道，气流从鼻腔出来，形成鼻音，声音可以延长。鼻音声母有两个：双唇鼻音 m，舌尖鼻音 n。

（5）边音。发边音时，舌尖抵住上齿龈，软腭上升，阻塞鼻腔通道，气流从舌头的两边出来，形成边音，声音可以延长。边音声母只有一个，就是 l。

2. **按气流强弱分类**

普通话声母中的塞音声母、塞擦音声母气流强弱明显。根据发音时气流的强弱，塞音和塞擦音可以分为送气音和不送气音，气流强的叫送气音，气流弱的叫不送气音。

（1）送气音。普通话声母中，送气音共有 6 个，其中塞音声母有 p、t、k，塞擦音声母有 c、ch、q。

（2）不送气音。普通话声母中，不送气音共有 6 个，其中塞音声母有 b、d、g，塞擦音声母有 z、zh、j。

3．按声带是否振动分类

发辅音时，声带振动的是浊音，声带不振动的是清音。

（1）浊音。共有 4 个，其中有浊鼻音 m、n，浊边音 l，浊擦音 r。

（2）清音。共有 17 个，分别为 b、p、f、d、t、g、k、h、j、q、x、z、c、s、zh、ch、sh。

表 1-1　普通话声母发音总表

发音部位		塞音		塞擦音		擦音		鼻音	边音
		清		清					
		不送气	送气	不送气	送气	清	浊	浊	浊
双唇音	上唇下唇	b	p					m	
唇齿音	上齿下唇					f			
舌尖前音	舌尖上齿背			z	c	s			
舌尖中音	舌尖上齿龈	d	t					n	l
舌尖后音	舌尖硬腭前			zh	ch	sh	r		
舌面音	舌面前硬腭前			j	q	x			
舌根音	舌根软腭	g	k			h			

三、声母的发音

下面按照发音部位分组说明声母的发音。

(一) b、p、m

b 双唇、不送气、清、塞音

发音时，双唇闭合，软腭上升，关闭鼻腔通路，声带不颤动，较弱的气流冲破双唇的阻碍，迸裂而出，爆发成音。

辨别　标本　斑白　奔波　摆布　冰雹　颁布　包办　报表　宝贝　碧波　标榜

p 双唇、送气、清、塞音

发音时成阻与持阻阶段与 b 相同，只是除阻发 b 时气流较弱，发 p 时气流较强。

批评　批判　澎湃　铺排　匹配　偏僻　评判　品评　乒乓　平铺　琵琶　品牌

m 双唇、浊、鼻音

发音时，双唇闭合，软腭下降，关闭口腔通路，打开鼻腔通路，气流从鼻腔通过，声带振动。

美妙　密码　迷茫　命名　明媚　弥漫　面目　描摹　磨灭　麻木　谩骂　盲目

(二) f

f 唇齿、清、擦音

发音时，上门齿与下唇接近，形成窄缝，软腭上升，关闭鼻腔通路，气流从窄缝中挤出，摩擦成声，声带不振动。

方法　丰富　反复　夫妇　仿佛　发奋　吩咐　风范　非凡　繁复　犯法　肺腑

(三) z、c、s

z 舌尖前、不送气、清、塞擦音

发音时，舌头平伸，舌尖抵上齿背，软腭上升，关闭鼻腔通路，较弱的气流把阻碍冲开一条窄缝，从窄缝中挤出，摩擦成声，声带不振动。

自在　藏族　自尊　造作　总则　再造　罪责　栽赃　祖宗　遭罪　在座　龇嘴

c 舌尖前、送气、清、塞擦音

发音时，成阻阶段与 z 相同，只是在除阻时 c 气流较强，而 z 气流较弱。

此次　粗糙　猜测　匆匆　层次　措辞　催促　草丛　璀璨　仓促　苍翠　从此

s 舌尖前、清、擦音

发音时，舌头平伸，舌尖接近上齿背，形成窄缝，软腭上升，关闭鼻腔通路，使气流从间隙摩擦通过成声，声带不振动。

素色　洒扫　松散　思索　诉讼　琐碎　搜索　速算　缫丝　四散　三思　僧俗

(四) d、t、n、l

d 舌尖中、不送气、清、塞音

发音时，舌尖抵住上齿龈，形成阻塞，软腭上升，关闭鼻腔通路，气流到达口腔后蓄气，突然解除阻塞成声。

达到　带动　单调　担当　道德　等待　当地　督导　奠定　电灯　断定　导弹

t 舌尖中、送气、清、塞音

发音时，成阻、持阻阶段与 d 相同。不同的是除阻阶段声门开启，t 气流较强，而 d 气流较弱。

谈吐 探讨 淘汰 体贴 团体 妥帖 推脱 疼痛 图腾 铁塔 天堂 忐忑

n 舌尖中、浊、鼻音

发音时，舌尖抵住上齿龈，形成阻塞，软腭下降，打开鼻腔通路，声带振动，气流同时到达口腔和鼻腔，在口腔受到阻碍，气流从鼻腔透出成声。

奶牛 男女 恼怒 能耐 泥泞 农奴 那年 南宁 袅娜 忸怩 泥淖 捏弄

l 舌尖中、浊、边音

发音时，舌尖抵住上齿龈的后部，阻塞气流从口腔中路通过的通道，软腭上升，关闭鼻腔通路，气流到达口腔后从舌头跟两颊内侧形成的空隙通过而成声，声带振动。

利落 另类 履历 罗列 轮流 理论 拉链 伦理 劳累 凌乱 浏览 领略

（五）zh、ch、sh、r

zh 舌尖后、不送气、清、塞擦音

发音时，舌头前部上举，抵住硬腭前端，同时软腭上升，关闭鼻腔通路，在形成阻塞的部位后积蓄气流，突然解除阻塞时，在原形成闭塞的部位之间保持适度的间隙，使气流从间隙透出而成声。

战争 真正 政治 支柱 制止 周转 注重 症状 执着 斟酌 整治 征兆

ch 舌尖后、送气、清、塞擦音

发音时，成阻阶段与 zh 相同。不同的是 ch 在突然解除阻塞时，声门开启，气流较强，而 zh 气流较弱。

超产 抽查 橱窗 戳穿 驰骋 充斥 出差 拆除 惆怅 长城 传承 长处

sh 舌尖后、清、擦音

发音时，舌头前部上举，接近硬腭前端，形成适度的间隙，同时软腭上升，关闭鼻腔通路，使气流从间隙摩擦通过而成声。

赏识 少数 设施 神圣 事实 舒适 收拾 审视 闪烁 受伤 膳食 山水

r 舌尖后、浊、擦音

发音时，发音部位与 sh 相同，不同的是发 r 时声带振动，摩擦轻微，发 sh 时声带不振动。

扰攘 忍让 仍然 荣辱 如若 软弱 闰日 柔软 容忍 濡染 融入 荏苒

（六）j、q、x

j 舌面前、不送气、清、塞擦音

发音时，舌尖抵住下门齿背，使舌面前贴紧硬腭前部，软腭上升，关闭鼻腔通路，在阻塞的部位后面积蓄气流，突然解除阻塞时，在原形成闭塞的部位之间保持适度的间隙，使气流从间隙透出而成声。

积极 家具 坚决 讲解 捷径 军舰 经济 拒绝 简介 季节 借鉴 接近

q　舌面前、送气、清、塞擦音

发音时，成阻阶段与 j 相同，不同的是发 q 时当舌面前与硬腭前部分离并形成适度间隙的时候，声门开启，气流较强，而 j 气流较弱。

齐全　恰巧　亲切　情趣　请求　缺勤　牵强　前期　侵权　欠缺　确切　蹊跷

x　舌面前、清、擦音

发音时，舌尖抵住下齿背，使舌面前接近硬腭前部，形成适度的间隙，气流从空隙摩擦通过而成声。

喜讯　现象　学习　心胸　行星　选修　信息　休息　相信　新兴　细心　欣喜

（七）g、k、h

g　舌根、不送气、清、塞音

舌根隆起抵住硬腭和软腭交界处，形成阻塞，软腭上升，关闭鼻腔通路，气流在形成阻塞的部位后积蓄，突然解除阻塞而成声。

杠杆　高贵　更改　观光　灌溉　光顾　改革　广告　规格　巩固　骨干　古怪

k　舌根、送气、清、塞音

成阻、持阻阶段与 g 相同，不同的是 k 除阻阶段声门开启，气流较强，而 g 气流较弱。

开垦　苛刻　开口　空旷　宽阔　困苦　可靠　坎坷　刻苦　亏空　慷慨　克扣

h　舌根、清、擦音

发音时，舌根隆起接近硬腭和软腭的交界处，形成间隙，软腭上升，关闭鼻腔通路，使气流从形成的间隙摩擦通过而成声。

航海　呼唤　花卉　谎话　挥霍　悔恨　后悔　辉煌　毁坏　绘画　祸害　混合

四、声母辨正

（一）z、c、s—zh、ch、sh

据统计，在 3 500 多个常用字中，平翘舌音有 800 多个，而其中翘舌音有 600 多个，占常用字的 17%。因此，无论是朗读还是说话，几乎一开口就要碰到它。如果在平翘舌音方面存在系统性错误，普通话要达到二级水平是比较困难的。

1. 发音要领

（1）发平舌音 z、c、s 时，舌尖平伸，舌尖抵住（z、c）或接近（s）牙齿，舌头肌肉紧张。

（2）发翘舌音 zh、ch、sh 时，舌尖翘起，抵住（zh、ch）或接近（sh、r）硬腭前部（即上牙床上部突出且凹凸不平的部位）。

2. 常见发音错误

（1）直接把翘舌音发成了平舌音。广东地区的三大方言基本没有翘舌音，发音时容易平翘不分，舌头翘不起来，因此，正确掌握平翘舌音的发音部位尤为重要。

（2）发翘舌音时舌头摆动。发音前能把舌头翘上去，但是一开始发音，或在发音过程中，舌头又离开了正确的位置；或者舌头在发音同时有摆动或者舌面有裹卷动作，加入了其他音。

（3）发翘舌音时舌尖不到位，没有接触或接近硬腭前部，而是过于靠前或靠后。

（4）发翘舌音时，舌尖抵住硬腭前部过于用力，没有形成间隙，导致气流无法从舌尖和硬腭前部的间隙透出而成声。发音时舌头肌肉应该放松，轻微展唇，才能比较准确地发出翘舌音。

（5）发翘舌音时舌面翘起与硬腭前部接触或接近，发出近似翘舌音的语音。

（6）虽然普通话的翘舌音在南方方言中一般被读成平舌音，但有一些人读平舌音时，却又不够平，舌尖被置于上齿龈，发音介于平舌音和翘舌音之间。正音的关键是要找准发音部位，培养硬腭前部的位置感。

3．对比练习

z—zh	字—智	最—坠	曾—蒸	尊—谆	赞—占	澡—找	
	组织	最终	阻止	作者	资质	组装	增长	奏章	做主	尊重
c—ch	才—柴	村—春	餐—搀	曹—潮	崔—吹	窜—串	
	辞呈	操场	促成	财产	磁场	残喘	存储	粗茶	餐车	彩绸
s—sh	苏—舒	桑—伤	穗—睡	散—闪	损—吮	算—涮	
	私事	损失	素食	随时	松树	算术	琐事	散射	扫视	宿舍
sh—s	诗人—私人	施与—私语	商业—桑叶	失事—私事	
	述说—诉说	收集—搜集	世纪—四季	失足—丝竹	
	使节—死结	山水—三水	午睡—五岁	事实—四十	
	生人—僧人	近视—近似	闪光—散光	实数—食宿	
	哨所	伸缩	上诉	神色	疏松	生涩	世俗	深邃	绳索	十四
ch—c	长处—仓促	推迟—推辞	插手—擦手	电池—电磁	
	初春—出村	议程——层	鱼翅—鱼刺	承认—曾任	
	木柴—木材	初步—粗布	八成—八层	乱吵—乱草	
	重来—从来	春装—村庄	戳伤—磋商	缠绵—蚕眠	
	冲刺	车次	场次	纯粹	春蚕	出错	吃醋	揣测	船舱	筹措
zh—z	主力—阻力	秩序—自序	战时—暂时	摘花—栽花	
	志愿—自愿	治理—自理	站住—赞助	正品—赠品	
	实质—识字	竹子—卒子	砖头—钻头	支援—资源	
	征兵—增兵	照旧—造就	花纸—花籽	终止—宗旨	
	职责	制作	知足	种族	赈灾	沼泽	主宰	准则	追踪	长子

4．辨记方法

许多人不能正确掌握发音方法，是因为不知道哪些字该读平舌音，哪些字该读翘舌音。除了多听多练之外，还可以借助以下方法帮助区分和记忆。

（1）借助声韵拼合的规律区分和记忆平翘舌音。

①韵母"ua、uai、uang"一般只与zh、ch、sh相拼，不与z、c、s相拼。如：

ua：抓、爪、刷、唰、耍等。

uai：拽、揣、踹、摔、甩、率、蟀、帅等。

uang：庄、装、桩、妆、撞、幢、窗、床、闯、疮、创、双、霜、爽等。

②韵母"en"除了"怎、参（cēn参差不齐）、岑、涔、森"之外，一般不与z、c、s相拼，而与zh、ch、sh相拼的常用字达50多个。如：

zh：真、侦、珍、针、缜、疹、枕、圳、震、阵等。

ch：抻、沉、陈、忱、臣、晨、尘、称、衬、趁等。

sh：身、深、参、呻、神、什、婶、沈、甚、肾等。

③韵母"eng"除了"曾"旁系列字（含"层"——其繁体字声旁亦为"曾"）外，一般也只与zh、ch、sh相拼。如：

zh：争、睁、筝、狰、蒸、征、铮、整、拯、挣、症、正、证、政、郑等。

ch：称、成、诚、城、乘、盛、程、惩、承、呈、澄、逞、骋、秤等。

sh：生、升、声、牲、笙、甥、绳、省、剩、胜、圣、盛等。

④韵母"ong"只与s相拼，不与sh相拼。如：

s：松、嵩、耸、怂、送、宋、颂、讼等。

（2）借助汉字结构的声旁关系记忆平翘舌音。

①以平舌音字为声旁的系列字多为平舌音，如：

"宗"（"崇"除外）：棕、综、鬃、踪、粽等。

"曾"：增、赠、憎、曾、蹭、噌等。

"子"：仔、籽、孜、字等。

"兹"：滋、慈、磁、糍、孳、鹚等。

"才"（"豺"除外）：财、材等。

"寸"：村、忖等。

"曹"：槽、嘈、漕、遭、糟等。

"崔"：催、摧、璀等。

"桑"：嗓、搡、磉、颡等。

"司"：伺、饲、嗣等。

"叟"（"瘦"除外）：搜、艘、馊、嗖、溲、飕等。

"素"：愫、嗉、潆、傃等。

另外，还有的字虽不是平舌音，但以它为声旁的字大多是平舌音，如：

"且"：粗、组、阻、租、祖、诅等。

"昔"：错、措、醋、楷等。
"公"：松、忪、淞、颂、菘、崧等。
②由"中""主""申""章""昌""朱"等翘舌音字为声旁构成的系列字多为翘舌音。如：
"中"：种、钟、肿、忠、盅、仲、衷等。
"主"：住、拄、蛀、注、驻、柱、炷等。
"申"：伸、娠、神、审、绅、呻、抻等。
"章"：樟、彰、漳、障、幛、蟑、嶂等。
"昌"：唱、倡、猖、娼、鲳、菖等。
"朱"：珠、株、蛛、诛、炷、洙、铢、侏等。
"占"：沾、粘、毡、战、站、砧等。

（3）熟记出现频率最高的平、翘舌字。

①平舌音（z、c、s）：

杂、在、再、早、噪、怎、责、做、作、自、字、走、子；层、曾、从、次、此、才、参、存；三、扫、散、色、送、算、所等。

②翘舌音（zh、ch、sh）：

这、着、真、正、占、只、知、直、中、重、主、专；出、成、吃、产、车、常、长；是、事、上、时、山、商、身、手、书、数、水、生、使、说、少等。

（4）借助方言与普通话在声母方面的对应规律记忆平翘舌音，以潮汕方言为例。

①如果说普通话时拿不准一个字的声母是 zh 还是 z，那么：

可以看这个字的声母或者其声旁的声母在潮汕话里是否为 d。如果是，这些字在普通话中的声母肯定是 zh 而不是 z，如：知、智、致、竹、筑、桌、卓、哲、猪、值、直、治、置、秩、逐、阵、帐、中、重。

潮汕话里韵母是以 i 开头的字，在普通话里声母绝大多数是翘舌音 zh，如：旨、止、丈、章、长、朝、址、遮、者、折、支、只、执、志、制、雉、昭、照、州（"紫"等少数字例外）。

②如果说普通话时拿不准一个字的声母读 ch 还是读 c，那么：

可以看这个字的声母或者其声旁的声母在潮汕话里是否为 t。如果是，这些字在普通话中的声母肯定是 ch 而不是 c，如：彻、撤、持、拆、钗、超、抽、丑、锤、槌、畅、惩、虫、传。

潮汕话里韵母是以 i 开头的字，在普通话里声母也一定是 ch 而不是 c，如：长、昌、嘲、唱、娼、倡、车、迟、亦、尺、仇、臣、厂、敞、痴、驰。

③如果说普通话时拿不准一个字的声母读 sh 还是读 s，那么：

潮汕话里韵母是以 i 开头的字，在普通话里声母也一定是 sh 而不是 c，如：蚀、勺、芍、杓、尚、赏、善、膳、拾、沈、慎、甚、伤、商、上、圣、视、是、室、氏、烧（"四、死、丝、司"等少数字例外）。

潮汕话里韵母是ê（哑）或êng（英）、êg（亿）的字，在普通话里声母一般也是sh而不是s，如：省、生、甥、笙、胜、式、轼、剩、盛、升、饰、适、识、释、熟。

（二）f—h

1. **发音要领**

f和h发音方法相同，都是清、擦音。要发准这两个音，关键在于正确控制发音部位。

（1）发唇齿音f时，上齿与下唇内缘接近，气流从唇齿之间的窄缝中挤出来，摩擦成声。

（2）发舌根音h时，舌头后缩，舌根抬起接近软腭，中间留一条窄缝，气流从窄缝中挤出来，摩擦成声。大家应该都做过咳痰时在喉咙里搜集痰的动作，这时我们会明显感觉到舌根和小舌的接触，这就是h的发音部位。

2. **常见发音错误**

主要是f、h不分，出现直接把f发成h，或者把h发成了f的情况。广东潮汕方言里没有唇齿音f，普通话里读f声母的字，在潮汕方言口语中，一般读作双唇音[p][p']，如"房、飞"。而在书面语中一般读作擦音[x]或[h]，如"夫、非"；客家方言刚好与潮汕方言相反，没有舌根音h，普通话里读h声母的字，在客家方言中一般读作唇齿音f，如"红、辉"；粤方言中没有舌根音h，普通话中的h在粤方言中分化为两个音——f与w，如"火"在粤方言中的声母为f，而"华"在粤语中的声母为w。因此，广东三大方言区的人在念f、h时容易混淆，分不清楚。

3. **对比练习**

f—h	罚—滑	饭—换	扶—胡	冯—横	飞—灰	份—恨	斧—虎	房—黄
	公费—工会	翻腾—欢腾	附助—互助	富丽—互利	放荡—晃荡
	防风—黄蜂	飞鱼—黑鱼	浮面—湖面	芬芳—昏黄	流犯—流汗
	西服—西湖	乏力—华丽	肥鸡—回击	理发—理化	发现—花线
	废话—会话	舅父—救护	分钱—婚前

f—h	返航	肥厚	防护	符合	发挥	附和	飞花	分化	奉还	繁华
	防护	发还	废话	复活	凤凰	发货	返回	饭后	粉红	泛黄
	孵化	反悔	繁花	反话

h—f	盒饭	恢复	何方	耗费	挥发	海风	合肥	焕发	护肤	呼风
	划分	伙房	活佛	化肥	虎符	回复	花费	祸福	合法	豪放
	画法	寒风	横幅	花粉

4. **辨记方法**

（1）借助形声字的声旁类推。

①声旁声母为f的字，其声母多为f；声旁声母为h的字，其声母多为h。如：
"胡"：湖、蝴、猢、糊、葫等。

"非"：菲、匪、斐、绯、扉、霏、翡、啡、蜚、痱等。
"荒"：谎、慌等。
"皇"：惶、凰、煌、蝗、湟等。

②有的字还可以从声旁声母的联系上来推断。比如，声母g、k与h同是舌根音，声旁是g、k声母的字必定念h而绝不会念f。如：

"瓜"：狐、弧等。
"古"：胡、祜、怙、岵等。
"共"：洪、哄、烘等。
"该"：孩、骇、氦、骸等。
"灰"：灰、恢、咴等。
"魁"：槐、魂等。
"空"：红、虹、讧等。

而b、p与f都是唇音，声旁是声母b、p的字必定念f而绝不会念h。如：

"版"：返、饭、贩、反等。
"旁"：房、放、芳、方、防、仿等。

（2）借助声韵拼合的规律区分、记忆。

利用普通话声母韵母的拼合规律也可以记住一部分f声母字或h声母字。如：在普通话里，声母f不跟韵母ai相拼，在方言中念"fai"的字，都应该念成"huai"，如"怀、坏、淮、徊"等字。声母f和单韵母o相拼的字，只有一个"佛"字，方言中念成"fo"音的其他字，都应念成"huo"，如"豁、活、火、伙、霍、钬、获、祸"等字。

（3）借助方言与普通话在声母方面的对应规律记忆唇齿音f和舌根音h，以潮汕方言为例。

如果说普通话时拿不准一个字读f还是读h，那么：

凡是潮汕话里声母是b或p，又可以是h的字，在普通话里声母肯定是f，如"分、芳、飞、放、方、父、饭、反、夫"。

凡是潮汕话既可念h，又可念g或零声母的字，在普通话里其声母就一定念h，如"侯、寒、糊、汗、胡、后、洪、红"。

（三）n—l

1. 发音要领

n、l的发音部位相同，不同的是发音方法。

（1）发鼻音n时，舌尖抵住上齿龈，舌尖及舌前部两侧先与口腔前上部完全闭合，然后慢慢离开，气流从鼻腔出来，音色比较沉闷。

（2）发边音l时，舌尖抵住上齿龈，气流从舌头两边透出，然后舌尖轻轻弹开，弹发成声，音色比较清脆。

2. 常见发音错误

许多方言n、l不分，或是全部念成n，或是全部念成l，如说粤方言的人很容易把所有n声母的字发成l声母。

3．对比练习

l–n　路—怒　老—脑　了—鸟　棱—能　留—牛　力—腻　连—年　凉—娘
　　　林—您　略—虐　赖—耐　龙—浓　卵—暖　吕—女　蓝—男　兕—拿
　　　狼—囊　罗—娜

　　　无赖—无奈　蓝色—难色　郎中—囊中　老人—恼人　兰陵—南宁
　　　临界—凝结　累心—内心　篱笆—泥巴　联结—年节　良家—娘家
　　　大陆—大怒　旅客—女客　料到—尿道　邻居—凝聚　隆重—浓重
　　　水流—水牛　流年—牛年　留恋—留念　冷冻—能动　褴褛—男女
　　　千年—牵连

n–l　恼怒—老路　允诺—陨落　难住—拦住　南部—蓝布　蜗牛—涡流
　　　鸟雀—了却　闹灾—涝灾　牛黄—硫黄　烂泥—烂梨

4．辨记方法

（1）捏鼻子。

n是鼻音，发音时气流通过鼻腔；l不是鼻音，发音时气流不通过鼻腔。如果不清楚自己读得对不对，可以用捏鼻孔的方法来检验：读n时捏住鼻孔就不能发音或者感到发音困难，鼻腔共鸣明显，说明读对了；如果捏住鼻孔还能轻松读出来n，则肯定读错了。相反，读l时捏住鼻孔并不影响发音，鼻腔共鸣不明显，说明读对了；如果捏住鼻孔就读不出l，则一定是读错了。

（2）记少不记多。

普通话里n声母字比l声母字少，同一个韵母的字，有时n声母字只有一两个，而l声母字有六七个到十几个。在n、l的辨正中，采取记一边、记少数（记少数几个n声母字，剩下的则全是l声母字）的方法，是非常有效的。如：

nei 内—lei 累、类、泪、肋、勒、擂、磊、蕾、雷
nin 您—lin 林、霖、临、琳、邻、鳞、凛、蔺、吝
nuan 暖—luan 卵、乱、鸾、銮、栾、峦
nü 女—lü 绿、旅、率、吕、驴、律、虑、氯、捋、履

（3）借助形声字的声旁区分和记忆鼻音和边音。

声母为"n"音的常见系列字有：

"那"：哪、娜、挪等。
"内"：纳、钠、呐、衲、讷等。
"聂"：蹑、镊、嗫等。
"宁"：拧、狞、咛、柠、泞等。
"纽"：妞、扭、钮、忸、狃等。
"尼"：妮、泥、呢、伲、怩、昵等。

"奴"：努、怒、弩、驽等。
"农"：浓、脓、哝、侬等。
"南"：楠、喃、腩、蝻等。

声母为"l"音的常见系列字有：

"仑"：抡、轮、伦、沦、论等。
"良"（娘、酿除外）：粮、狼、郎、朗、廊、浪等。
"令"：玲、岭、龄、铃、冷、怜等。
"卢"：芦、炉、庐、泸、铲、颅、驴等。
"娄"：楼、搂、篓、蒌、屡、瘘等。
"兰"：拦、栏、烂等。
"力"：历、荔、励、劣、勒等。
"立"：粒、笠、苙、拉、啦、垃等。
"利"：莉、梨、俐、犁、痢等。
"林"：淋、琳、霖等。
"列"：烈、裂、咧、冽等。
"龙"：笼、聋、垄、珑、拢、垅等。
"路"：露、璐、鹭、潞等。
"罗"：逻、锣、萝等。
"洛"：骆、落、珞、络等。
"留"：溜、瘤、榴、馏、熘等。

（四）j、q、x—z、c、s 和 zh、ch、sh

1. 发音要领

（1）发舌面音 j、q、x 时，舌头正中间隆起全面接触或接近硬腭正中部，发音过程舌尖自然下垂，不能接触上齿背和上齿龈。

（2）平舌音 z、c、s 和翘舌音 zh、ch、sh 的发音，见前面"（一）"的介绍。

2. 常见发音错误

（1）说粤方言和客家方言的人发 z、c、s 和 zh、ch、sh 时舌位容易偏后，发 j、q、x 时舌位容易偏前。粤方言和大部分地区的客家方言都没有 z、c、s 和 zh、ch、sh 这两组声母，只有一组与 j、q、x 近似的舌叶音，这样就容易把这三组音都发成了比 j、q、x 的发音部位稍稍靠前的音，如把"私有制"说得像"西游记"，把"自觉"念成"拒绝"。说粤方言的人有的直接把 j、q、x 声母的字发成了 z、c、s 声母的字，如把"记忆"发成"自忆"。

（2）说潮汕方言的人发 zh、ch、sh 容易舌位偏前，发 z、c、s 容易舌位偏后，发 j、q、x 时带有舌尖音的色彩，舌尖浮起，导致气流在舌尖与上齿背部位造成阻碍，就会发出近似于 z、c、s 的音，也就是通常所说的尖音。

（3）舌面音与"i、ie"相拼时易丢失韵头，这是由方言发声定式造成的。方言中舌面音可跟开口呼相拼，即使与齐齿呼相拼，齐齿呼韵头也不像普通话那样清楚，发音比普通话的韵头短促含糊。因此，方言区人（如客家方言、粤方言）发舌面音与齐齿呼韵母相拼的音节时易丢失韵头。发音时，可以采用适当延长舌头前部隆起的时间，为发韵头的音留下足够的体会时间，突破方言发音定式。

3．对比练习

j—q—x

进取	技巧	健全	接洽	进修	机械	经销	情节	前进	抢救
惊喜	取消	清晰	确信	气象	小姐	先进	薪金	修建	选取
限期	兴趣	需求	郊区	见效	奇迹	倾斜	削减	辛勤	检修
香蕉	权限	价钱	锦旗	举行	气息	减轻	象棋	据悉	缺席
取决	记性	夏季	军训	求学	家乡	期间	星期	积雪	前景
尽情	谦虚	急切	积蓄	畸形	假期	钱行	迄今	俊秀	欠缺
嫌弃	序曲	军需	迁徙	即兴	请柬	谢绝	激情	绝迹	救星
迁就	纠集	秋季	曲解	行径	亲近	禁区	凶险	小熊	

j—z—zh

鸡—姿—之	挤—子—纸	记—自—制	江—脏—张
借—仄—蔗	剑—藏—站	叫—造—召	假—咋—眨
计划—字画	交代—招待	娇气—朝气	船桨—船长
寄信—自信	及格—资格	基本—资本	教授—遭受
记载—自在	举国—祖国	妓院—自愿	拒绝—自觉
九路—走路	继母—字母	实际—识字	军纪—遵纪
今天—增添	纸浆—纸张	杂技—杂志	实际—实质
建筑—赞助	就业—昼夜	交手—招手	今昔—珍惜
结合—折合	季度—制度	记者—智者	捐款—专款

q—c—ch

七—呲—吃	其—词—迟	起—此—尺	气—次—翅
前—残—缠	强—藏—长	清—噌—称	情—曾—程
大桥—大潮	起点—词典	枪声—苍生	气候—伺候
其实—磁石	启示—此事	签证—参政	枪库—仓库
契机—刺激	长裙—长存	趣味—醋味	比起—彼此
穷富—重复	有权—有船	起码—尺码	情绪—程序
名气—名次	强度—长度	敲过—超过	情景—乘警
驱使—出使	气味—刺猬	侵占—称赞	秋风—抽风
全球—传球	圈阅—穿越	拳头—船头	蜷缩—传说

x—s—sh

西—丝—施　习—实　喜—死—使　系—四—是
小—扫—少　卸—色—射　虚—苏—舒
西瓜—丝瓜　喜讯—死讯　稀有—私有　洗涤—死敌
系统—四桶　西文—斯文　寒暄—寒酸　凶险—松散
希望—失望　销毁—烧毁　小数—少数　牺牲—失声
西行—施行　袭击—时机　洗劫—使节　学习—学时
细致—试制　相加—商家　手续—手术　做戏—做事
明星—名声　吸气—湿气　消化—烧化　发泄—发射
瞎眼—沙眼　新家—身家　人心—人参　通讯—通顺

4．辨记方法

（1）利用声韵拼合规律。

在普通话里，j、q、x 只与韵母 i、ü 或 i、ü 开头的韵母相拼，舌尖前音 z、c、s 和舌尖后音 zh、ch、sh、r 不能与韵母 i、ü 或 i、ü 开头的韵母相拼，凡遇到方言里此类音节，应将声母改读为 j、q、x。

（2）利用形声字声旁类推方法。

汉字中有大量形声字，凡声旁相同的字，它们的声母往往也相同，或者是声母的发音部位相同，例外字只是少数。如：

"几"：机、饥、肌、讥。

"其"：期、琪、棋、祺、麒、骐。

"希"：稀、烯、郗、晞、俙。

"责"：啧、渍。

"词"：祠、伺。

"锁"：唢、琐。

"丈"：仗、杖。

"驰"：池、弛。

"暑"：署、薯、曙。

（五）r—y、l

1．发音要领

（1）发舌尖后音 r 时，舌尖翘起接近硬腭前部，形成一条窄缝，气流从缝隙中摩擦而出，声带振动。

（2）y 是 i 作为韵头的零声母的写法，发音与韵母 i 相同，发音时，舌头前伸，舌面前部抬高接近硬腭前部，嘴角明显向两边展开。

（3）发舌尖中音 l 时，舌尖在上齿龈上轻轻弹一下，呼出气流，声带振动。

2．常见发音错误

在粤方言中几乎没有翘舌音，说粤方言的人容易把普通话中声母 r 发成零声母 y 或者声母l。

3．对比练习

r—y 日—意 忍—引 燃—延 人—银 惹—野 认—印 让—样 饶—摇

r—l 乳—鲁 弱—落 入—路 闰—论 儒—卢

r—y

如实—鱼食 肉眼—右眼 日历—毅力 仍旧—营救 饶恕—摇树 叫嚷—教养

忍痛—隐痛 热身—夜深 绕道—要道 燃料—颜料 染病—眼病 日本—译本

润笔—运笔 软件—远见 入席—预习 弱小—越小 如果—雨果 湿润—诗韵

r—l

余热—娱乐 利润—立论 阻燃—阻拦 乳汁—卤汁 入口—路口 衰弱—衰落

4．辨记方法

r、y、l的发音部位和发音方法都不相同，发音时应该仔细揣摩自己的发音部位和发音方法是否合乎发音要领。

五、声母综合训练

（一）单音节字词训练

洒	至	叨	娘	逆	绺	家	花	宛	区
刻	等	蔗	搜	联	憋	穷	卓	滞	玄
捺	供	投	雕	厦	添	窘	舜	犬	豁
爬	捋	鳍	愤	丛	贬	鸣	轨	俏	慈
禀	嗤	吵	炕	茌	休	梁	刷	困	辱
直	概	翡	衡	擎	缤	匈	槐	爽	峻
择	踩	悍	龚	描	沛	甄	牟	催	巡
灶	莘	誓	晌	洽	团	面	享	擦	醇
芭	廖	履	滋	融	蛊	评	卦	兑	嗡
频	雇	里	司	圳	滴	牛	伞	据	炊

（二）多音节词语训练

举止	循环	选取	答应	渺小	工夫
穷人	黄色	困境	大伙儿	门口	面孔
封闭	花粉	存在	差别	创造	赔款
普遍	打嗝儿	群体	轨道	远方	纯粹
两级	全民	决策	抓紧	补贴	泪珠儿
削价	雄壮	衰败	潜海	张罗	下跌
快艇	强硬	身子	送信儿	扭转	耕作

散射　模范　薄弱　金丝猴　手榴弹　背道而驰

（三）绕口令训练

1. 双唇音 b、p、m

（1）八百标兵奔北坡，炮兵并排北边跑。炮兵怕把标兵碰，标兵怕碰炮兵炮。

（2）白庙外蹲一只白猫，白庙里有一顶白帽。白庙外的白猫看见了白帽，叼着白庙里的白帽跑出了白庙。

（3）吃葡萄不吐葡萄皮儿，不吃葡萄倒吐葡萄皮儿。

（4）一平盆面，烙一平盆饼。饼碰盆，盆碰饼。

2. 唇齿音 f

（1）红凤凰，黄凤凰，粉红墙上画凤凰。凤凰飞，飞凤凰，红黄凤凰飞北方。

（2）红饭碗，黄饭碗。红饭碗盛满碗饭，黄饭碗盛半碗饭。黄饭碗添半碗饭，像红饭碗一样满碗饭。

（3）费家有面粉红墙，粉红墙上画凤凰。凤凰画在粉红墙，红凤凰看黄凤凰，黄凤凰看红凤凰。粉凤凰、飞凤凰，粉红凤凰花凤凰，全都仿佛活凤凰。

（4）化肥会挥发。

（5）黑化肥发灰，灰化肥发黑。

（6）黑化肥发灰会挥发，灰化肥挥发会发黑。

（7）黑化肥挥发发灰会花飞，灰化肥挥发发黑会飞花。

3. 舌尖前音 z、c、s

（1）四十四个字和词，组成了一首子词丝的绕口词。桃子李子梨子栗子桔子柿子槟子榛子，栽满院子村子和寨子。刀子斧子锯子凿子锤子刨子尺子做出桌子椅子和箱子。名词动词数词量词代词副词助词连词造成语词诗词和唱词。蚕丝生丝热丝缫丝染丝晒丝纺丝织丝自制粗丝细丝人造丝。

（2）刚往窗上糊字纸，你就隔着窗户撕字纸。一次撕下横字纸，一次撕下竖字纸，横竖两次撕了四十四张湿字纸。是字纸你就撕字纸，不是字纸，你就不要胡乱地撕一地纸。

（3）四是四，十是十；十四是十四，四十是四十。要想说对四，舌头碰牙齿，要想说对十，舌头别伸直。你来试一试，十四，四十，四十四。

（4）山前有四十四棵死涩柿子树，山后有四十四只石狮子，山前的四十四棵死涩柿子树，涩死了山后的四十四只石狮子，山后的四十四只石狮子，咬死了山前的四十四棵死涩柿子树，不知是山前的四十四棵死涩柿子树涩死了山后的四十四只石狮子，还是山后的四十四只石狮子咬死了山前的四十四棵死涩柿子树。

4. 舌尖中音 d、t、n、l

（1）调到敌岛打特盗，特盗太刁投短刀，挡推顶打短刀掉，踏盗得刀盗打倒。

（2）你来念，我来练，n 和 l，要分辨，不怕累，不怕难，齐努力，攻难关。

（3）会炖你的炖冻豆腐，就炖你的炖冻豆腐。不会炖你的炖冻豆腐，就别炖你的炖冻豆腐。冒充会炖你的炖冻豆腐，会炖坏了你的炖冻豆腐。

（4）蓝教练是女教练，吕教练是男教练，蓝教练不是男教练，吕教练不是女教练。蓝南是男篮主力，吕楠是女篮主力，吕教练在男篮训练蓝南，蓝教练在女篮训练吕楠。

（5）老龙恼怒闹老农，老农恼怒闹老龙，农怒龙恼农更怒，龙恼农怒龙怕农。

（6）路东住着刘小妞，路南住着牛小柳，刘小妞拿着大皮球，牛小柳抱着大石榴，刘小妞把大皮球送给牛小柳，牛小柳把大石榴送给刘小妞。

（7）牛郎恋刘娘，刘娘恋牛郎。牛郎年年念刘娘，刘娘年年恋牛郎，郎念娘来娘恋郎。

5. **舌尖后音** zh、ch、sh、r

（1）认识从实践始，实践出真知。知道就是知道，不知道就是不知道。不要知道说不知道，也不要不知道装知道，老老实实，实事求是，一定要做到不折不扣的真知道。

（2）朱家一株竹，竹笋初长出，朱叔处处锄，锄出笋来煮，锄完不再出，朱叔没笋煮，竹株又干枯。

（3）史老师，讲时事，常学时事长知识。时事学习看报纸，报纸登的是时事，心里装着天下事。

（4）日头热，晒人肉，晒得心里好难受。晒人肉，好难受，晒得头上直冒油。

6. **舌面音** j、q、x

（1）唧唧复唧唧，木兰当户织。

（2）西山是西山，山西是山西。

（3）西红柿炒鸡子儿，自己炒自己吃。

（4）七巷一个漆匠，西巷一个锡匠。七巷漆匠用了西巷锡匠的锡，西巷锡匠拿了七巷漆匠的漆，七巷漆匠气西巷锡匠用了漆，西巷锡匠讥七巷漆匠拿了锡。

（5）张三卖席子，王七卖柿子。席子四十七块七毛四一张，柿子四块七毛四一斤。

7. **舌根音** g、k、h

（1）哥挎瓜筐过宽沟，赶快过沟看怪狗，光看怪狗瓜筐扣，瓜滚筐空哥怪狗。

（2）哥哥口渴，口渴喝可可；可可可口，可口可解渴。

（3）华华有两朵黄花，红红有两朵红花，华华要红花，红红要黄花。华华送给红红一朵黄花，红红送给华华一朵红花。

（四）**声母诗练习**

以下两首诗各包含了所有21个辅音声母，可通过朗读复习声母的发音：

ch r q m z　c s j t n
春 日 起 美 早，采 桑 惊 啼 鸟。
f g p b x　h k l zh d sh
风 过 扑 鼻 香，花 开 落，知 多 少。

z y j n m　 x b d f l
子 夜 久 难 明，喜 报 东 方 亮。
c r sh g s t p　 zh k q h ch
此 日 笙 歌 颂 太 平，众 口 齐 欢 唱。

第三节　韵母训练

一、什么是韵母

韵母是普通话音节中声母后面的部分，如 chuāng，声母是 ch，韵母是 uang。韵母主要由元音构成，还有一部分韵母是由元音和鼻辅音构成的。

元音的共同特点是发音时声带振动，声音响亮。发好元音，要从三个方面去控制自己的发音器官。

一是舌头的前后。舌头前伸，舌面前部隆起，发出的音是前元音，如 i；舌头后缩，舌面后部隆起，发出的音是后元音，如 u；舌头不前伸也不后缩，舌面中部隆起，发出的音是央元音，如 a。

二是舌位的高低。舌位的高低和口腔的开闭密切相关。口腔闭，舌位就高，发出的是高元音，如 i、u、ü；口腔开，舌位就低，发出的是低元音，如 a。高、低之间还有半高元音，如 o；半低元音，如 ê。

三是嘴唇的圆展。嘴唇向两边展开或呈自然状态，发出的音是不圆唇音，如 i、a；嘴唇拢圆，发出的音是圆唇音，如 o、u。

韵母可分为韵头（介音）、韵腹（主要元音）、韵尾三部分。韵头介于声母和韵腹之间，由 i、u、ü 充当，发音轻而短，表示韵母的发音起点，往往迅速带过，一发音就滑向韵腹了。韵腹又叫主要元音，韵母中开口度最大、声音最清晰响亮的元音。韵尾是韵腹后面起收尾作用的部分，由 i、o(u) 和鼻辅音 -n、-ng 充当，发音也比较模糊，但务求发到位。

例如"装" zhuāng 的韵母是 uang，其中 u 是韵头，a 是韵腹，-ng 是韵尾。每个韵母一定有韵腹，但不一定有韵头和韵尾。如"八" bā 的韵母是 a，韵腹也是 a，没有韵头和韵尾；"花" huā 的韵母是 ua，其中 u 是韵头，a 是韵腹，没有韵尾；"菜" cài 的韵母是 ai，其中 a 是韵腹，i 是韵尾，没有韵头。

二、韵母的分类

（一）按韵母开头元音口型分类

按韵母开头元音口型的不同，可分为四类：

（1）开口呼——开头不是 i、u、ü，也不是 i、u、ü 作单韵母的韵母。普通话有十五个开口呼韵母，分别是 -i（前）、-i（后）、a、o、e、ê、er、ai、ei、ao、ou、an、 en、ang、eng。

（2）齐齿呼——开头是i，或i作单韵母的韵母。普通话有九个齐齿呼韵母，分别是i、ia、ie、iao、iou、ian、in、iang、ing。

（3）合口呼——开头是u，或u作单韵母的韵母。普通话有十个合口呼韵母，分别是u、ua、uo、uai、uei、uan、uen、uang、ueng、ong。

（4）撮口呼——开头是ü，或ü作单韵母的韵母。普通话有五个撮口呼韵母，分别是ü、üe、üan、ün、iong。

（二）按韵母结构分类

韵母按结构可以分为单韵母、复韵母、鼻韵母三类。

（1）单韵母：由一个元音（单元音）构成的韵母，共十个：a、o、e、ê、i、u、ü、-i（前）、-i（后）、er。

（2）复韵母：由两个或三个元音（复元音）构成的韵母，共有十三个：ai、ei、ao、ou、ia、ie、ua、uo、üe、iao、iou、uai、uei。

（3）鼻韵母：由元音带鼻尾音构成的韵母，共有十六个：an、en、in、ian、uan、üan、uen、ün、ang、eng、ing、iang、uang、ueng、ong、iong。

三、韵母的发音

（一）单韵母

单韵母发音的特点是自始至终口形不变，舌位不动（er的发音较特殊，伴有卷舌动作）。发音时要注意口腔、舌位及唇形的配合。

1. 舌面单韵母（共有a、o、e、ê、i、u、ü七个）

a 央、低、不圆唇元音

发a时，口腔大开，舌头居中，舌位低，嘴唇呈自然状态，软腭上升，关闭鼻腔通道，声带振动。

发达　打靶　大厦　沙发　发蜡　拉杂　邋遢　喇嘛　蚂蚱　喇叭　拉萨　发芽

o 后、半高、圆唇元音

发o时，舌头后缩，舌后部隆起，口微开，嘴唇收拢，略呈圆形，软腭上升，关闭鼻腔通道，声带振动。

薄膜　泼墨　磨墨　漠漠　伯伯　婆婆　馍馍　饽饽　抹脖　磨破

e 后、半高、不圆唇元音

发音时，口半闭，舌身后缩，舌面后部隆起与软腭相对，软腭上升，关闭鼻腔通道，声带振动，发音状况大体像o，只是双唇自然展开成扁形。

隔阂　特色　合格　客车　哥哥　割舍　隔热　各个　赫赫　苛刻

ê 前、半低、不圆唇元音

发音时，口半开，舌位半低，舌头前伸，舌尖抵住下齿背，嘴角向两边自然展开，唇形不圆。在普通话里，ê很少单独使用，单独表音时只有一个语气词"欸"，经常出现在 i、ü 的后面，书写时省去了符号"∧"。

i　前、高、不圆唇元音

发音时，口微开，上下齿相对，舌尖前伸接触下齿背，前舌面上升接近硬腭，软腭上升，关闭鼻腔通路，气流振动声带，在口腔形成共鸣，嘴角向两边展开，两唇呈扁平状。

地理　集体　比例　积极　利益　机器　地皮　底细　激励　力气

u　后、高、圆唇元音

发音时，口微开，舌头后缩，舌位高，后舌面上升接近硬腭，软腭上升，关闭鼻腔通路，声带振动，嘴唇拢圆，略向前突。

图书　互助　孤独　辜负　无数　书库　补助　服务　毒素　夫妇

ü　前、高、圆唇元音

发音时，口微开，舌尖前伸抵住下齿背，前舌面上升接近硬腭，舌位高，软腭上升，关闭鼻腔通路，振动声带，嘴唇拢圆，略向前突。

区域　语句　序曲　雨具　聚居　屡屡　伛偻　曲剧　局域　龃龉

2. 舌尖单韵母［共有 -i（前）、-i（后）两个］

-i（前）　前、高、不圆唇元音

发音时，舌尖前伸，与上齿背靠近，形成狭窄的通道，口腔开度与 i 一样，嘴唇向两边展开。用普通话念"私"并延长，字音后面的部分便是 -i（前）。这个韵母只跟 z、c、s 配合，不和任何其他声母相拼，也不能自成音节。借用 i 的符号，但发音不是 i。

自私　私自　此次　刺丝　字词　子嗣　四次　恣肆　自此　刺字

-i（后）　后、高、不圆唇元音

发音时，舌尖上翘，靠近硬腭前端，形成狭窄的通道，口腔开度与 i 一样，嘴唇向两边展开。用普通话念"师"并延长，字音后面的部分便是 -i（后）。这个韵母只跟 zh、ch、sh、r 配合，不与其他声母相拼，也不能自成音节。借用 i 的符号，但发音不是 i。

支持　值日　支使　直至　执事　只是　咫尺　制止　实质　知识

3. 卷舌单韵母（只有 er 一个）

er　央、中、不圆唇元音

这是用双字母表示的单元音，e 表示发音时舌头的位置，r 表示卷舌动作而不代表音素。发音时，舌位不前不后不高不低，处于最自然的状态发 e，在发 e 的同时，舌尖向硬腭前端轻轻卷起，软腭上升，声带振动。er 只能自成音节，不和任何声母相拼。

二十　然而　儿子　偶尔　耳朵　诱饵　耳机　儿歌

（二）复韵母

复韵母的发音特点是：发音过程中口腔、舌位、唇形都有一个逐渐变动的过程；发音时由一个元音快速地滑向另一个元音，同时气流不中断，中间没有明显的界线，发出的音要自然连贯，形成一个整体；几个元音之间的响度和清晰度不是同等的，主要元音（韵腹）发音清晰响亮，其他元音（韵头和韵尾）轻短或含混模糊。发复韵母时动程要明显，韵腹要饱满，归音要到位。

根据韵腹所处的位置，复韵母可以分为前响复韵母、中响复韵母和后响复韵母。

1. **前响复韵母**

前响复韵母共有四个：ai、ei、ao、ou。它们的共同特点是前一个元音清晰响亮，后一个元音轻短模糊，音值不太固定，只表示舌位滑动的方向，前、后元音发音过渡自然。

ai　发音时，开口度略小，舌尖抵住下齿背，使舌面前部隆起与硬腭相对，先发前a，念得长而响亮，然后舌位向i移动，不到i的高度。i只表示舌位移动的方向，音短而模糊。

白菜　海带　买卖　晒台　摆开　灾害　拍卖　爱戴　采摘　摘菜

ei　发音时，舌尖抵住下齿背，使舌面前部隆起与硬腭中部相对，先发e，比单念e时舌位前一点高一点，然后向i的方向滑动。

配备　北美　黑霉　非得　肥美　蓓蕾　黑煤　妹妹　飞贼

ao　发音时，舌头后缩，使舌面后部隆起，先发后元音a，舌位向u（拼写是o，实际发音接近于u）的方向滑动升高。

高潮　报道　吵闹　操劳　牢靠　高傲　祷告　暴躁　糟糕

ou　发音时，先发o，接着向u滑动，舌位不到u即停止发音。

后楼　收购　漏斗　抖擞　佝偻　欧洲　守候　走漏　售后　丑陋

2. **中响复韵母**

中响复韵母共有四个：iao、iou、uai、uei。它们共同的发音特点是前一个元音轻短，后面的元音含混，音值不太固定，只表示舌位滑动的方向，中间的元音清晰响亮，前、中、后元音发音过渡自然。

中响复韵母在自成音节时，韵头i、u改写成y、w。复韵母iou、uei前面加声母的时候，要省略写成iu、ui，例如liu（留）、gui（归）等；不跟声母相拼时，不能省略写，而且要用y、w开头，如you（油）、wei（威）等。

iao　发音时，先发i，紧接着发ao，使三个元音结合成一个整体。

巧妙　小鸟　教条　逍遥　缥缈　疗效　调教　渺小　窈窕　萧条

iou　发音时，先发i紧接着发ou，使三个元音紧密结合成一个复韵母。

优秀　求救　牛油　悠久　绣球　久留　妞妞　六舅　琉球

uai　发音时，先发u，紧接着发ai，使三个元音结合成一个整体。

摔坏　外快　怀揣　衰落　乖乖

uei　发音时，先发u，紧接着发ei，使三个元音紧密结合成一个整体。

退回　归队　未遂　垂危　摧毁　尾随　推诿　荟萃　魁伟　汇兑

3. **后响复韵母**

后响复韵母共有五个：ia、ie、ua、uo、üe。它们的共同特点是前面的元音发得轻短，只表示舌位从那里开始移动，后面的元音发得清晰响亮，前、后元音发音过渡自然。

后响复韵母在自成音节时，韵头 i、u、ü 改写成 y、w、yu。

ia　发音时，i 表示舌位起始的地方，发得轻短，很快滑向前元音 a，a 发得长而响亮。

　　加价　假牙　压价　恰恰　下架　掐架　下嫁　下压

ie　发音时，先发 i，然后很快滑向 ê，前音轻短，后音响亮，发音过程舌尖始终不离开下齿背。

　　结业　贴切　姐姐　趔趄　乜斜　铁鞋　结节　谢谢

ua　发音时，u 念得紧而轻短，很快滑向 a，a 念得清晰响亮。

　　花褂　画画　耍滑　刮花　娃娃　挂画　花袜

uo　发音时，u 念得轻短，舌位很快降到 o，o 清晰响亮。

　　过错　活捉　阔绰　堕落　过活　脱落　懦弱　蹉跎　罗锅　骆驼

üe　发音时，先发高圆唇元音 ü，ü 念得轻短，舌位很快降到 ê，ê 清晰响亮。

　　雀跃　决绝　约略　雪月　缺略　绝学

（三）鼻韵母

鼻韵母的发音特点有两个：一是由元音过渡到鼻音时，逐渐增加鼻音色彩，最后形成鼻辅音；二是鼻韵母的发音不是以鼻辅音为主，而是以元音为主，元音清晰响亮，鼻辅音重在做出发音状态，发音不太明显。

1. 前鼻韵母

普通话中共有八个：an、en、in、ian、uan、uen、üan、ün。它们的共同特点是先发元音，然后软腭下降，逐渐增强鼻音色彩，舌尖迅速移到上齿龈，抵住上齿龈做出发 n 的状态即可。

an　　感叹　灿烂　斑斓　安然　参展　贪婪　漫谈　犯难　橄榄　攀谈
en　　认真　根本　本分　沉闷　恩人　门诊　愤恨　审慎　本身　深圳
in　　亲近　尽心　殷勤　金银　琴音　濒临　拼音　信心　薪金　贫民
ian　　癫痫　变迁　简练　惦念　连绵　演变　年限　浅显　鲜艳　天堑
uan　　传唤　专款　贯穿　专断　转换　转弯　换算　婉转　宽缓　万贯
uen　　论文　混沌　温存　温顺　伦敦　困顿　昆仑　春笋　谆谆　滚轮
üan　　渊源　圆圈　全权　源泉　全员　轩辕　涓涓　全选
ün　　军训　均匀　逡巡　驯服　裙子　竣工

2. 后鼻韵母

普通话中共有八个：ang、eng、ing、iang、uang、ueng、ong、iong。它们的共同特点是先发元音，然后软腭下降，逐渐增强鼻音色彩，舌面后部后缩，抵住软腭，最后做出发 ng 的状态即可。

ang　　厂房　沧桑　帮忙　上场　螳螂　盲肠　盎然　当场　方糖　钢厂
eng　　更正　生冷　丰盛　增生　省城　萌生　生成　征程　逞能　升腾

ing	定型	命令	蜻蜓	聆听	清醒	经营	明镜	叮咛	英明	硬性
iang	踉跄	襄阳	想象	响亮	亮相	奖项	洋相	将相	两样	向阳
uang	矿床	旺旺	装潢	狂妄	网状	状况	双簧	窗框		
ueng	蓊郁	富翁	水瓮	嗡嗡						
ong	共同	隆冬	恐龙	隆重	溶洞	瞳孔	笼统	公共	松动	总统
iong	炯炯	汹涌	甬道	贫穷						

四、韵母辨正

（一）i—ü

1. 发音要领

i 和 ü 的舌位相同，区别在于唇形不同。

（1）发 i 时，舌头前伸，舌面前部抬高接近硬腭前部，嘴角向左右两边咧开，嘴唇呈扁平形。

（2）发 ü 时，舌头前伸，舌面前部抬高接近硬腭前部，嘴唇撮成一个小圆孔。

2. 常见发音错误

客家方言和潮汕方言都没有撮口呼韵母，粤方言虽有单韵母 ü，却没有 üan、ün、üe。因此，广东人经常会把撮口呼韵母（即 ü 和以 ü 开头的韵母）发成齐齿呼韵母（即 i 和以 i 开头的韵母）。练习发 ü 时，可以先发 i，然后把嘴唇拢圆，形成 ü。

3. 对比练习

i—ü　击—居　级—局　戏—序　离—驴　立—绿　你—女　姨—鱼　喜—许　纪—剧
　　　意见—遇见　季节—拒绝　容易—荣誉　仪式—于是　客机—客居　风气—风趣
　　　拟人—女人　移民—渔民　前期—前驱　效力—效率　结集—结局　雨季—雨具
　　　急剧　七律　继续　西域　棋局　机遇　其余　嘘唏　细雨　抑郁　崎岖　寄居
　　　余力　聚集　雨滴　玉器　履历　曲艺　蓄意　寓意　语义　玉溪　淤泥　取缔

ie—üe　鞋—学　洁—绝　窃—却　列—略　镍—虐　谢—谑　揭—撅　写—雪
　　　节食—绝食　茄子—瘸子　猎取—掠取　切实—确实　日夜—日月　竹叶—逐月
　　　解决　节约　谢绝　协约　借阅　解约　谐谑　决裂　确切　雪鞋　学界　诀别

ian—üan　严—源　钱—泉　先—宣　肩—捐　捡—卷　咽—院　浅—犬
　　　盐分—缘分　前面—全面　潜力—权利　一千—一圈　建议—倦意
　　　前线—权限　当前—当权　庄严—庄园　方言—方圆　前程—全程
　　　边缘　眼圈　健全　垫圈　演员　线圈　缱绻　练拳　卷边　权变
　　　选编　全篇　圈点　选点　眷念　悬念　远见　原先　权限　原件

in—ün　信—训　斤—军　琴—群　引—允
　　　真金—真菌　平津—平均　晋级—峻急　餐巾—参军　攻心—功勋　金银—均匀

嶙峋　进军　阴云　音讯　音韵　新裙　熏心　循进　军心　寻衅　云锦

4. 辨记方法

（1）借助声韵拼合规律。

撮口呼韵母（ü 和 ü 开头的韵母）只跟舌尖中音的 n、l 及舌面音 j、q、x 声母相拼，而齐齿呼韵母除了可以跟舌尖中音 d、t、n、l，舌面音 j、q、x 相拼之外，还可以与双唇音 b、p、m 相拼。

（2）采取声旁类推的方法，如：

"立"：立、粒、苙、笠、泣、翌等。

"力"：力、历、枥、雳等。

"具"：具、惧、俱、飓等。

"娄"：屡、缕、楼、偻等。

（3）借助普通话与方言在韵母方面的对应规律。

潮汕话里韵母是 u（污）和 e（与）的字，在普通话中韵母则是 ü，如："盂、宇、臾、谀、俞、瑜、句、驹、具、俱"和"与、余、予、誉、居、鱼、吕、虑、驴、许"等。此外，潮汕话里带入声韵母 êg（浴）和 iog（育）中的字，在普通话里韵母也是 ü，如"局、菊、玉、狱、郁、育、曲"等。

（二）e—er

1. 发音要领

（1）发舌面元音 e 时，口半闭，舌头略后缩，嘴角向两边咧开，类似微笑状态。如果 e 发不好，可以由 o 引发到 e，先发 o 音，把它拖长，在连贯性气流的支撑下，逐渐把收敛的双唇放开，嘴角向两边一展就可以得到 e 了。发音时不必过多地考虑舌位的问题，只要将双唇一咧，舌位就自然会向上浮动一些。也可以用另外一种方法去寻找 e 发音部位：先发好舌根音 h 的本音，在其持续的过程中，将嗓子用力，振动声带，展开嘴角。只是 e 的舌根部位比 h 的舌根部位要宽松一些。

（2）发卷舌元音 er 时，面部和舌头肌肉都要放松，舌位高低、前后要适中，在一种很轻松的状态下发舌面、央、中、不圆唇元音 e，与此同时舌尖稍往前伸并很自然地往硬腭前端一卷，卷舌色彩就出来了。注意，是在发 e 的同时卷舌，而不是先发 e 再卷舌。

卷舌元音韵母 er 是一个比较特殊的语音成分，它是在舌面、央、中、不圆唇元音 e 的基础上加卷舌动作，r 在这里只是表示卷舌动作，不发音。

2. 常见发音错误

（1）发 er 时舌头僵硬，不能自然卷起，或者过程不明显，听感上与 e 无异。

（2）发 er 时口张得太开，发音近似 ar。

（3）发 er 时，舌头不能上卷至硬腭前端。

（4）发 e 时，特别是与平翘舌音相拼时，舌尖容易稍稍卷起，发音近似 er。

（5）发 e 时舌位过于靠前。

（6）发 e 时舌根太紧张或太松弛。

3. **对比练习**

e—er　额—而　俄—儿　恶—耳　厄—二
　　　　蛾子　天鹅　扼杀　嫦娥　厄运　上颚　恶心　饥饿　讹传　巍峨
　　　　儿子　儿歌　儿戏　而且　因而　婴儿　耳线　二哥　偶尔　而是

4. **辨记方法**

普通话中读 er 韵母的字很少，基本上就是"儿、而、尔、耳、二"这五个独体字，以及以"而、尔、耳"为声旁的形声字，可以利用声旁字进行类推，如：

"耳"：饵、珥、洱。

"尔"：迩。

（三）e 与 –i（前）、–i（后）

1. **发音要领**

（1）发舌面元音 e 时，舌位较后，舌后部隆起，面带微笑有助于展唇，像微笑时一样嘴唇向两边展开。

（2）发舌尖元音 –i（前）时，舌尖平伸，与上齿背靠近，比发 s 离远一点，嘴唇自然张开。

（3）发舌尖元音 –i（后）时，舌尖翘起，与前硬腭靠近，比发 sh 离远一点，嘴唇不圆。

2. **常见发音错误**

广东人容易把 ze、ce、se 发成 zi、ci、si，把 zhe、che、she 发成 zhi、chi、shi。区别 e 与 –i（前）、–i（后）的关键是找准发音器官。第一，e 的舌位比 –i（前）和 –i（后）靠后，发音时应略缩舌头。发 –i（前）时，舌尖前伸，与上齿背相对；发 –i（后）时，舌尖上翘比 –i（前）更甚，与硬腭前端相对。第二，发 e 时，口略开，上下齿没有接触；而 –i（前）和 –i（后）上下齿是轻轻接触的。

3. **对比练习**

e——i（前）　仄—自　测—次　色—四　色泽　厕所　如此
e——i（后）　遮—只　者—止　车—吃　撤—翅　奢—师　蛇—十　舍—使　社—是
　　　　　　遮蔽—支臂　这里—治理　舌头—石头　设立—势力　奢望—失望
　　　　　　舍得—使得　折合　客车　斥责　宿舍　这里　社会　热烈　挫折
　　　　　　吃饭　胡扯　奢侈　遮盖　职责　指责　特质

（四）前鼻韵母—后鼻韵母

1. **发音要领**

后鼻韵母的音质往往较前鼻韵母的音质色彩厚重些，这种差异源于两个鼻韵母韵尾发音部位和韵腹的舌位和口型的不同。前鼻韵母的韵尾 –n，发音部位在口腔前部，发音时舌尖与上齿龈接触；后鼻韵母的韵尾－ng，发音部位在口腔后部，发音时舌根与软腭接触。受韵尾发音前后部位不同的影响，主要元音 a、e 或 i 的舌位及口型相应会出现一些差异，后鼻韵母韵腹相对于前鼻韵母韵腹，其舌位要偏后偏低些，口型要稍大些。前鼻音发音时口腔不能开得太大，以免气流往后进入后鼻腔。

（1）an—ang。

①韵腹 a 舌位前后不同，an 靠前，ang 靠后。

②舌位滑动路线、抵达终点不同，an 舌尖抵下齿背滑动到抵硬腭前部，舌头前伸，舌面稍升；ang 舌尖离开下齿背，舌头后缩，舌根抬起和软腭接触。

③收音时，an 上下齿闭拢，ang 口微开。

（2）en—eng。

①韵腹 e 舌位前后不同，en 靠前，eng 靠后。因此发 en 时舌头前伸，发 eng 时舌头后缩。

②en 位置变化不大，发完上下齿闭拢；eng 舌根上升，软腭下降，收音时，口微开，上下齿不闭拢。

（3）in—ing。

①韵腹 i 舌位前后不同，in 靠前，ing 靠后。

②发 in 时，i 开始发音后，上下齿始终不动，舌尖从下齿到上齿龈，不后缩。发 ing 时，从 i 开始发音，然后舌尖离开下齿背，舌头后缩，抵住软腭。

2. **常见发音错误**

（1）前后鼻音不分。这是由发音缺陷长期累积形成的，即发音时，一般是前鼻韵尾－n 的发音部位向后偏移，后鼻韵尾 ng 的发音部位向前偏移，最终前后鼻韵尾的两个发音点重合，形成一个不前不后的接近于舌央的央鼻音，由此这个新的央鼻韵尾就替代了前鼻韵尾和后鼻韵尾。这种发音缺陷主要是由于方言区人发音的"惰性"生成的。方言区人一般习惯于舌处在自然状态下的发音，而发前鼻韵尾－n 时，舌要往前伸，舌尖要往上抬，发后鼻韵尾音 ng 时，舌要往后缩，舌跟要往上抬，如此发音过程中，拉扯发音器官的肌肉比较多，操作起来比较费力麻烦，人们图省简不愿麻烦，自然会产生发音缺陷，长期发展至严重后，就形成了前后鼻韵母发音混杂的状态。前后鼻韵母分不清楚，根本原因是鼻韵母中的主要元音没有发好。发前鼻音的时候，－n 前面的元音一般发音部位都比较靠前，如：an、en、in 的发音中 a、e、i 的发音都比较靠前，在发元音的过程中舌尖逐步上抬与上齿龈形成阻碍，使气流从前鼻腔流出，形成前鼻音。后鼻音如 ang、eng、ing 的发音，主要元音发音靠后，发音时舌头先往后缩，再呈正抛物线地往上升，使舌根与软腭形成阻碍，气流从后口腔进入鼻腔，发出后鼻音。

（2）把 ing 发成 ieng。

（3）把 ün 发成 in。

3. **对比练习**

an—ang　满—莽　蓝—狼　寒—航　单—当　闪—赏　赞—葬　叁—桑　干—刚

	大碗—大网	木船—木床	扳手—帮手	烂漫—浪漫	心烦—新房
	赞颂—葬送	女篮—女郎	反问—访问	担心—当心	弹送—唐宋
	水干—水缸	闪光—赏光			
an—ang	班长 战场	宽敞 安康	站岗 繁忙	盼望 漫长	单方 感伤
ang—an	当然 方案	上山 上班	畅谈 藏蓝	钢板 商贩	傍晚 账单
en—eng	门—蒙	笨—蹦	身—声	真—争	痕—横 森—僧 岑—层 珍—睁
	人身—人生	陈旧—成就	申明—声明	清真—清蒸	审视—省事
	秋分—秋风	同门—同盟	诊断—整段	深沉—生成	针眼—睁眼
en—eng	真诚 本能	奔腾 神圣	人生 深层	真正 神圣	纷争 门缝
eng—en	成本 承认	风尘 证人	登门 胜任	生根 承认	诚恳 正门
in—ing	宾—兵	信—姓	紧—井	因—英 进—竟	您—宁 斤—经 新—星
	人民—人名	亲生—轻声	信服—幸福	临时—零食	不仅—布景
	贫民—平民	红心—红星	劲头—镜头	因而—婴儿	海滨—海兵
	禁止—静止	弹琴—谈情			
in—ing	心情 品行	心灵 民兵	金星 禁令	新兴 新颖	聘请 进行
ing—in	灵敏 清音	静音 精心	定亲 听信	清新 警民	轻信 病因
uan—uang	关—光	管—广	宽—匡	换—晃 赚—撞	喘—闯 拴—双 弯—汪
	弯弯—汪汪	船上—床上	环山—黄山	专门—装门	
uan—uang	观光 宽广	观望 万状	端庄 钻床	罐装 软床	管状
uang—uan	光环 狂欢	双关 王冠	壮观 慌乱	撞断 装船	网管
in—ün	阴—晕	银—云	隐—运	亲—逡 琴—群	新—熏 信—训 进—骏
	真金—真菌	晋级—峻急	餐巾—参军	攻心—功勋	金银—均匀
	平津—平均				
in—ün	进军 音讯	阴云 新裙			
ün—in	军心 寻衅	云锦 熏心	循进		

4. 辨记方法

（1）利用声韵母拼合规律。

①普通话里，声母 d、t 决不与韵母 en 相拼，所以方言中念 den、ten 音的字，都应改念 eng 韵。如：灯、登、噔、等、瞪、凳、邓；誊、腾、藤、滕、疼。

②普通话里，声母 d、t 决不与韵母 in 相拼，所以，方言中念 din、tin 的字，都应改念 ing 韵。如：丁、疔、玎、叮、盯、钉、仃、顶、鼎、定、锭、订；厅、汀、庭、蜓、亭、停、婷、挺、艇。

③普通话里，声母 f 决不与韵母 ong 相拼，所以，方言中念成 fong 音的字，都应改念 eng 韵。如：丰、封、峰、锋、烽、蜂、风、疯、枫、逢、缝、讽、奉、俸、凤。

④普通话里，声母 l 决不与韵母 en 相拼，所以方言中念 len 音的字，都应改念 eng 韵。如：棱、冷、愣。

（2）记少不记多。

①普通话里，声母 g 与前鼻韵母 en 相拼的字，常用的只有"根、跟、亘"三个字，其余的"庚、赓、羹、耕、更（更改）、耿、埂、梗、哽、颈（脖颈儿）、更（更加）"等字都是 eng 韵。

②普通话里，声母 z 与前鼻韵母 en 相拼的字，常用的只有一个"怎"字，其余的"曾、憎、增、赠"等字都是 eng 韵。

③普通话里，声母 c 与前鼻韵母 en 相拼的字，常用的只有一个"参（参差）"字，其余的"曾、层、蹭"等字都是 eng 韵。

④普通话里，声母 r 与后鼻韵母 eng 相拼的常用字只有"扔"和"仍"两个字，其余的"人、仁、任、忍、认、刃、韧、纫"等字都是 en 韵。

⑤普通话里，声母 n 与前鼻韵母 in 相拼的字，常用的只有一个"您"字，其余的"宁、柠、拧、咛、狞、凝、拧、宁（宁可）、泞、佞"等字都是 ing 韵。

⑥普通话里，声母 n 与韵母 en 相拼的字，只有一个"嫩"字（"恁"不常用）；声母 n 与韵母 eng 相拼的字，只有一个"能"字。

⑦普通话里，声母 s 与韵母 en 相拼的字，只有一个"森"字；声母 s 与韵母 eng 相拼的字，只有一个"僧"字。

（3）后字引导正音法。

语流中前后的音是互相影响、互相制约的，在前鼻韵母音节或后鼻韵母音节之后加上一个特定声母的音节，可以利用舌位向后一个音节声母的移动趋向引导、限制前鼻韵母或后鼻韵母。如在前鼻韵母的音节后加 d、t、n、l 声母字：

温暖 wēn－nuǎn　心得 xīn－dé　分流 fēn－liú　品德 pǐn－dé　粪土 fèn－tǔ
新年 xīn－nián　拼读 pīn－dú　看哪 kàn－na　面条 miàn－tiáo　门类 mén－lèi

又如在后鼻韵母的音节后加 g、k、h 声母字：

唱歌 chàng－gē　疯狂 fēng－kuáng　灵感 líng－gǎn　攻克 gōng－kè　灯火 dēng－huǒ
迎合 yíng－hé　能够 néng－gòu　请客 qǐng－kè　丰厚 fēng－hòu　江河 jiāng－hé

（4）利用形声字声旁类推方法。

ang 韵声旁：

"旁"：磅、耪、螃、滂、膀、榜、傍。

"亡"：忘、妄、忙、芒、盲、氓、茫、邙、杧。

"章"：彰、障、璋、樟、漳、嶂、瘴。

"长"：张、涨、胀、账、帐、怅、苌、伥。

eng 韵声旁：

"风"：疯、枫、讽、凤、砜。

"逢"：峰、缝、锋、蜂、烽、蓬、篷。

"奉"：俸、唪、捧。
"正"：政、征、整、证、症、怔、钲、惩。
ing 韵声旁：
"青"：清、情、请、晴、氰、箐、蜻、静、精、靖、睛、菁。
"平"：评、萍、坪、苹、枰。
"京"：景、惊、鲸、憬、璟、獍。
"丁"：顶、订、盯、钉、叮、仃、町、酊、厅、汀、亭、婷。

（5）借助方言与普通话在韵母方面的对应规律，以潮汕话为例。

①凡潮汕话里收 –m 尾，即音节的最后一个音素是闭口音，念完整个音节后嘴巴是闭上的字，普通话一律收 –n 尾，只是入声字要除外。如：

潮音 am（庵）——普通话音 an：甘、贪、谈、庵、含、南、参、婪、感、暗。
潮音 iam（淹）——普通话音 ian：甜、嫌、尖、盐、添、歼、签、炎、渐、店。
潮音 im（音）——普通话音 in：音、阴、歆、淫、林、寻、金、侵、心、淋。

②潮音中有鼻音色彩的韵母 an（暧）、uan（鞍）、in（丸）和 oin（闲），而普通话是鼻音韵母的字，在普通话里一定是前鼻尾韵母，即收 –n 尾。如：

潮音 an（暧）：柑、敢、橄、榄、三、衫、胆、馅、担、篮、蓝（姓）。
潮音 uan（鞍）：山、安、盘、半、潘、单、满、汕、散、滩、肝、鳗、坛、官。
潮音 in（丸）：天、添、燕、边、面、棉、箭、见、钱、砚、鲜、弦、舷、年、圆。
潮音 oin（闲）：间、肩、闲、殿、佃、办、蚬、千、先、研、莲、拣、茧、前、苋。

与此相反，如果潮音韵母是 ên（楹）、ian（营）、iên（羊），而普通话是鼻音韵母的字，在普通话里一定是后鼻尾韵母，收 –ng 尾。如：

潮音 ên（楹）：撑、争、星、生、青、更、耕、坑、猛、庚、冷、井、醒、省、梗。
潮音 ian（营）：冰、兵、听、厅、正、晶、声、京、兄、影、丙、鼎、领、行、圣。
潮音 iên（羊）：洋、张、章、枪、浆、鲳、伤、厢、腔、乡、香、掌、象、墙、娘、常。

③普通话的 ueng 只能自成音节，且只有"翁、嗡、瓮、蕹"等几个字。所以凡潮汕话中带 ung 韵母的字在普通话里也一定是前鼻尾韵母，收 –n 尾。如"瘟、文、问、闻、稳、屯、盾、吞、臀、唇、豚、仑、滚、存、魂、坤、困"，又如"韵、运、群、云、蕴、殒、酝、匀、军、君、熏、训、俊、旬、驯"等普通话念 ün 的韵母。

（五）丢失韵头

1. 发音要领

在复韵母的发音过程中，必须有明显的动程，口腔、舌位、嘴唇一直在变化。对于有韵头的音节，拼音时要把韵头念得长一些，要有意识地把韵头引出来，否则就会造成丢失韵头的现象。

2. 常见发音错误

声母为 d、t、n、l、j、q、x 的音节里，常常容易丢失韵头 i、u、ü，如将"贴"

(tie）读成（tê），"端"（duan）读成（dan），"尊"（zun）读成（zen），"对"（dui）读成（dei）。

3. 对比练习

家—呀	压—阿	掐—擦	夏—飒	交—招	修—搜	秋—抽	耍—傻	
贴切	结业	熄灭	接洽	家业	佳节	假借	嫁接	妥帖	野鸭
跌价	雪月	约略	刮花	过错	懦弱	活捉	堕落	国货	花朵
划拨	华佗	帛画	国画	火花	说话	交流	娇羞	料酒	校友
丢掉	柳条	牛角	袖标	油条	破坏	作怪	截下	话说	要求
菠萝	唾沫	萝卜	剥夺	断气	摩托	落魄	电器	活泼	莫若

五、韵母综合训练

（一）单音节字词训练

睡	女	霜	惯	随	犬	玉	瓮	掠	选
推	国	挖	撤	缺	魂	买	焕	捕	遂
穴	址	绅	撑	健	冷	姿	费	叩	蕨
尔	赠	坠	屈	节	鲤	囚	递	抓	校
匹	垫	您	多	娘	脱	贾	祥	森	白
雇	免	戳	件	竺	禀	滇	熊	尊	罗
庆	帮	日	剖	贴	坑	匆	沛	析	仁	弓	娇
秆	瞥	篷	贴	绕	匆	垦	惩	漏	娇
牵	两	童	寇	瘠	响	欣	探	夫	狭
袄	魄	踩	寺	开	则	钞	雌	痦	适

（二）多音节词语训练

发烧	条约	扩张	化肥	热闹	怎样
口诀	累赘	外宾	照片儿	取暖	婴儿
寻常	流派	歌颂	贫穷	脱落	家庭
犬齿	提成儿	推测	采用	表达	敏感
主人公	思量	损坏	特殊	昆虫	没准儿
马虎	狂欢	搏斗	儿女	稳当	年轻
下降	许久	雪山	玩意儿	破裂	广义
未遂	溶解	板凳	神经质	情不自禁	名牌儿

（三）绕口令训练

1. 单韵母

a 一个胖娃娃，捉了三个大花活蛤蟆，三个胖娃娃，捉了一个大花活蛤蟆，捉了一个大花活蛤蟆的三个胖娃娃，真不如捉了三个大花活蛤蟆的一个胖娃娃。

e　坡上立着一只鹅，坡下就是一条河。宽宽的河，肥肥的鹅，鹅要过河，河要渡鹅。不知是鹅过河，还是河渡鹅。

i　两个棋迷，一个姓米一个姓齐。米棋迷齐棋迷，一起下棋。米棋迷要吃齐棋迷的车，齐棋迷不让米棋迷吃车。早起就下棋，下到日偏西。不知米棋迷下过齐棋迷，还是齐棋迷胜过米棋迷。

u　鼓上画只虎，破了拿布补。不知布补鼓，还是布补虎。

ü　这天天下雨，体育局穿绿雨衣的女小吕，去找穿绿运动衣的女老李。穿绿雨衣的女小吕，没找到穿绿运动衣的女老李，穿绿运动衣的女老李，也没见着穿绿雨衣的女小吕。

er　要说"尔"专说"尔"：马尔代夫，喀布尔，阿尔巴尼亚，扎伊尔，卡塔尔，尼泊尔，贝尔格莱德，安道尔，萨尔瓦多，伯尔尼，利伯维尔，班珠尔，厄瓜多尔，塞舌尔，哈密尔顿，尼日尔，圣彼埃尔，巴斯特尔，塞内加尔的达喀尔，阿尔及利亚的阿尔及尔。

-i（前）　一个大嫂子，一个大小子。大嫂子跟大小子比包饺子，看是大嫂子包的饺子好，还是大小子包的饺子好，再看大嫂子包的饺子少，还是大小子包的饺子少。大嫂子包的饺子又小又好又不少，大小子包的饺子又小又少又不好。

-i（后）　知之为知之，不知为不知，不以不知为知之，不以知之为不知，唯此才能求真知。

e、-i（后）　天上有个日头，地下有块石头，嘴里有条舌头，双手有十个指头。不管是天上的热日头，地下的硬石头，还是嘴里的软舌头，手上的手指头，反正都是练舌头。

2. 复韵母

ai　买白菜，搭海带，不买海带就别买大白菜。买卖改，不搭卖，不买海带也能买到大白菜。

ei　贝贝飞纸飞机，菲菲要贝贝的纸飞机，贝贝不给菲菲自己的纸飞机，贝贝教菲菲自己做能飞的纸飞机。

ai—ei　大妹和小妹，一起去收麦。大妹割大麦，小妹割小麦。大妹帮小妹挑小麦，小妹帮大妹挑大麦。大妹小妹收完麦，噼噼啪啪齐打麦。

ao　东边庙里有个猫，西边树梢有只鸟。猫鸟天天闹，不知是猫闹树上鸟，还是鸟闹庙里猫。

ou　忽听门外人咬狗，拿起门来开开手；拾起狗来打砖头，又被砖头咬了手；从来不说颠倒话，口袋驮着骡子走。

ia　天上飘着一片霞，水上飘着一群鸭。霞是五彩霞，鸭是麻花鸭。麻花鸭游进五彩霞，五彩霞挽住麻花鸭。乐坏了鸭，拍碎了霞，分不清是鸭还是霞。

ie　姐姐借刀切茄子，去把去叶儿斜切丝，切好茄子烧茄子，炒茄子、蒸茄子，还有一碗焖茄子。

üe　真绝，真绝，真叫绝，皓月当空下大雪，麻雀游泳不飞跃，鹊巢鸠占鹊喜悦。

iao　水上漂着一只表，表上落着一只鸟。鸟看表，表瞪鸟，鸟不认识表，表也不认识鸟。

uei　威威、伟伟和卫卫，拿着水杯去接水。威威让伟伟，伟伟让卫卫，卫卫让威威，没人先接水。一二三，排好队，一个一个来接水。

iou　一葫芦酒，九两六。一葫芦油，六两九。六两九的油，要换九两六的酒，九两六的酒，不换六两九的油。

3. **鼻韵母**

an　出前门，往正南，有个面铺面冲南，门口挂着蓝布棉门帘。摘了它的蓝布棉门帘，棉铺面冲南，给他挂上蓝布棉门帘，面铺还是面冲南。

ang—an　张康当董事长，詹丹当厂长，张康帮助詹丹，詹丹帮助张康。

en　小陈去卖针，小沈去卖盆。俩人挑着担，一起出了门。小陈喊卖针，小沈喊卖盆。也不知是谁卖针，也不知是谁卖盆。

eng　郑政捧着盏台灯，彭澎扛着架屏风，彭澎让郑政扛屏风，郑政让彭澎捧台灯。

eng—en　陈庄程庄都有城，陈庄城通程庄城。陈庄城和程庄城，两庄城墙都有门。陈庄城进程庄人，陈庄人进程庄城。请问陈程两庄城，两庄城门都进人，那个城进陈庄人，程庄人进那个城？

ang—eng　长城长，城墙长，长长长城长城墙，城墙长长城长长。

ian　半边莲，莲半边，半边莲长在山涧边。半边天路过山涧边，发现这片半边莲。半边天拿来一把镰，割了半筐半边莲。半筐半边莲，送给边防连。

iang　杨家养了一只羊，蒋家修了一道墙。杨家的羊撞倒了蒋家的墙，蒋家的墙压死了杨家的羊。杨家要蒋家赔杨家的羊，蒋家要杨家赔蒋家的墙。

in　你也勤来我也勤，生产同心土变金。工人农民亲兄弟，心心相印团结紧。

ing　天上七颗星，树上七只鹰，梁上七个钉，台上七盏灯。拿扇扇了灯，用手拔了钉，举枪打了鹰，乌云盖了星。

in—ing　小金到北京看风景，小京到天津买纱巾，看风景，用眼睛，还带一个望远镜。买纱巾，带现金，到了天津把商店进。买纱巾，用现金，看风景，用眼睛，巾、金、睛、景要分清。

uan—an　大帆船，小帆船，竖起桅杆撑起船。风吹帆，帆引船，帆船顺风转海湾。

uang　王庄卖筐，匡庄卖网，王庄卖筐不卖网，匡庄卖网不卖筐，你要买筐别去匡庄去王庄，你要买网别去王庄去匡庄。

uan—uang　那边划来一艘船，这边漂去一张床，船床河中互相撞，不知船撞床，还是床撞船。

uen—en　孙伦打靶真叫准，半蹲射击特别神，本是半路出家人，摸爬滚打练成神。

ün　军车运来一堆裙，一色军用绿色裙。军训女生一大群，换下花裙换绿裙。

üan　圆圈圆，圈圆圆，圆圆娟娟画圆圈。娟娟画的圈连圈，圆圆画的圈套圈。娟娟圆圆比圆圈，看看谁的圆圈圆。

　　ian—üan　山前有个严圆眼，山后有个严眼圆，二人山前来比眼，不知是严圆眼的眼圆，还是严眼圆比严圆眼的眼圆。

　　ueng　老翁卖酒老翁买，老翁买酒老翁卖。

　　ong　栽松不如栽葱，还是栽葱不如栽松？

　　iong　小涌勇敢学游泳，勇敢游泳是英雄。

第四节　声调训练

一、什么是声调

声调是一个音节高低、升降、曲直、长短的变化形式。在汉语中，一个汉字基本代表着一个音节，所以声调又可以叫作字调。声调主要取决于音高，同一个人的不同的音高变化是由声带的松紧决定的。声带越紧，声调越高；声带越松，声调越低。

声调具有区别意义的作用。例如："wuli"可以理解为"物理""物力""无理""无力""屋里""五里""武力""无利"等等。

声调不同于语调。印欧语都讲究语调，但很少有声调；汉语则既讲究语调，更讲究声调，因为汉语语调是建立在各音节固有的声调的基础之上的，是对原有声调的稍抑或稍扬。语调与声调相比较，当然是声调更为重要，有人将音节组成分析为"头、颈、腹、尾、神"，其中把声调喻为音节之"神"，足可见其重要性。

声调包括调值和调类两个方面。

二、调值与调类及二者的关系

（一）调值

调值就是声调的实际读法，也就是声调的高低、升降、曲直、长短变化的具体形式。调值采用五度标记法。（参见图1-2）

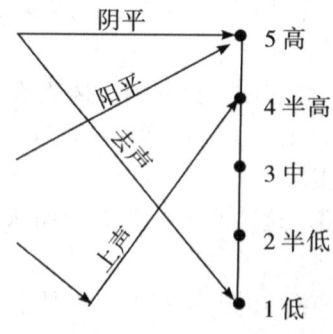

图1-2　调值示意图

（二）调类

调类就是声调的种类，它是根据能区别意义的调值归纳出来的类，也就是相同调值的字归纳在一起所建立的类。

（三）调值与调类的关系

（1）在同一种语言或同一种方言中，两者成简单的对应关系：调类相同，调值必然相同；反过来，调值相同的，调类也肯定相同。

（2）在不同语言或不同方言中，二者关系错综复杂，调类相同的，调值不一定相同；调值相同的，而调类又不一定相同。这其中的原因也是复杂的。调类的命名主要是参考古调类来定的，而调值却是对现行语言或方言中的读法的实际描写。

三、普通话四声

普通话的声调分为四声，分别为阴平、阳平、上声、去声，具体如表1-2所示。

表1-2

调类	调值	例字	口诀
阴平	55	中 高 非	起音高高一路平
阳平	35	华 扬 常	由中到高往上升
上声	214	语 转 好	先降后升曲折型
去声	51	调 降 记	高起猛降到底层

阴平（第一声）——调值55。发音从5度到5度，声音高而平，基本上没有升降的变化，因此也叫高平调或55调。例如："江、山、高、天"等的声调。

阳平（第二声）——调值35。发音从3度到5度，声音由中到高，是一个高升的调子，因此又叫高升调或35调。例如："人、民、团、结"等的声调。

上声（第三声）——调值214。发音从2度降到1度再升到4度，是一个先降后升的调子，因此又叫降升调或214调。例如："理、想、友、好"等的声调。

去声（第四声）——调值51。发音从5度降到1度，是一个全降的调子，因此又叫全降调或51调。例如："大、雁、胜、利"等的声调。

普通话四声总的特点有两个：一是抑扬顿挫，不易相混，便于学习和掌握；二是高音成分多（只有上声未达到最高音，但也到了半高），清晰响亮。

四、声调的发音

（一）发准阴平调的方法

普通话的阴平调值是55，是个高平调；而客家方言阴平调值是44；潮汕方言阴平调值是33；粤方言的阴平调值虽然是55，但不稳定，出现在词语前的第一个音节时往往读成高降调，如"米筛"的"筛"读成53。所以，广东人学习普通话的阴平调的困难是声调不够高或不够平。

阴平调有为其他三个声调定高低的作用，如果阴平调掌握不好，就会影响其他声调的发音。有些人阴平调读得过低或过高，就会造成去声降不下来或阳平高不上去的问题。

练习阴平调，可先用单韵母读出高、中、低三种不同的平调，体会发高音时声带拉紧、发低音时声带放松的不同感觉。这种练习不但可以比较出阴平的高平调值，而且可以训练控制声带松紧的技能，为掌握好复杂的升、降、曲三种声调打下基础。

克服发不准阴平调的方法有以下几种。

1. 方音比较法

如果对自己的阴平调把握不准，可以请内行人士帮自己鉴定一下阴平的调值，并反复听普通话阴平字的音高，再与方言的相比较，得出正确清晰的声音形象。

2. 超高音法

可以发超高音，突破55的高度，再回归到高平调来，这种方法对客家人比较有效。

3. 同调值迁移法

广州人和潮汕人可以借鉴方言当中相同调值的字音来体会高平调的感觉，不过要注意变调的问题，尽可能以双音节词语的后一个音节为准，如潮汕话"小时"的"时"，广州话"上街"的"街"等。

4. 情绪调整法

每个人高兴或悲伤时，语调不一样，声调也会有所不同，所以我们可以想象并酝酿高兴的心情叫一声"妈"，同时体会声带绷紧的状态。

5. 手势暗示法

就是举起手，在自己头顶比画高平调的调型，口中发出任一阴平的音节，并体会高音震颤的感觉。通常情况下，高音听起来比较清脆悦耳。

（二）发准阳平调的方法

普通话的阳平调值是35，是个高升调。这一调型调值，粤潮方言里都有，粤语阴上（如"古"）、潮语阳上（如"老、近"）都是35调，移用过来就行。而客家方言阳平调值是11，由于没有升调，读普通话的阳平调往往出现失误。广东人学习普通话的阳平调的困难是发得低而平，上扬不够有力，不到应有的高度，或有些拖腔，中间打了一点儿弯。

克服发不准阳平调的方法有以下几种。

1. 连读辨调法

可以先体会"和平"这个词两个音节的不同调值，由于前一个音节发生了变调，实际调值只有34，这是广东人容易出现的问题，通过反复辨听两个音节不同的调值，以确立35的高度，读出正确的调值。

2. 同调值迁移法

在粤方言和潮汕方言中，都存在35调值的字音，我们可以通过先发方言字音，确立准确调值的声音形象，体会声带由松变紧和腹部内收的感觉，听觉和知觉同时作用，发准阳平调不难。

3. **手势暗示法**

对于"中间打了一点儿弯"的问题，可以通过直上的手势暗示加以改正。读准普通话阳平调的关键在于找准起点直接上升到最高音。客家话连读变调里也存在类似的调子，如"开门"中的"门"。

（三）发准上声调的方法

普通话的上声调值是214，是个曲折调，发音时声带由较松放到最松，再很快地拉紧。特点是低降高升，与潮汕话的阴去（如"放"）相似。声音由较低平降到最低，再快速升高。在广东三大方言中与之相对应的都不是曲折调，客家方言的调值是31，潮汕方言的调值是53，都是降调，粤方言的是35和13，是升调。粤方言和客家方言里没有曲折调型，读曲调就有些困难，加之在朗读和谈话中，上声的基本调值出现的机会很少，经常出现的是变化之后的调值，所以要读准上声的调值是难上加难。但是，基本调值是变化的基础，掌握了基本调值才能掌握它的变化，所以首先应读准上声的本调。广东人发上声容易出现的问题有：受变调影响，只读成半上21，也就是只降不升，这种问题在客家人身上比较常见；粤语则相反，起音太高，降不下来，低平部分的1压不下去，给人的感觉是拐弯不够大；或者半高音部分的4升不上去；或者缺乏滑动，把上声发成两个音，如"好"，有的人会发成"好噢"等。

克服发不准上声调的方法有以下几种。

1. **分段练习法**

先请内行人士帮忙鉴定一下，自己的上声究竟存在什么问题，以明确自己需要克服的重点，反复听辨标准上声的发音，建立起明晰的声音形象，再不断地模仿练习，一定可以发准上声。对于低平部分的1压不下去，可以先体会上声音节在非上声音节前的状态，并练习把声音压下去，一直压到不能再压为止，并尽量把低音部分拖长，深刻感受低音的感觉，再体验上声拐弯时声带由松到紧的状态，就能读出较准确的上声了。要把降升结合起来，注意降、升之间不要断开，以免听上去像两个字，升的时候还要注意收住，不要拉得太长。

2. **常用字诱导法**

可以用"好""有"这些常用字作为诱导，反复练习，进而推而广之，其他上声字就容易掌握了。

3. **方音迁移法**

对于潮汕人而言，可以练习方言中调值为213的字音，尾音稍微拉紧一点儿，就能发好普通话上声的字音了。

（四）发准去声调的方法

相对于其他三个声调而言，去声比较容易读准，多数人读去声时不会感到困难，但容易出现这种情况：少数人会降得比较短促，不够充分，或者读得比较急促短暂，从而变成入声了。

克服发不准去声调的方法有以下几种。

1. 阴平带去法

可以用阴平带去声的方法来练习，即先发一个阴平，使声带拉紧，再在阴平的高度上尽量把声带放松，就能读出全降调的去声。多读阴平和去声相连的词语，有助于读好去声。

2. 方音比较法

对于潮汕人而言，可试着比较方言中53调值的字音，如"死"和普通话51调值的"细"降音的长短幅度，就可以解决去声发得过于短促不够充分的问题。广东三大方言都完整地保留了入声调类，入声调一般都有塞音韵尾，这种入声调子很短促，不能延长，有明显的堵塞感，需要改读成舒声。

五、声调综合训练

（一）按同调排列读下面的音节

春天花开　　江山多娇
人民团结　　豪情昂扬
厂长领导　　理想美好
日夜奋战　　创造世界

（二）按四声顺序排列读下面同声同韵音节

一　姨　以　易　　低　迪　底　弟
之　直　指　置　　呲　词　此　次
通　同　桶　痛　　抨　彭　捧　碰
呼　胡　虎　护　　分　焚　粉　份
接　洁　姐　借　　飞　肥　匪　费

（三）按四声顺序排列读下面声韵不同音节

中华有志　　身强体健　　光明磊落　　千锤百炼
花红柳绿　　心明眼亮　　胸怀广阔　　山河锦绣
坚持努力　　兵强马壮　　英雄好汉　　妖魔鬼怪
风调雨顺　　深谋远虑　　诸如此类　　非常好记

（四）声调综合训练

鼻音　皮衣　实施　行星　回音　齐心　爬山　明天
近年　皱纹　汽油　事实　命名　变革　调查　特长
制止　入伍　跳舞　玉宇　地理　大脑　电影　录取

公共	夫妇	搬运	抛弃	端正	初赛	鲜艳	接受
时事	别墅	白菜	排队	疲倦	矛盾	年代	情趣
标兵	扑空	通天	垃圾	星期	司机	村庄	关心
博学	频繁	服从	长途	人民	循环	随从	执行
毕业	破坏	密切	大概	特地	内陆	顾问	竞赛
包含	批评	分头	单元	通俗	观摩	欢迎	青年
英勇	冰冷	摸底	风险	黑板	家属	亲手	辛苦
博览	平等	联想	国土	结尾	停止	食品	磁铁
步枪	配音	列车	措施	丧失	再三	饭厅	竞争

(五)句子训练

(1)这南方初春的田野，大块小块的新绿随意地铺着，有的浓，有的淡，树上的嫩芽也密了，田里的冬水也咕咕地起着水泡。

(2)纯朴的家乡村边有一条河，曲曲弯弯，河中架一弯石桥，弓样的小桥横跨两岸。

(3)时间过得那么飞快，使我的小心眼儿里不只是着急，还有悲伤。

(4)冬天的山村，到了夜里就万籁俱寂，只听得雪花簌簌地不断往下落，树木的枯枝被雪压断了，偶尔咯吱一声响。

(5)然而有一天，我发现母亲正仔细地用一小块碎面包擦那给我煎牛排用的油锅。我明白了她称自己为素食者的真正原因。

(六)绕口令训练

(1)妈妈骑马，马慢，妈妈骂马。舅舅搬鸠，鸠飞，舅舅揪鸠。
姥姥喝酪，烙酪，姥姥捞酪。妞妞哄牛，牛拗，妞妞扭牛。

(2)山羊上山，山碰山羊角。水牛下水，水没水牛腰。
沙马蹚沙，马过沙河，沙打沙马腿。毛驴驮草，驴走草桥，草压毛驴腰。

(3)书童研磨，墨抹书童一脸墨。梅香添煤，煤爆梅香两眉煤。

第五节　音变训练

音变就是语音的变化。人们说话时，不是孤立地发出一个个音节，而是把音节组成一连串自然的"语流"。在语流中，由于相邻音节的相互影响或表情达意的需要，有些音节的读音会发生一定的变化，这就是语流音变。

普通话的语流音变主要包括变调、轻声、儿化、语气词"啊"的音变等。

一、变调

变调是指语流中某个声调受到相邻字音声调的影响而出现的声调变读现象。变调多数是由后一个音节声调的影响引起的。在普通话中，最常见的变调有上声的变调、"一""不"的变调、叠音形容词的变调等。

（一）变调的发音

1. 上声的变调

普通话的上声是降升调，调值214。上声只有在单独念或在词句末尾时才读原调。

由于上声的特点是调值形式曲折，因此上声字在别的音节前面时都会发生变调，即由"曲调"（降升调）变为"直调"（降调或升调）。

（1）上声在非上声前（即在阴平、阳平、去声、轻声前），由降升调变低降调（或称"半上"，只降不升），调值由214变211。例如：

上声+阴平：老师　小张　好山　体贴　走开
上声+阳平：老爷　小刘　好人　海洋　版图
上声+去声：老练　小郑　好事　点缀　水费
上声+轻声：老婆　小子　脑袋　打量　讲究

（2）两个上声相连，前一个上声变成阳平，即调值为35。例如：

水果　岛屿　所以　扭转　领导　勇敢
选举　火腿　把守　表演　采访　舞蹈
野草　美好　保险　冷饮　理解　美酒

（3）三个上声相连，前两个字根据词语的结构变调。

①当词语结构是"双单格"时，前两个上声变阳平，调值都为35。例如：

展览馆　手写体　洗脸水　草稿纸　选举法

②当词语结构是"单双格"时，前一个上声变降调，即半上，调值是211，第二个上声变阳平，调值为35。例如：

纸老虎　小拇指　好总理　海产品　冷处理

（4）一串上声相连，先根据语意或气息自然分节，再按照以上训练要领变读。例如：

①请你/整理好/演讲稿。
②请你/给我/打点儿/洗脸水。
③你把/美好/理想/给领导/讲讲。
④我请/雨伞厂/鲁厂长/选五把/好雨伞/给/李组长。

值得注意的是，在文章或话语中，作为后一字的上声常常读半上，调值是211，很少读作全上。例如："天长地久，小鸟和水手的感情日趋笃厚。"

2. "一""不"的变调

（1）"一""不"不变调。

①"一"的本调是阴平，"不"的本调是去声。单独念或在词句末尾时不变调，例如"一""统一""不""决不"等。

②"不"在非去声前不变调。例如：

不安　不单　不行　不白　不比　不敢

③"一"还有几种情况不变调。

在表日期时，例如：二〇〇一年十月一日
在表示序数时，例如：第一天、第一次、一中
数数时，例如：一、二、三……十一……
（2）"一""不"的变调。
①"一""不"+去声："一""不"变读为阳平，调值35。例如：
一半　一旦　一度　一样　一次
不是　不必　不变　不要　不错
②"一"+非去声："一"变读去声，调值51。例如：
"一"+阴平：一般　一边　一天　一些　一生
"一"+阳平：一年　一齐　一排　一节　一层
"一"+上声：一早　一举　一缕　一撇　一口
③"一""不"夹在词语中间一般读轻声，强调时也可按变调规则变读。例如：
看一看　想一想　听一听　坐一坐　笑一笑
去不去　好不好　看不清　听不见　想不通

3. **叠音形容词的变调**

叠音形容词主要有三种格式。
（1）AA式。
①叠音部分不管是什么声调，都可以变读为阴平，也可以不变。例如：
白白　胖胖　快快　慢慢　好好
大大　紧紧　软软　浓浓　早早
②附有儿化的叠音形容词，叠音部分不管是什么声调，一律要变读为阴平。例如：
好好儿　薄薄儿　早早儿　小小儿
长长儿　平平儿　高高儿　大大儿
（2）ABB式。
这种叠音形容词形式，除叠音词缀本身为阴平不再变之外，其余各词都可以把叠音词缀变为阴平。例如：
白茫茫　白蒙蒙　白亮亮　黑洞洞　黑黝黝　黑沉沉　黑压压
蓝盈盈　绿莹莹　甜蜜蜜　绿油油　懒洋洋　湿淋淋　毛茸茸
火辣辣　红彤彤　赤条条　直挺挺　亮晶晶　亮堂堂　喜洋洋
（3）AABB式。
这种格式的叠音形容词，第二音节读轻声，第三、四音节都变读为阴平。例如：
热热闹闹　整整齐齐　清清楚楚　漂漂亮亮　模模糊糊　清清凉凉
明明白白　舒舒服服　欢欢喜喜　扎扎实实　坑坑洼洼　干干净净
但在书面语中，有一部分词不能变读。例如：
闪闪烁烁　轰轰烈烈　高高兴兴　密密丛丛　密密麻麻　花花绿绿

（二）变调的训练

1. 上声的变调

（1）词语练习。

上声+阴平	紧张	语音	水车	北方	普通
	口腔	附身	哪些	写生	谎称
上声+阳平	果皮	语流	水平	祖国	婉言
	口才	感人	美学	体能	脸颊
上声+去声	笔画	丑恶	请示	宝贝	隐蔽
	腐烂	索性	理论	搅拌	赏赐
上声+轻声	点心	斗篷	老实	脊梁	打发
	耳朵	笸箩	枕头	软和	冷清
上声+上声	雨伞	所以	尽管	纸捻	火腿
	想法	裸眼	曲谱	子女	以往
上声+上声+上声	水彩/笔	管理/组	几百/里	小组/长	
	短/粉笔	老/领导	好/厂长	耍/笔杆	

一串上声　请你往左转。
　　　　　我很想你。
　　　　　咱俩永远友好。
　　　　　给我两碗炒米粉。
　　　　　种马场养有几百匹好种马。
　　　　　写好草稿请举手。
　　　　　李厂长很了解你。

（2）句子练习。

①普通话中的儿化音，能表示一种亲切喜爱的感情色彩。
②小伙子买来纸墨，齐白石提笔抖腕，一副淡雅清素的水墨《白菜图》很快就画出来了。
③村庄随着海湾的曲线延伸，村民们正打算在庙院里跳舞庆祝即将到来的稻米丰收。
④雨伞厂的鲁厂长送了我两把纸雨伞。
⑤通过选举，小史出任纺织组小组长。
⑥请允许我讲两句。
⑦或者相反，能看到自己写出的一笔一画的字，但看不到手和笔。
⑧克拉姆在法官席上审理案件时，她的好向导——9岁的德国牧羊狗陪伴在她身边。

2. "一""不"的变调

（1）词语练习。

一瞥　一身　一筐　一锅　一丝
一行　一直　一则　一轮　一丛

一宿　一举　一起　一晃　一览
一切　一任　一气　一概　一律
不测　不当　不待　不啻　不济
一朝一夕　一五一十　一粥一饭　一颦一笑
一往直前　一诺千金　一生一世　一模一样
一如既往　一箭双雕　一发千钧　一来二去
一蹶不振　一尘不染　一毛不拔　一钱不值
一窍不通　一言不发　一成不变　一丝不苟
不卑不亢　不差累黍　不耻下问　不尴不尬
不寒而栗　不即不离　不解之缘　不胫而走
不咎既往　不绝如缕　不堪设想　不可理喻
不郎不秀　不伦不类　不偏不倚　不闻不问
不谋而合　不容置喙　不修边幅　不置可否

（2）句子练习。

①在一个漆黑的秋天的夜晚，我泛舟在西伯利亚的一条森森的河上。

②船到一转弯处，一星火光蓦地一闪。

③没有一片绿叶，没有一缕炊烟，没有一粒泥土，没有一丝花香。

④一到求神拜佛，可就玄虚之至了，有益或是有害，一时就找不出分明的结果来。

⑤对称的建筑是图案美，不是美术画，而园林是美术画，是不讲究对称的。

⑥游览者必然也不会忽略另外一点，就是苏州园林在每一个角落都注意图案美。

⑦船舱鼓鼓的，又像一个忍俊不禁的笑容，就要绽开似的。我凑上去，想摘一朵。

⑧我找不到一个更熟悉的人，只好不顾羞怯，向同来的一个欧洲人发问，也不知道他懂不懂汉语。

⑨今天，我们的人民共和国满五十一周岁了！今年的"十一"联欢晚会，一律发普通入场券，真正是"上下一心，军民同乐"。

（3）古诗训练。

一字诗
清·陈沆

一帆一桨一渔舟，一个渔翁一钓钩。
一俯一仰一场笑，一江明月一江秋。

3. **叠音形容词变调**

（1）AA 儿式。

满满儿　慢慢儿　偷偷儿　狠狠儿
紧紧儿　胖胖儿　稳稳儿　悄悄儿

（2）ABB 式。

怯生生　汗津津　胖乎乎　静悄悄

明晃晃　慢腾腾　文绉绉　酸溜溜
笑吟吟　水汪汪　沉甸甸　香喷喷
灰蒙蒙　闹哄哄　黑压压　孤零零
（3）AABB式。
断断续续　淅淅沥沥　吞吞吐吐
规规矩矩　稳稳当当　严严实实
结结巴巴　慢慢腾腾　迷迷糊糊

二、轻声

语流中的不少音节失去其原有的声调，读成又轻又短的调子，这种音节叫轻声。轻声不能单独念出来，一定要跟随在别的字后面，只有在词语和句子中才能体现出来。轻声是整个音节弱化的一种特殊的音变现象。轻声主要由音长决定，其长度短于非轻声音节；在音高上，因受前一音节声调的影响而表现出不同的音高形式；在音强上，轻声音节相对弱一些。

（一）轻读规律

普通话中四个声调的音节都有可能读成轻声，有一些轻声音节的出现有一定的规律性。

（1）名词的后缀"-子，-头"和表示群概念的"-们"读轻声。例如：
鸽子　燕子　辫子　石头　馒头　木头　我们　你们　他们
（2）助词"的、地、得、着、了、过"读轻声。例如：
领路的　愉快地　学得（好）　笑着　活了　看过
（3）语气词"吗、呢、吧、啦、呀、嘛、哇、啊"一般读轻声。例如：
他呢　谁啊　走吧　好嘛　生气啦
（4）名词、代词后的方位词一般读轻声。例如：
墙上　地下　家里　这边　前面
（5）动词、形容词后的方位词一般读轻声。例如：
出去　进来　丢下　带上　热起来　冷下去　请进来　赶出去
（6）动词重叠的第二个音节一般读轻声。例如：
看看　听听　说说　尝尝
（7）描摹某种状态的形容词的第二音节常读轻声。例如：
糊里糊涂　噼里啪啦　稀里哗啦　叽里呱啦　丁零当啷　黑不溜秋

（二）轻声的读法

轻声的音高不太固定，它随着前一个音节的声调而改变。具体情况是：
阴平·轻声：念半低（轻声调值约为2）
妈妈　黑的　桌子　吃了　跟头
阳平·轻声：念中调（轻声调值约为3）

爷爷　红的　房子　拿了　石头

上声·轻声：半高调（轻声调值约为4）

奶奶　紫的　斧子　走了　骨头

去声·轻声：念低调（轻声调值约为1）

爸爸　绿的　扇子　去了　木头

（三）轻声的作用

（1）轻声具有区别意义和词性的作用。例如：

东西 dōng xi（物件）/东西 dōng xī（方向）

大意 dà yi（疏忽）/大意 dà yì（主旨）

对头 duì tou（对手、仇敌，名词）/对头 duì tóu（正确、合适，形容词）

利害 lì hai（剧烈、凶猛，形容词）/利害 lì hài（利益和损害，名词）

（2）增强语言的节奏感和亲切感。例如：

跑得快　起来　客气　耳朵

（四）常见轻声词

气：福气　秀气　神气　脾气　和气　客气　志气　义气
　　节气　小气　阔气　俗气　力气

家：娘家　亲家　婆家　人家　公家　船家　行家　冤家

实：老实　厚实　结实　壮实　匀实　扎实　踏实

和：暖和　热和　软和　搅和　掺和　凑合（huo）

处：用处　好处　坏处　益处　难处　害处　错处

量：商量　打量　比量　思量　掂量

悠：颤悠　晃悠

人：客人　爱人　内人　丈人　别人

糊：含糊　迷糊　模糊　黏糊　烂糊

夫：丈夫　姐夫　妹夫　姨夫

当：稳当　妥当　顺当　停当　快当

手：打手　帮手　把手　扶手

候：时候　火候　伺候　症候

道：知道　地道　味道　厚道

快：痛快　凉快　勤快　松快

打：打扮　打量　打算　打听

识：知识　认识　见识　熟识

匠：木匠　石匠　铁匠　瓦匠

事：干事　故事　差事

腾：折腾　翻腾　闹腾　倒腾

烦：麻烦　腻烦　絮烦

人体：
脑袋　头发　眉毛　眼睛　鼻子　舌头　下巴　耳朵　胳膊　嘴巴　指甲
指头　脊梁

人称：
兄弟　侄女　外甥　叔伯　先生　少爷　丫头　老婆　老爷　姑娘　女婿
媳妇　妯娌　朋友　寡妇　亲戚　大夫　闺女　护士　师傅　徒弟　师父
和尚　喇嘛　神仙　道士　上司　伙计　家伙　财主　奴才　状元　秀才
书记　学生　特务　奸细　王八　畜生　祖宗　阎王　哑巴

动物：
苍蝇　刺猬　蛤蟆　狐狸　猩猩　骆驼　牲口

蔬菜水果：
甘蔗　石榴　葡萄　核桃　枇杷　椰子　黄瓜　萝卜　芝麻　薄荷
蘑菇　葫芦　玫瑰　棉花　高粱　庄稼　粮食　荸荠

（五）轻声的训练

阴平·轻声：
星星　窟窿　关系　差事　芝麻　玻璃　风气　规矩　挑剔　折腾　舒服　生日
踏实　知道　衣服　精神　窗户　师傅　编辑　消息　兄弟　吆喝　疙瘩　答应
收拾　收成　张罗　冤枉　风筝　家伙　结巴　功夫

阳平·轻声：
明白　便宜　得罪　名字　能耐　年月　麻烦　滑稽　学问　云彩　学生　裁缝
合同　眉毛　行李　程度　实在　琢磨　牢骚　题目　模样　朋友　拾掇　防备
粮食　毛病　情形　时候　玫瑰　逻辑　糊涂　脾气

上声·轻声：
尺寸　小心　整齐　点心　比方　打算　委屈　考虑　暖和　冷清　早晨　母亲
本事　眼睛　比试　耳朵　嘱咐　打发　打量　脑袋　女婿　小气　马虎　体面
稳当　老实　使唤　伙计　反正　好处　喜欢　牡丹

去声·轻声：
相声　故事　在乎　道理　太阳　味道　漂亮　丈夫　认识　阔气　厚道　奉承
利索　力气　力量　笑话　事情　外面　大意　大夫　父亲　态度　报酬　分量
凑合　伺候　困难　叫唤　价钱　热闹　意思　秀气

综合训练：
称呼　别扭　苍蝇　抽屉　伺候　聪明　地方　打量　叨唠　倒腾　豆腐　高粱
规矩　闺女　核桃　和气　坏处　黄瓜　脊梁　记号　讲究　会计　宽敞　棒槌
厉害　簸箕　和尚　码头　累赘　钥匙　清楚　盘算　算盘

对比训练：
将具有区别词性或词义作用的必读轻声词同相应的非轻声词对比练读，然后分别组词成句，进行对话训练。例如：

　　　　　　　轻声　　　　　　　　非轻声
编辑——他是一名编辑。　——他正在编辑稿件。
人家——人家的闺女有花戴。——小桥流水人家。
地道——他说山东话很地道。——这个地道很深。

三、儿化

儿化，是指一个音节带上卷舌动作，韵母发生音变，成为卷舌韵母（儿化韵）的语流音变现象。

"儿"指卷舌动作，"化"是说卷舌动作应自然地融化在前一个音节上，因此听觉上还是一个音节。

（一）儿化的规律

儿化发音的基本规则，取决于韵母的末尾音素是否便于卷舌。

（1）前一音节的韵母或韵尾是 a、o、e、ê、u 的，儿化时韵母不变，在后边加卷舌动作 r。例如：

鲜花儿　牙刷儿　上哪儿　油画儿　刀把儿　打岔儿　号码儿
粉末儿　山坡儿　干活儿　大伙儿　没错儿　花招儿　小鸟儿
小街儿　皮鞋儿　唱歌儿　小车儿　方格儿　蛋壳儿　高个儿
小屋儿　眼珠儿　白兔儿　打球儿　纽扣儿　豆芽儿　加油儿

（2）前一音节的韵尾是 i、n 的，儿化时去掉 i 或 n，主要元音加卷舌动作。例如：

小孩儿　瓶盖儿　一块儿　一点儿　露馅儿　手绢儿

（3）前一音节的韵母是 i、ü 的，儿化时韵母不变，加卷舌音 er。例如：

眼皮儿　小米儿　小鸡儿　金鱼儿　唱曲儿　孙女儿

（4）前一音节的韵母是 -i（前）、-i（后）的，儿化时去掉韵母，加上卷舌韵母 er。例如：

铁丝儿　新词儿　棋子儿　没事儿　树枝儿

（5）前一音节韵尾是 ng 的，儿化时去掉 ng，加卷舌动作 r，前面元音鼻化（气流同时从口腔和鼻腔呼出）；ing 儿化时，去掉 ng，加中央元音 e 鼻化，再加上卷舌动作。例如：

唱腔儿　蛋黄儿　凉风儿　名声儿　闹钟儿　胡同儿　电影儿　五星儿

（6）韵母是 ui、un、in、ün 的，儿化时去掉 n，加 er。例如：

墨水儿　脚印儿　干劲儿　音信儿　人群儿　白云儿

（二）儿化的作用

（1）表示温和、亲切、喜爱的感情色彩。例如：

小猫儿　女孩儿　好玩儿　鲜花儿

（2）形容细小轻微的状态和性质。例如：

木棍儿　头绳儿　图钉儿　小鱼儿

（3）区别词性。名词动词兼类或名词形容词兼类的，儿化后可以确定为名词。例如：

盖—盖儿　尖—尖儿　活—活儿　眼—眼儿　手—手儿

（4）区别词义。例如：

头—头儿　口—口儿　信—信儿　后门—后门儿

（5）能区分同音词，也能制造同音词。例如：

拉练—拉链儿　开伙—开火儿

棍儿＝柜儿　枝儿＝针儿　真儿＝汁儿　盘儿＝牌儿

（三）儿化训练

儿化的主要特点是把"儿"（卷舌动作 r）"化"在与它结合的韵母上，要读得柔软、自然。

1. **儿化发音基本训练**

先按规则念读，然后不考虑规则自然熟练地念说。例如：

刀把儿　号码儿　戏法儿　在哪儿　找碴儿　打杂儿　板擦儿　名牌儿

鞋带儿　壶盖儿　小孩儿　加塞儿　快板儿　老伴儿　蒜瓣儿　脸盘儿

脸蛋儿　收摊儿　栅栏儿　包干儿　笔杆儿　门槛儿　刀背儿　摸黑儿

老本儿　花盆儿　嗓门儿　把门儿　哥们儿　纳闷儿　后跟儿　高跟儿鞋

别针儿　一阵儿　走神儿　大婶儿　小人儿书　杏仁儿　刀刃儿　瓜子儿

石子儿　没词儿　挑刺儿　墨汁儿　锯齿儿　记事儿　针鼻儿　垫底儿

玩意儿　有劲儿　送信儿　脚印儿　毛驴儿　小曲儿　痰盂儿　合群儿

2. **具体语境中儿化训练**

（1）花园儿里种着茶花儿，花盆儿里养着菊花儿，花瓶儿里还插着梅花儿。

（2）下了班儿，上对门儿小饭馆儿，买一斤锅贴儿，带上点儿爆肚儿、蒜瓣儿，再弄二两白干儿，到你家慢慢儿喝。

3. **绕口令练习**

进了门儿，倒杯水儿，喝了两口儿运运气儿。顺手拿起小唱本儿，唱了一曲儿又一曲儿，练完了嗓子儿我练嘴皮子儿。绕口令儿，练字音儿，还有单弦儿牌子曲儿。小快板儿，大鼓词儿，又说又唱我越带劲儿！

4. **故事练习**

小哥俩儿，红脸蛋儿，手拉手儿，一块儿玩儿。小哥俩儿，一个班儿，一路上学唱着歌儿。学造句，一串串儿；唱新歌，一段段儿；学画画儿，不贪玩儿：画小猫儿，钻圆圈儿；画小狗儿，蹲台阶儿；画只小鸡儿吃小米儿；画条小鱼儿吐泡儿泡儿；小哥俩儿，真用功，读书学习不费劲儿，真是妈妈的一对儿好宝贝儿。

四、语气词"啊"的音变

语气词"啊"用在句末或句中停顿处时，往往受前面音节的影响而产生连读音变。

"啊"单用时,独立地表示一定的语意。单念"啊"时,可以用气流伴随着声音同时发出,使感情显得真实可信,听起来也较柔和。

"啊"用在句末,能表示各种复杂的感情——赞叹、惊讶、醒悟、后悔、回忆、劝诫、失望、欢乐等。它受前一音节末尾的音素的影响,读音会发生变化。它的变化有以下几种情况:

(1) 前一音节的尾音是 a、o、e、ê、i、ü,"啊"变读成 ya,汉字可写成"呀"。例如:

原来你认识他呀。

有情绪不能不搞好工作呀。

我每天早晨要赶车呀。

好大的雪呀。

好有创意呀。

不小的创举呀。

i、ü 是闭口音,连读开口的 a,发出 ia 十分方便。a、o、e、ê 是大开、半开或半闭的音,连读 a 发音困难,音节界限也不清楚,因此增加一个 i,发出 ia 比较轻松。

(2) 前一音节的尾音是 u(包括 ao 和 iao,因其后面的 o 实际上是较松的 u),"啊"变读成 ua,汉字可写成"哇"。例如:

我会跳舞哇。

他对我们很好哇。

这么逼真,真是惟妙惟肖哇。

(3) 前一音节的尾音是 n,"啊"变读成 na,汉字可写成"哪"。例如:

小心哪。

小心触电哪。

快看哪!

(4) 前一音节的尾音是 ng,"啊"变读成 nga,汉字仍写作"啊"。例如:

唱啊唱。

快想啊!

真好听啊!

(5) 前一音节的尾音是舌尖后音 -i(后),"啊"变读成 ra,汉字仍写作"啊"。例如:

是啊!

科学研究要老老实实啊。

今天是儿童的节日啊。

(6) 前一音节的尾音是舌尖前音 -i(前),"啊"变读成 [za],汉字仍写作"啊"。例如:

办学要舍得投资啊。

到时候你可别推辞啊。

这个问题你可要三思啊。

掌握了"啊"的变读，说话、朗读就能准确地表达语气，写作时也能恰当使用语气词。

（7）语气词"啊"的音变训练。

"啊"的音变规律要在理解的基础上记忆和自然运用。书面上写成"啊"的，在读说时要注意按照规律变读。

1）按发音音变规律读下列句末语气词"啊"。

①多么新奇，多么有趣的花啊！

②他普通话说得真好啊！

③笑得真欢啊！

④小点儿声啊！

⑤这是第几次啊？

⑥什么了不起的事啊！

2）对话训练：以聊天儿的形式进行两人一组的对话，在句末自然地带上语气词"啊"的变读。

①你去哪儿啊？

②我上图书馆啊。

③借书啊？

④是啊。

3）句子练习。

①这又怪又丑的石头，原来是天上的啊！

②好大的雪啊！

③应该奖励你啊！

④我砸的不是坏人，而是自己的同学啊！

⑤狗该是多么庞大的怪物啊！

⑥这才这般的鲜润啊！

⑦火光啊……毕竟……毕竟就在前头！

⑧唱啊唱，嘤嘤有韵，宛如春水淙淙。

⑨是啊，我们有自己的祖国，小鸟也有它的归宿，人和动物都是一样啊，哪儿也不如故乡好！

⑩看啊，多美的一幅画啊！那上面有山啊，水啊，树啊，花儿啊，还有许多小动物呢，有公鸡啊，白鸭啊，猪啊，羊啊，大水牛啊，枣红马啊，还有一只小白兔啊，多热闹啊！

第二章　幼儿教师教学口语训练

知识目标

1. 掌握幼儿教师教学口语的作用及要求。
2. 掌握导入语、讲解语、提问语、过渡语、应变语、结束语的基本要求。

技能目标

能根据教学内容，有针对性地设计导入语、讲解语、提问语、过渡语、应变语和结束语。

第一节　幼儿教师教学口语概说

一、幼儿教师教学口语的含义

幼儿教师教学口语是幼儿教师在课堂上根据规定的教材、针对特定的教学对象、按照一定的教学方法、在有限的时间内、为完成某种教学任务而使用的工作用语。这种工作用语既有书面语的严谨规范、优美典雅，又有口语通俗易懂、生动形象的特点，以有声语言为主，辅以适当的体态语。

幼儿教师教学口语是幼儿教师传递知识技能、表达态度情感时最主要的工具，是指导幼儿学习、引导幼儿探索与表达的最主要手段，是幼儿教师的教学原则和教学策略最基本的表现。幼儿教师优美动听的教学口语，是吸引幼儿注意力和增强教学感染力极为重要的因素。幼儿教师的教学口语除了要符合一般的语言运用规律外，更要适应不同年龄幼儿的心理特点和语言接受能力，这样才能完成教学任务，达到理想的教学效果。

二、幼儿教师教学口语的作用

幼儿教师教学口语在组织幼儿教学活动中起着至关重要的作用，主要体现为以下几点。

（一）工具作用

教学口语是教师组织教学活动、实施教学过程、完成教学目标的工具，也是连接教学环节、激发幼儿思维、促进幼儿思考、引发幼儿互动的桥梁和纽带。教师在通过语言向幼儿传递信息和知识的基础上,对幼儿进行表达、判断、想象、观察等能力的培养,进而提高幼儿的各种能力。

例如,教师在教学导入时,可以用语言直接引起幼儿对出示对象的注意,引导他们有针对性地观察所要认知的对象。"今天,老师请来了一位小客人,它长着红红的眼睛、长长的耳朵,你们知道它是谁吗?""请小朋友们仔细看一看,这两幅画哪些地方不一样?"

(二) 教育作用

教育是教育者对教育对象实施有目的、有计划、有组织的教育影响,教学是教师通过与幼儿互动的教学活动,对幼儿进行认知、态度、能力、情感培养的全过程教育。作为教学组织者的教师,承担着教育者的职责,因此,教师教学口语的教育作用非常重要,并且必须是显而易见的。在教学过程中,教师通过教学口语对幼儿进行全方位的教学组织,并通过各种组织策略,促进教育成效的最大化。

例如,教师在组织幼儿进行教学活动时,给幼儿布置任务。"这里一共有7支铅笔,要分给两个小朋友,大家想一想,有几种分法?""这个故事告诉我们,要做一个诚实的孩子。"

(三) 指导作用

所谓指导,是指示教导、指点引导之意。幼儿教师在组织教学活动时,通过对幼儿进行教学指导,告诉幼儿对与错、是与非,指出和纠正出现的问题,达到教学目的。

例如,教师为幼儿进行讲解的示范语。"先用浅色的蜡笔画出圆圆的身体,再在上面画上胖胖的小肚子、大大的眼睛。""请小朋友把圆形卡片送到圆形卡片下面的小篮子里,把三角形卡片送到三角形卡片下面的小篮子里。"

(四) 提示作用

教师在教学或活动过程中,尤其是在强调或者幼儿对知识模糊不清的时候,需要通过语言对幼儿进行相应的提醒和明示。

例如,教师在组织幼儿画画时。"小朋友们画画时,身体要坐直,眼睛要离纸远一点。"

(五) 组织作用

在教学过程中,教学口语的组织作用是其最为基本的一个功能。无论是教学过程还是教学环节,都需要教师用语言进行组织。

例如,教师在组织幼儿进行故事讲述。"今天,老师给小朋友们带来了几张有趣的图片,请大家仔细看看,图片上都发生了什么事情?"教师进行教学环节的过渡。"下面,我们一起来玩一个游戏,游戏的名字叫'猜猜我是谁?'"

(六) 示范作用

幼儿的年龄特点决定了幼儿具有好奇心强、喜欢模仿等特征。在组织教学和师生互动交流中,幼儿教师成了幼儿的第一模仿对象。幼儿将日常对教师的认识迁移到生活和游戏中,教师的教学语言对幼儿起着潜移默化的影响,因此教师的教学口语对处于语言发展期的幼儿来说具有示范作用。

例如，在语言活动中，经常可以看到教师为幼儿示范朗读。"老师朗读一遍，请小朋友认真听……"也有一些教师不注意教学语言，将方言、口头禅或者侮辱性语言带入教学过程中，不仅对孩子造成了心理伤害，也对孩子的语言发展产生了不良的影响。

三、幼儿教师教学口语的要求

幼儿教师的教学口语受到教学内容和教学任务的约束，表达的随意性和灵活性减小，规范性增强。它以教师的教案和讲稿等文字材料为依托，吸取了书面语言准确、精练、严密的特点，同时包含知识信息。作为一种有声语言，教学口语往往用表情、手势、体态等进行辅助，把教材中潜藏的信息在领悟、揣摩的基础上根据对象的特点生动地表达出来。幼儿教师的教学口语与中小学教师的教学口语相比，要求更具规范性、形象性、针对性、启发性、情感性、趣味性和简明性。

（一）规范性

规范性，是指教学口语应当遵守国家规定，在语音、词汇和语法等方面符合全国通用的普通话的规范要求。规范性是教学口语最基本的特征。教学口语的规范性既表现在形式上，也反映在内容上。从形式上讲，教学口语必须使用规范的普通话词汇，语句的组织应当符合共同语言的语法习惯，不用方言词、生造词以及不规范的网络词。从内容上讲，教学口语不同于一般的交际口语，它要紧扣教材内容，并受其制约。教师教学的内容，其语义应当确切、真实和可靠，不产生歧义。

幼儿时期是学习语言的关键时期，幼儿教师的教学口语除了给幼儿示范作用外，还有先入为主、潜移默化的作用。如果幼儿教师的语言不规范，不但不利于幼儿语言的学习，还会影响幼儿今后语言的发展。早在古罗马时期，教育家昆体良就开始重视语言影响问题了。他强调："最紧要的是，孩子的保姆应当是说话准确的人。"因为"儿童先听到的是她们的声音，首先模仿的是她们的言语。我们天生地能历久不忘孩提时期的印象，如同新器皿，一经染上气味，其味经久不变；纯白的羊毛一经染上颜色，其色久不能改。越是令人讨厌的习惯，越是牢不可破，因为好的习惯变坏是容易的，但何时能够使坏习惯变好？所以，即使还在婴儿时期，也不要让他学会以后不应当学习的语言"。因此，幼儿教师应当将规范性作为教学口语的第一要务，在教学中要使用规范化的语言，为幼儿提供模仿的优秀范例。

（二）形象性

法国教育家卢梭曾说过，在达到理智的年龄之前，孩子不能接受观念，而只能接受形象。幼儿的思维是具体的、形象的。根据幼儿思维对于形象的依赖性，幼儿教师的教学口语必须善于运用语言创造直观形象，以帮助幼儿认识、理解和掌握各种抽象事物。只有形象性的语言才能有效激发幼儿积极的联想活动，诱发幼儿参与学习活动的兴趣。形象性的幼儿教学语言可通过以下技巧来实现。

1. 描述具体细致

在幼儿学习活动中，幼儿教师应选用能够描述出事物外型的大小、形状、颜色，事情发展的原因、经过、结果,人物形象的表情、动作、语言、心理活动等具体细致的语言。

【示例】"小朋友们闭上眼睛,听听窗外的雨声像什么?哗哗——像小河在流,滴滴答答——像钟表响。睁开眼看看,雨像什么?像梳子一样密,像针一样细,一串一串的多像串起来的珍珠。往远处看,还像一道门帘儿。"

简析:该教师对雨的描写十分具体细致,从雨的声音——像小河流水、像钟表走动,到雨的形状——像梳子、像针、像珍珠。比喻性的语言更有助于幼儿借助已感知的实物来理解"雨"的概念。

2. 多用修辞手法

事物的形象性创造离不开修辞手法。幼儿教师教学口语中灵活、恰当地运用修辞手法,不仅可以把呆板变为灵活,把深奥化为简易,把复杂变成简单,还能调动幼儿的注意、想象、联想、情感等心理活动。幼儿教师常用的修辞手法主要包括比喻、拟人、夸张、对比等。

【示例1】大班语言活动梨子小提琴教学语言(片段):

师:(一边出示一个梨一边对幼儿说)看,老师手上拿着什么?

幼:一个梨。

师:现在老师把梨竖着从中间切开,(切梨)小朋友们看,这一半梨像什么?

幼:像树叶。

幼:像琵琶。

幼:像提琴。

师:有一只小松鼠用这半个梨做成了一件有趣的东西。(出示已制作好的梨子小提琴)你们看,它做成了什么?

幼:小提琴。

师:我们就叫它梨子小提琴吧!

简析:该教师在教具的辅助下使幼儿明白了梨子小提琴的样子。在讲述过程中,采用比喻的手法,用"……像……"的句法,培养幼儿对形象的感知能力,同时幼儿的想象力也得到了训练。幼儿教师教学口语是否形象还与教师的动作、表情有关,教具的辅助配合也不可缺少。

【示例2】教师引导幼儿认识动物有几只脚时,讲了一个这样的故事:

小猴子开了个鞋店。仙鹤说:"请给我做一双鞋,等我跳舞的时候穿。"小马说:"请给我做两双鞋,等我拉车的时候穿。"蜻蜓说:"请你给我做三双鞋,等我飞行的时候穿。"大虾说:"请你给我做五双鞋,等我游泳的时候穿。"蜈蚣来了说:"我要做鞋。"小猴子急坏了:"你有二十一双脚,我什么时候才能做完呀?"

简析:关于动物的脚的知识,该教师没有用干瘪的数据让孩子记忆,而是用拟人化的语言娓娓道来。当小动物一个又一个请求小猴子帮忙做鞋时,活跃在儿童心目中的又何尝不是一个个顽皮的孩子呢?

3. **运用拟声词**

拟声词又叫象声词、摹声词、状声词,是模拟自然界声响的一种词汇。它主要用来表音,和字义本身无关。拟声运用得好,可以增加教学口语的形象感、真实感,能渲染气氛,容易打动幼儿的心弦。

【示例】 在讲大闹天宫时,教师说:"孙悟空用金箍棒对着水晶宫大殿里的柱子,用力一扫,只听'喊哧咔嚓,稀里哗啦',怎么回事呀?大殿的柱子都折了,水晶宫眼看要塌了。孙悟空'噌'地一下跳出水晶宫,翻了一个跟头,不见啦!"

简析: "喊哧咔嚓,稀里哗啦"形象地渲染了水晶宫即将倒塌的情景,"噌"这一拟声则充分展现了孙悟空的速度。拟声词只要模拟巧妙,就能有效促使幼儿联想到具体的环境和事物,有利于加深幼儿对文本内容的理解。

4. **语言要有动感**

幼儿的天性是活泼好动的,不仅自己好动,而且喜欢动态的事物。根据幼儿这一心理特点,教学活动中要多用形象的动态词语,而且还可以辅之以表情、手势等体态语,或者运用头饰等道具,增强表达效果。

【示例】 讲故事《没有牙齿的大老虎》:(双手做拉的动作)"吭唷,吭唷,狐狸拔呀拔,拔了一颗又一颗……最后一颗牙,狐狸再也拔不动了。嘿,有办法了!狐狸拿着一根线,一头拴住大老虎的牙,一头拴在大树上。然后他拿个鞭炮放在老虎耳朵边,一点火,呼——啪!'哎哟!'老虎吓得摔了个大跟头。最后一颗大牙也掉下来了!"

简析: 大老虎的最后一颗牙太难拔了!这里连用4个"拔"字,可大老虎的最后一颗牙还是拔不动。生动地表现了大老虎牙齿的可怕和小狐狸的勇敢。故事中又连用了"拿""拴""放""点""吓""摔""掉"等7个动词,描写点鞭炮拔牙的过程,趣味横生,小朋友听了自然会兴趣高涨。

(三)针对性

因材施教是教学的重要原则之一,其实质是针对性。在幼儿教学中,由于幼儿的年龄不同,他们的思维能力、认知水平、对语言的领会和接受水平有很大差别,所以在小班、中班、大班的幼儿学习活动中,幼儿教师应选择针对性较强的教学口语。

小班幼儿知识经验少,理解能力差,所掌握的词汇有限,思维处于具体形象阶段的初期。因此,对小班孩子的教学口语,一是词语要简单易懂,多用单句、短语,如"小鸡长着圆圆的头、黑红的眼睛、尖尖的嘴"。二是多用拟人化语言,如"请你听一听,现在是什么乐器在唱歌?"三是语气可以稍夸张,如讲故事"两只笨狗熊",在讲到"今天的天气真冷呀"时,教师不仅要在"真"字处适当拉长音,还要手抱双肩,做出寒气袭来时缩紧全身的样子。四是语速要稍慢,语调要柔和,且重复的次数要稍多些。

中班幼儿仍处在形象思维发展的初级阶段,但知识和经验与小班幼儿相比要丰富些,语言接受能力和表达能力都有所增强。因此,对中班幼儿的教学口语,一是句式可多样化，不仅可以使用单句，还可以使用简单复句，用词也可多样化，如"现在我们来玩一个游戏。你们身后有许多小旗子，请你们辨认一下哪些是国旗，每个人拿一面国旗到老师这里来"。二是提问的内容稍宽泛些，答案应多样，如"叶子都有什么作用？能吃、能挡太阳、能治病等"。三是语言重复次数要减少，不必像小班教师那样反复叮嘱，只需要说一两遍便可以。

大班幼儿的思维水平虽然还处在形象思维阶段，但也有了初步的抽象思维。因此，对大班幼儿的教学口语，一是增加复句，如"因为陈洁小朋友是个好孩子，所以大家都喜欢她"。二是语言更简洁。小班需要说得较具体，在大班应说得概括简洁些，如"家畜有什么共同的地方？"

（四）启发性

英国教育家威廉·亚瑟说过："平庸的教师只是叙述，好教师讲解，优异的教师示范，伟大的教师启发。"幼儿教师富有启发性的语言是开启幼儿智力，调动幼儿学习主动性、积极性的有效手段。因为幼儿文化知识、阅历经验的局限，有时不能对教师的提问做出回答，这时候就需要幼儿教师及时增加辅助性的提问，循循善诱，引导幼儿在探索中发现、学习，在游戏中归纳、总结。幼儿教师启发性的教学口语有助于幼儿获取新知识，并令他们充满成就感和满足感。

【示例】活动"树真好"比较常绿树和落叶树的叶子的基本特征。

师：常绿树和落叶树的叶子一样吗？

幼：不一样。

师：大家看，老师在周围的桌子上放了两种树叶，一种是落叶树的叶子，一种是常绿树的叶子。请你们两手各拿一片（做出左手一片右手一片的动作语言），然后马上回来坐下。开始吧。

（幼儿到身后的桌上去拿树叶，拿到后回到原来的地方。）

师：请你们摸一摸，看一看，它们有什么不一样？

幼：一片厚一点，一片薄一点。

师：除了这些不一样，还有哪些不一样？

幼：一片亮，一片不亮。

师：还有哪些不一样？

幼：一个颜色深，一个颜色浅。

幼：大小不一样。

师：哦，它们的形状不一样。还有哪些不同？

幼：一片光滑，一片不光滑。

师：为什么常绿树的叶子会亮呢？因为上面有蜡。

幼：常绿树叶子的正面颜色深，正面和反面颜色不一样。

师：（小结）孩子们仔细看看，其实，常绿树和落叶树不一样的地方就是，常绿树的叶子表面非常光滑，叶子很厚，正面颜色深。我们在马路上看到好多树，即便我们不知道它的名字，但是我们可以通过看它的叶子知道它是常绿树还是落叶树。

简析：在这段教学片段中，该教师使用启发性语言鼓励幼儿不断去发现，积极思考，并帮助幼儿一点点归纳观察结果。教师只在小结的部分做一些讲解，因为有了前面的铺垫，幼儿能很容易理解教师的讲解内容。

（五）情感性

情感性，是指幼儿教师组织教学活动的语言必须是充满感情的、富有感染力的。苏霍姆林斯基说："在知识的活的身体里要有情感的血液在畅流。"在幼儿学习活动过程中，幼儿教师只有用具有鲜明情感色彩的、强烈的感染性和鼓动性的教学语言，才能拨动幼儿的心弦，引起他们内心世界的共鸣，进而取得理想的教学效果。情感性强的教学语言，一是能激发幼儿参与学习活动的热情，二是能激励幼儿奋发向上的激情。幼儿教师教学口语的情感性，可借助语音、语调、节奏的变化及体态语的辅助等手段来达到目的。

【示例】 幼儿教师教幼儿匹配图形（亲切、微笑、兴趣盎然）："小朋友们，咱们玩一个摸图形卡纸游戏。你们每个人面前有一个小盘子（指幼儿面前的盘子），盘子里的卡纸有许多图形，大小、颜色、形状都不一样（弯腰从离教师最近的幼儿的盘子里拿出几种图形卡纸展示）。请你们闭上眼睛随便摸出两个图形（做闭眼动作），然后睁开眼睛（做睁眼动作），看一看你自己摸的图形大小、颜色、形状是不是一样。再跟周围的小朋友比一比，看看你的图形跟他们的图形大小、颜色、形状是不是一样。把完全一样的配成一对（伸出两手食指，迅速靠近，停在眼前），放在老师桌前。如果不一样，就放回自己盘里，看谁盘里的图形先配完。好，现在开始。"（走到小朋友们中间）

简析：从教师说话的态度、神情、语调和态势，就知道该教师是情绪饱满的。她用自己的声音、笑貌创造了适当的语境，引起幼儿的兴趣。

（六）趣味性

趣味性，是指教学口语能够契合并调动幼儿的兴趣，把幼儿潜在的学习积极性充分调动起来，使他们愉快、自觉、主动地学习。幼儿教师教学口语要想具备趣味性，一是要趣化语言的表达内容，二是要趣化语言的表现形式。

【示例1】 小班数学活动"感知5以内的数"。老师这样说："小白兔得了红眼病，眼睛痛得睁不开。但是，它能用耳朵专心听老师讲课。现在，你们来当小白兔，听听老师往瓶子里丢了几颗珠子？"（孩子们听话地闭上了眼睛，专注地听着珠子掉进瓶子的声响）

【示例2】 小班绘画活动"小熊的新屋"。老师边演示小熊木偶，边以小熊的口吻说："我是小熊，大家好！小朋友们，你们有家吗？可是我没有家。我多想有间漂亮的小屋呀！你们能帮我设计一间漂亮的新屋吗？"老师不同寻常的口语加上生动形象的木偶表演，使幼儿顿时感到趣味盎然，一个个跃跃欲试。

简析：从以上两个范例可以看出，幼儿教师口语的趣味性往往是教学活动内容、表现形式与教学口语的完美统一。只有这样，教学活动才符合幼儿的认知发展水平，才对幼有吸引力，才能激发幼儿主动参与学习的热情。

（七）简明性

幼儿的认知特点决定了教师必须用浅显易懂的语言进行教学。多选用口语化的词语，不使用晦涩艰深的词语，不使用词的比喻义、象征义。多用短句，不用或少用关联词语和修饰性词语。如果幼儿教师教学口语不简明，势必给幼儿接受教学信息带来极大的困难。教学口语的简明性由特定的教学环境、表达方式和幼儿特点共同决定。其一，幼儿教师要在有限的时间内把知识传递给幼儿，有时还要对幼儿进行思维训练，语言的表达必须简明扼要。其二，幼儿教师教学口语是诉诸幼儿听觉的，它转瞬即逝，冗长的语言会使幼儿抓不住重点，也容易让幼儿造成听觉疲劳，影响学习效果。其三，幼儿因年龄小，语言与思维发育都不健全，只能理解、识别简明的语言。

【示例1】罗老师在小班"神奇的纸棒"的活动过程中，发现一个小朋友将老师事先准备好的纸棒放在嘴边说话，便对其他幼儿说："刚才老师看见金一冰小朋友把小嘴巴对准纸棒在说话呢，现在我想请你们每一个人找一个好朋友，一个对着纸棒说话，另一个用小耳朵听，听听你的好朋友说了些什么？"幼儿玩了一会儿后，罗老师问："小朋友听到你的好朋友说的话了吗？"幼儿纷纷抢着回答。老师小结："这个长长的、圆圆的、空心的纸棒，能把我们说的话传出来，我们给它起一个名字，叫传声筒。"

简析：该教师在这里给"传声筒"下的定义，虽然不是一个特别严谨的科学定义，但是用了"长长的、圆圆的、空心的"三个定语就把传声筒的基本要素概括出来了，语言简明扼要，帮助幼儿整理出了零散的日常经验，让幼儿对传声筒的概念有了初步印象。

【示例2】活动场地中设有平衡木搭成的小桥、半圆形的山洞、可乐瓶摆成的树林，另一端散放着沙包（粮食），老师向孩子们交代任务："小蚂蚁们，冬天快到了，我们要去运些粮食储存起来准备过冬。运粮的路很长，我们要先爬过小桥，再钻进黑黑的山洞，绕过前面的小树林，拿到粮食后再爬回来。小蚂蚁们都听清楚了吗？"孩子们一脸茫然地看着老师，老师只好再重复一遍，并宣布游戏开始。只见孩子们飞快地向前爬，拿到沙包后迅速往回爬，对教师精心设计的障碍物视而不见。老师急红了脸："你们是不是没有听清楚蚂蚁妈妈刚才是怎么说的？"

简析：上面是一则托班的教例。显然，教师在给孩子们布置任务时，句子太长，这样的表达超过了托班孩子的接受能力，尽管教师又重复了一遍，但孩子们还是没能理解。教师在讲授任务时，必须强调只有经过小桥、山洞和树林才能拿到粮食，而且还要通过自己和幼儿的示范让孩子们明白怎么做才能顺利完成任务。

四、幼儿教师教学口语的注意事项

1. 讲究表达方法，注意运用正面语言

把"不要""不准"怎样改为"应该"怎样，让幼儿清楚到底应该怎样做。更不能说反话，以免幼儿不易理解，造成无所适从的心理影响。

2. 讲究语言策略,注意运用情感语言

在教学活动中,教师应该与幼儿建立起一种平等的交流关系,用教师的礼貌、尊重去熏陶孩子们的文明行为,只使用文明语言,避免一些反面消极的语言。

3. 关注幼儿思维特点,注意运用生动语言

幼儿词汇量较少,他们在思考时,会通过具体的动作、事物、色彩、声音、形状等来辅助。为了适应幼儿的思维特点,幼儿教师在选择教学语言时,要注意运用生动、具体、形象、有趣味的语言,这样才能更好地吸引幼儿,调动幼儿的学习积极性。

4. 关注幼儿生活经验,注意语言引导作用

教师在提问之前,自己先要想清楚应该如何用语言把幼儿从无关答案上引到自己的目标范围之内,既尊重幼儿已有的经验,又能达到教育的目标。

5. 关注语言情感特点,注意语言激励作用

教师的语言应具有激励性,用积极的语言引导幼儿去探索,增强幼儿的自信心。

6. 关注幼儿个体差异,给予幼儿必要的指导,力求"因人用语"

内向、敏感的幼儿——亲切的语调和关怀的语气;

脾气较急的幼儿——沉稳清晰,语速适中;

年龄小的幼儿——儿童化、拟人化、重叠字词;

年龄大的幼儿——坚定和亲切的语言。

7. 讲究教学口语艺术,形成个人教学风格

在教学过程中,教师丰富的感情、甜蜜的微笑、适度的幽默、机智的应变等,都会成为教师教学口语的风格特点。

五、技能训练与巩固

(一)技能训练

说说下列案例中哪些内容体现了幼儿教师教学口语的要求。

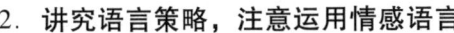

放飞童真(中班)

师:今天早上,老师从树下走过的时候,风一吹,叶子像蝴蝶一样从树上飘了下来。小朋友们,我们出去看看,一片片的叶子像什么。

幼:这些叶子多像金鱼的尾巴呀。

幼:我觉得这片叶子像只蜻蜓。

幼:我捡到的叶子像圆圆的大苹果。

幼:你们快来看呀,这棵树上的叶子多像一把把美丽的扇子。

师:这么多美丽的叶子长得都不一样,我们把它们带回去吧!(小朋友把捡到的叶子带回班级)

师:小朋友们,大家动动脑筋想想看,这些树叶可以做成什么呢?

幼:我想把它贴在瓷砖上,再添上眼睛、画上尾巴,就会变成小鱼了。

幼：我想把树叶拼成一只只的蝴蝶。

幼：我想用树叶做帽子。

幼：我想用树叶做衣服。

(二) 技能巩固

根据幼儿教师教学口语的要求，为下列大班数学活动设计教学口语，并分小组扮演教师和幼儿进行模拟教学。

1 米有多长

教师教幼儿用卷尺丈量出 1 米长的绳子、1 米长的一排积木，并比较 1 米长的绳子和 1 米长的积木是否一样长。

第二节　导入语训练

导入语是指教师在教学活动开始时，为了集中幼儿注意力或引出教学主题而组织的语言。

一、导入语的作用

导入语可以集中幼儿的注意力，活跃教学气氛，激发幼儿学习欲望和兴趣，沟通师幼情感，帮助幼儿明确学习任务和活动目的，引导幼儿进入预定的教学轨道，让幼儿产生强烈的活动动机，全身心地投入到活动中。

二、导入语的基本要求

导入语的核心在一个"导"字，但"导"向哪里和如何"导"是一个很重要的问题。"好的开始等于成功的一半。"一堂好课，精彩的导入是必不可少的，一个好的导入必能引发幼儿的兴趣，开启幼儿思维的闸门。导入语的设计贵在新颖、活泼、有趣，能激发幼儿学习的积极性，为完成新的学习任务做好心理上的准备。

具体说来，导入语有以下几方面的要求。

(一) 目的鲜明

导入的目的是激发幼儿的学习兴趣和求知欲，集中幼儿的注意力，为教学的开展打好基础。因此，导入语要从内容出发，做到语言精练，要与新授的知识、活动相关联，切入主题要准确。导入语不能夸夸其谈、篇幅过长、内容繁多，否则整个教学活动会因导入过长而出现"头重脚轻"的现象。

(二) 直观生动

导入语要生动形象，可以借助教具直观地呈现活动内容，通过对幼儿多重感官的刺激激发他们的兴趣。避免用幼儿不熟悉的材料或高难度的知识导入新课，这样非但不能起到激发幼儿学习兴趣的作用，还会使幼儿对所学的内容产生畏难情绪。

（三）趣味盎然

导入语要讲求趣味性，追求艺术性，以调动幼儿探求知识的欲望。巧妙的开场白能引导幼儿主动进入新内容的学习。千篇一律、单调机械的导入对幼儿来说缺乏吸引力，不能让他们积极思考、主动参与。

善于导入，是组织好活动的重要一环，是幼儿教师应该掌握的基本功。幼儿教师设计的导入语要具有趣味性，能激起幼儿学习的兴趣，激起幼儿的求知欲；富有鼓动性，能调动幼儿的参与热情，使之跃跃欲试；具有启发性，能启发幼儿的智力，引起思索，吸引幼儿的注意力；有一定的情感性，能起到缩小教师和幼儿之间心理距离的作用。优秀的导入是一种构思、一种创造、一种智慧的展现，它会为一次教学活动的成功奠定基础。

三、导入语的主要类型

导入语就好比乐章的序曲，要在短短两三分钟内吸引幼儿的注意力。导入语要根据不同的活动内容、对象和课堂氛围进行设计和处理，要引人入胜，防止千篇一律，平淡无奇。常见的导入类型有故事导入、谜语导入、谈话导入、提问导入、实验（教具）导入、温习导入、游戏导入等，很多时候我们需要综合运用这些方式，以达到最佳的教学效果。

（一）故事导入

故事导入是指教师利用幼儿爱听故事的心理，通过讲述与活动内容有关的故事，激发幼儿兴趣，启迪幼儿思维，创造情境引出新课，使他们自觉进行新内容学习的一种导入方法。用这种方法构成的导入语往往能极大地吸引幼儿的注意力。

【示例1】大班常识课"认识萤火虫"导入语

小朋友们，老师给你们讲一个故事：一天，小白兔去采蘑菇。在回来的路上天黑了，小白兔找不到家了，急得哭了起来。几只萤火虫飞过来，对小白兔说："别着急，我们来帮助你。"说着，他们把身后的小灯点得更亮了，很快就帮助小白兔找到了家。小朋友们想一想，萤火虫身后那个发光的东西，真的是灯吗？它为什么会发光呢？好，今天啊，我们一起来认识萤火虫。

【示例2】常识课"认识盐"导入语

有一头驴子，驮了一大包盐，好重啊！过河的时候，它不小心滑倒在水里了。当它爬起来上岸后，感觉背上的东西变轻了。驴子很高兴，它想，我找到窍门了：驮着重东西，只要到水里泡一泡，就会变轻的。过了几天，驴子驮了一大包棉花过河，棉包很大，驴子感到有点累，它想，没关系，过河后背上的东西会变轻的。过河的时候，驴子故意倒在水中，心想，这下可好啦！可是它爬起来后，觉得背上的棉花不但没有变轻，反而变重了，累得它直喘气。好不容易才爬上岸，驴子想，这是什么原因呢？这时，牛伯伯走过来了，驴子上前问道："牛伯伯，请你告诉我，我驮盐蹚水过河，跌倒在水中，上岸后感觉背上轻了；驮棉花蹚水过河，跌倒在水中，上岸后背上的东西却越来越重了。这是什么原因呢？"牛伯伯说："小朋友们最会动脑筋，请小朋友们想想，这是什么原因？"

简析： 上面两例中，两位教师把简单的科学现象贯穿在整个故事中，随着故事情节的发展，幼儿的思维活跃起来，急欲明白故事中提出的问题，弄懂故事中蕴含的科学道理，因而也就能积极动脑筋思考了。这种故事式的导入轻松活泼，能深深地吸引幼儿的注意力，同时易于使师生的思维产生共鸣，营造良好的课堂氛围。

（二）谜语导入

谜语导入是幼儿园教学活动中常用的一种导入法。通过谜语概括事物的主要特征，幼儿在猜谜、揭晓谜底的过程中，理解新授内容，增强对活动内容的好奇心，激发学习的兴趣和愿望。

【示例】 中班常识课"认识青蛙"导入语

小朋友们，今天，老师要请你们猜一个谜语："大眼睛，宽嘴巴，白肚皮，绿衣裳，地上跳，水里划，唱起歌来呱呱叫，专吃害虫保庄稼。"请小朋友们动脑筋想一想，这是什么动物？对了，是青蛙。小朋友们真聪明！今天我们就一起来认识青蛙。

简析： 谜语的谜底是青蛙，由此引出对青蛙的知识的讲解，真是水到渠成。

（三）谈话导入

谈话导入是指教师采用与幼儿谈话的形式，和幼儿进行平等的交流和沟通，从而引入新的内容。谈话导入能沟通师幼之间的感情，缩短彼此间的距离，引导幼儿带着饱满的热情进入新内容的学习。

【示例】

师：小朋友们在哪里见过蜘蛛？（草丛里、大树上、墙上……）

师：蜘蛛长什么样子？（蜘蛛有头，有好多条腿，还有眼睛呢……）

师：小朋友们都特别聪明，说得很对，你们看我手里的这个蜘蛛标本，它是什么样子的啊？你们知道蜘蛛的身体是由几个部分组成的吗？（不知道，有头，有肚子……）

师：嗯，小朋友们说对了，让我们一起来看一看，蜘蛛的身体是由三部分组成的，有头、胸和腹部。

简析： 上例中，教师运用谈话法导入，使幼儿在亲切、自然的氛围中进入课堂教学活动，让幼儿的思维活动变得主动积极。

（四）提问导入

采用提问式导入新课可以激发幼儿的求知欲，引起幼儿思考的兴趣，促进幼儿思维的运转，也使课堂气氛活跃、热烈。

【示例1】

教师："小朋友们，我钓了许多鱼，想做成好吃的菜，可是不知道怎么做，谁能帮助我？"

简析： 这段提问导入语具有启发性，它能激发幼儿的思维，让幼儿努力寻找解决问题的各种答案,调动了他们主动学习的积极性。

【示例2】"聪明的大公鸡"一课的导入语

教师先出示一幅挂图,然后问:"你们看大灰狼在做什么?"(孩子们马上注意到大灰狼在狼狈地逃跑)接着又问:"这只凶恶的大灰狼,今天怎么这么狼狈呢?是遇上了老虎,还是让猎人吓的?啊,都不是。好,今天啊,老师就给你们说一说,聪明的大公鸡是怎样用智慧打败大灰狼的。"

简析: 这里教师用不立即给出答案的设问导入新课,不仅能调动幼儿的求知欲,而且能制造悬念,把幼儿的注意力高度集中到疑点上来,激发幼儿思考问题的兴趣。

(五)实验(教具)导入

实验(教具)导入是教师运用实验(教具)的方式引导幼儿观察和体味生活中的现象以进入教学情境的课堂导入方法。

【示例1】"认识盐"一课的导入语

教师:小朋友们!你们每人面前有一杯水,请你们用舌头轻轻舔一舔,告诉我是什么味儿?("是咸的。")

教师:有咸味的水是什么水?("盐水。")对,是盐水。今天老师就来教你们认识盐。

【示例2】小班"认识光"一课的导入语

教师进行实物演示,先出示一纸箱,纸箱内装有小电珠,内表面涂成黑色,箱侧面有一个小孔;引导幼儿观察电珠通电、不通电的情况后,教师讲解新课内容。

【示例3】大班语言课"词汇教学游戏"导入语

请一幼儿敲击铃鼓从教室走到室外,再返回。坐在教室里的幼儿仔细听后,回答听到的声音是怎样变化的,引出"渐渐"一词。教师结合这一实例,借助"越来越"讲解"渐渐"一词。

【示例4】中班计算课"正方形和长方形"导入语

师:小朋友们,你们看老师今天给你们带来了什么?(出示正方形和长方形教具)

师:(有些幼儿还在小声讨论)用眼睛仔细看。

师:小朋友们,图形宝宝要向你们问好呢!(师一手拿图形教具,一边学着图形宝宝说话)"小朋友们好,你们认识我吗?我是正方形宝宝,你们发现我身体的四边有什么相同的地方吗?"(请个别幼儿到前面来摸摸正方形)

幼:(幼儿讨论后,部分幼儿找出答案)正方形的四条边都是一样长的。

师:小朋友们真聪明,正方形的四条边都是相等的,以后你们看到它,能认得它吗?

幼:(齐声回答)能。

简析: 这是用实验(教具)导入的方法让幼儿亲自感知,激发他们在自我感知的基础上进行表述。当幼儿通过味觉直接感知盐的咸味,通过视觉直接感知光的亮度,通过听觉感知、理解"渐渐"一词的含义,通过视觉、触觉感知正方形的四条边相等时,教师便立即切入课题,这种导入简洁、清楚。

值得注意的是，教具导入要紧扣教具进行，要重视引导幼儿仔细观察、动手参与，以增加他们的感性认识经验。

（六）温习导入

用温习旧知识的办法让幼儿进入知识回忆的心理状态，自然地获得再添新知识的心理期望。

【示例1】 中班计算课"几何图形分类"导入语

教师用猜谜语、摸口袋、智力分类盒、简单拼图等方法，帮助幼儿复习已学过的正方形、长方形、三角形、圆形、半圆形、椭圆形、梯形等图形。

【示例2】 小班音乐活动"开火车"一课的导入语

组织幼儿观察电动玩具火车，帮助幼儿回忆参观火车站时看到火车的外形特征，让幼儿掌握火车的车头与车厢不能分开、车厢一个连一个的特征。然后复习游戏音乐，让幼儿听两遍游戏音乐，进一步熟悉音乐。

简析： 温习导入法让幼儿对旧知识的掌握更加牢固，为顺利学习新知识扫清了障碍。

（七）游戏导入

游戏导入是指教师根据教学内容设计与之相关的活动或游戏，活跃课堂气氛，激发幼儿的学习兴趣，使幼儿在活动和游戏中不知不觉地进入学习的情境。

【示例1】 大班综合课"智力游戏"导入语

小朋友们都非常喜欢做游戏，今天老师就和小朋友们一起做游戏，这个游戏和过去不一样，这次要打分，还要评出冠军呢。老师是裁判长。老师来分组，这是小猫组（在黑板上贴出相应的头饰，以下几组相同），这是小鱼组，这是小鸡组，这是熊猫组，这是蝴蝶组，这是小白兔组，小朋友记住没有？请小朋友们注意，竞赛时当老师说开始，小朋友们就动手做，听到铃声就停下来，坐好。

简析： 这段导入语集中了幼儿的注意力，引起幼儿对游戏的兴趣。

【示例2】 科学活动"磁铁能吸起什么"导入语

教师在活动的开始组织幼儿玩游戏——走迷宫：给每组幼儿一块迷宫板和一个带有磁铁的舞蹈小人，利用磁铁在板下指挥板上的小人，尽快走出迷宫。

简析： 采用游戏法能寓教于乐，使幼儿在活动和游戏的过程中自然进入学习新知识的情境中。

游戏导入时要注意讲清楚游戏的规则，以便幼儿有秩序地进行游戏。

四、综合运用

为小班社会活动"认识肥皂"设计导入语。（设计出几种不同的导入语）

活动目标：

（1）初步感知肥皂的主要特性和用途。

（2）尝试运用各种感官感知和发现问题。

• 音乐式导入：播放歌曲《洗手绢》设疑引出活动。

师问：小朋友们，我们用什么可以把手绢洗干净？

• 直观式导入：了解肥皂的主要特征。

出示不同种类的肥皂，请小朋友们摸一摸，看一看，闻一闻。提问：小朋友们，肥皂是什么形状的，什么颜色的，什么味道，摸起来是什么感觉？

• 表演式导入：了解肥皂的用途。

操作活动：洗手。带领小朋友们一起演唱儿歌：打开水管湿湿手，拿起肥皂打一打。两只小手搓一搓，手心搓搓，手背搓搓，手指头搓搓，搓出满手肥皂泡。打开水管冲一冲，小手洗得真干净。

• 游戏式导入：吹泡泡。

出示用肥皂水制作的吹泡泡皂液。提问：小朋友，你们知道吹泡泡的水是用什么做成的吗？

五、技能训练与巩固

（一）技能训练

为下面的活动设计导入语，然后同学之间相互评价，看谁的导入语设计得新颖有趣，富有吸引力。

1. 小班科学活动课"水果羹"

活动目标：

（1）喜欢上吃水果，了解水果的种类。

（2）愿意参与用剥、切等方法制作水果羹的活动。

2. 小班健康活动课"脸上的朋友"

活动目标：

（1）认识脸上的五官，初步了解它们的用途。

（2）知道要保护好自己的五官。

3. 中班社会活动课"我和朋友拉拉钩"

活动目标：

（1）尝试用采访的方式了解朋友，乐意结识更多的朋友。

（2）体验与朋友交往的快乐，喜欢上交朋友。

4. 大班美术活动

活动目标：

学习折纸剪花，体验合作装饰墙面的快乐。

5. 大班体育活动课"我们大家来做操"

活动目标：

（1）学做模仿操，掌握基本动作。
（2）对做操有兴趣，发展上下肢动作的协调性。

（二）技能巩固

1. 请为小班社会活动"我排在你后面"设计导入语

活动目标：

（1）感知前后方位，初步获得前后方位的经验。
（2）知道在幼儿园和其他公共场合要遵守秩序。

2. 请为大班科学活动课"物体的滚动"设计导入语

活动目标：

（1）观察、了解物体的滚动与其形状的关系。
（2）探索改变物体的形状，使不能滚动的物体滚动起来。

第三节　讲解语训练

讲解语是幼儿教师向幼儿传授知识和技能时讲述、阐释活动内容的用语。它是使用频率最高、运用范围最广泛的教学语言，是课堂教学中最基本的语言表达形式，往往运用于讲授新的内容和讲解活动规则，直接影响教学活动重难点的解决和活动目标的实现。

一、讲解语的运用原则

作为课堂用语的基本形式之一，讲解语必须符合一定的要求和规范，其运用原则有以下三个。

（一）准确透彻

准确是指教师的知识讲解、事理阐述应该能够客观反映自然、社会和现实生活的现象，能够揭示事物的本质。这就要求教师的讲解语言应该紧扣题旨、分寸得宜，不能词不达意。

透彻是指教师的讲解语应该全面而深入地对事物进行分析阐述，应该做到化深为浅、化难为易、化抽象为具体，如潺潺流水清澈见底，如五彩阳光晶莹剔透，应该成为幼儿从已知世界通向未知世界的一座桥梁。

（二）清晰流畅

清晰是指教师的讲解应该思路清晰，哪怕是对于盘根错节的问题，也应该做到线索清晰、层次分明、有条不紊、张弛适度。

流畅是指教师的讲解语应该自然晓畅、要言不烦、节奏明快，而不能磕磕巴巴、满口的口头禅，不能出现左一个"然后"、右一个"这个"的情况。

（三）生动活泼

幼儿教师的讲解语，应该强化语调上的抑扬顿挫和遣词造句方面的精雕细琢，力求使自己的语言适应孩子的认知和情感需要。这就要求教师不能板着面孔说教,而是要亲和风趣、生动活泼。

二、讲解语的基本要求

(一) 重点突出

课堂讲授是教学活动的主要环节。教学活动效果的好坏,集中体现在课堂讲授上。讲解语要在对活动内容融会贯通的基础上,根据教学活动的目的,突出教学活动的重点,解决教学活动的难点。教师要向幼儿讲清楚"是什么""为什么""怎么做"等问题,语言要准确简洁,忌长而乏味、拖泥带水。

(二) 生动形象

孔子说:"知之者不如好之者,好之者不如乐之者。"幼儿的思维以具体形象思维为主,他们善于接受直观形象的教学内容和教学方式。教师要有目的地锤炼教学语言,尽量使讲解语生动形象,充满童真童趣。教师要善于运用修辞手法,将抽象的知识变得形象,将枯燥的内容变得风趣,努力使语言轻松活泼,使课堂学习充满快乐。

(三) 与示范相结合

教师的讲解语言本身就是对幼儿语言的一种示范。在讲解操作要求、游戏规则等的时候,教师还要用动作进行示范,可以边讲解边示范,让幼儿明确先做什么、后做什么以及怎样做才是正确的。

三、讲解语的主要类型

讲解语可以分为以下三种类型。

(一) 简明式

简明式是指用简洁的语言讲清楚活动的内容和要求,条理清晰,用词浅显,往往用"第一""第二""第三"或"首先""接着""然后"等提示语交代活动的先后顺序。介绍实验操作或游戏规则时常用这种讲解语。

【示例1】"教孩子洗手"的讲解语

小朋友们,吃饭以前,我们要把手洗干净。大家先看看老师是怎么洗的。我把手放在水里浸一下,然后涂上肥皂。现在看我搓手:手心搓搓,手背搓搓,要用劲搓。现在可以用水冲了,要把肥皂沫冲得干干净净。洗好了,要五个手指头朝下,让水滴在水池里,再拿毛巾把手上的水擦干净,擦过以后,把毛巾挂在原来的地方。好,现在请小朋友们像老师这样洗手。先怎么样?……好,肥皂不要涂得太多,脏的地方要用劲搓几下……洗好了,五个指头要怎么样?对,要朝下,不要乱甩手,把水甩到别人的身上就不好了……好,我们都学会洗手了——都记住,吃饭以前要先洗手!

简析:上例中,教师用最简洁的语言讲述了洗手的动作要领和要求,边讲边示范,便于幼儿学习模仿。这是教学中较为常用的讲解方式。

【示例2】科学活动"有趣的电池"教幼儿认识电池的正负极

教师：大家都找到了大小合适的电池，可为什么有的玩具能动起来，而有的玩具动不起来呢？（请幼儿讲一讲是怎样安装电池的，引导幼儿观察）噢，电池装反了，电动玩具就动不起来了。电池的两端分别有"+""-"符号，有"+"号的一端是电池的正极，有"-"号的一端是电池的负极。小朋友们试一试，正负极应该怎么装，电动玩具才能动起来呢？

简析：教师出示图片，轻松地解决了教幼儿认识正负极的问题，给孩子以正确的知识，让孩子们自己去纠正错误，使每个幼儿都获得成功的体验，体现了教师的主导作用和幼儿的主体地位。

（二）故事式

教师把要讲解的主要知识以故事的形式讲给孩子们听，这样的讲解生动有趣，浅显易懂，是幼儿非常喜爱的一种方法。

【示例】孩子们午睡时，教师发现午睡室的一个角落有声音，顺着声音发现两个孩子光着屁股，还互相比较"你这个和我怎么不一样啊"。教师轻轻地帮他俩穿好裤子并把孩子分隔开来。

教师想，这也许是许多孩子想知道的问题，这种对生理现象的关注和好奇无可厚非，于是决定和孩子们交流这个话题，便以故事的形式教给孩子们男孩女孩的秘密："爸爸送妈妈一个礼物——精子，妈妈也送爸爸一个礼物——卵子。精子和卵子成了好朋友，并合成了一体，在妈妈肚子里的小房间里慢慢长大，那就是还没有出生的你们。等过了10个月，妈妈在医生的帮助下，生下了一个小宝宝，那就是你们。妈妈送给爸爸的礼物是X，爸爸送给妈妈的礼物是Y，那么生的就是男孩；妈妈送给爸爸的礼物是X，爸爸送给妈妈的礼物也是X，生的就是女孩。男孩和女孩各有各的秘密，背心和裤头遮住的地方就是秘密的地方，不要随便让别人看和摸。你们听懂了吗？"他们点点头，高声说："听懂了，我们都有小秘密，不能让别人碰和摸。"

简析：男孩和女孩的生理区别，这是一个令孩子们好奇、家长们棘手的话题，怎么样才能把如此神秘又深奥的知识讲得让孩子们都能接受呢？上例中的教师采用故事法进行讲解，既满足了幼儿的好奇心，也让幼儿学习了怎样保护自己。

（三）比拟式

教师采用比拟的方式设计活动，运用语言使幼儿以他们熟知的动物、植物的身份参与到活动和游戏中来。这种讲解语适应了幼儿思维以直观形象为主的特点，与幼儿喜爱游戏的心理需求相吻合。

【示例1】关于剪刀用法的讲解语

把大拇指放在小鸟一侧的"翅膀"上，其余四指放在另一侧的"翅膀"上。大拇指和四指带动"翅膀"起飞时，"鸟嘴"就张开了，这时把纸塞进"鸟嘴"里，然后让大拇指和四指带动"翅膀"继续飞。只要不断重复这样的动作，就能把纸剪开了。

简析： 教师边讲边做示范，用比拟的修辞方法把剪刀当成"小鸟"，小鸟是幼儿非常熟悉和喜爱的小动物，所以讲解鲜明具体、生动形象。

【示例2】小班音乐活动"小猫请客"的讲解语

师：今天我来做猫妈妈，小朋友们来当我的小猫宝宝。

师：宝宝们，咱们家来了这么多小客人，我们要怎么招待它们啊？

幼：……

师：咱们一起去前面的森林给小客人们找吃的吧！我们听着音乐到森林里去。（播放慢板音乐）

师：看！我们到哪儿了？

幼：草地上。

师：我们可以怎么走过草地呀？听音乐，我们应该怎么走啊？（播放快板音乐）

师：前面有四座山！听音乐，我们应该怎么走？

师：我们到哪儿了？你们发现了什么？

幼：小河。

师：河里有许多条小鱼，我们每只小猫抓一条鱼。快把抓到的小鱼放到桶里抬回家吧！（音乐慢—快—慢）

师：我们又遇见了小山和草地，快用我们刚才学过的方法走过去吧！

简析： 教师采用拟物的方法设计活动，把自己比作猫妈妈，把幼儿比作小猫宝宝，这样的设计颇有童趣。在活动过程中，教师突出了重点——跟着音乐节奏行走，对活动的要求如"每只小猫抓一条鱼""用我们刚才学过的方法走过去"等都交代得非常清楚。

四、技能训练与巩固

（一）技能训练

(1) 说说下面的讲解语有什么特点，请仿说一遍。

小班折纸课"娃娃的新衣"

教师抱着娃娃说："天冷了，我们给娃娃折一件衣服好不好？"然后讲解折纸方法："你们面前都有一张正方形的纸。把纸的相邻两个角对折一下，变成长方形，折时小手用力把中间那条线压平压直，再换个方向，把两个角对起来再折一下，变成正方形，打开。沿着纸上留下的折印，每个角向折印的中心折一下，又出现四个角，把纸翻过来每个角再向中心折一次，一共折了三次。注意，要把纸翻过来，折时要用力压，要不然就不会出现四个角。好，现在把四个角打开，向外推开，然后再沿着中间这条线对折起来。看，一件衣服就折好了。"

(2) 请设计大班"有趣的种子"一课中"什么是植物的种子，有什么特点"的讲解语。

(二)技能巩固

(1) 请讲解玻璃制品或塑料制品。

(2) 请讲解元宵节的主要习俗或属相的由来。

(3) 设计一段讲解语,讲解清楚上下、左右、里外等概念。

第四节 提问语训练

提问语是指在课堂教学过程中,教师根据教学目的和幼儿实际提出问题引发幼儿思考,激发幼儿对学习内容的兴趣,培养幼儿积极思维的教学语言形式,是一种贯穿教学活动始终的非常重要的教学手段。

一、提问语的作用

"引导之法,贵在提问。"教育家陶行知先生曾说:"发明千千万,起点是一问。"提问语贯穿教学活动始终,是教学活动的核心,也是教学中的"常规武器"。因此,掌握教学提问语是提高课堂教学效率,促进幼儿表达能力和思维能力发展的重要保障。

【示例1】中班"蜗牛的壳"提问语

一次,在观察班里饲养的蜗牛时,一个孩子突然喊道:"快看,蜗牛的壳少了一块!"大家趴近看那只蜗牛,纷纷议论开了:"怎么掉的?""都露出肉了。""小蜗牛多疼啊!"个别孩子掉下了眼泪,甚至哭出了声。当时我真想马上告诉他们蜗牛的壳还会再长出来。可转念一想,这不正是让孩子们展开科学探索的好机会吗?

于是,我安慰了孩子们几句,紧接着提出了一个让他们惊奇的问题:"这只蜗牛的壳还能长出来吗?"孩子们睁大了眼睛望着我,开始思考、猜想。有人说"不能",有人说"不知道",但没有人说"能"。于是,我说:"那咱们一起通过观察找出答案,好不好?"孩子们一致表示同意。

孩子们真的把这个问题记在了心里。第二天就有孩子拿着从网上下载的资料告诉大家:"蜗牛的壳还会再长出来。"孩子们高兴地叫了起来。为了让他们通过观察验证这个科学现象,并使这个观察验证的过程更有探究价值,我进一步问道:"长出来的壳和从前的壳会一样吗?"有的孩子说一样,有的孩子说不一样。我又问:"怎么证明蜗牛长了新壳呢?"有的孩子说:"在蜗牛的旧壳上贴张纸。"另一个孩子马上反驳:"不行,给蜗牛喷水时纸会掉的。"有的孩子提出:"用彩笔在掉壳的地方画一个记号。"通过讨论,孩子们认为这个方法最好,既便于发现断壳的生长,又便于区分旧壳和新壳,真是一举两得。

观察开始了。一天、两天、三天……直到第二十八天,蜗牛终于长出了新壳。孩子们惊奇地发现,新长出的壳有点发白,就像煮鸡蛋的蛋壳与蛋白之间的那层白膜。渐渐地,它又变成了一层一层的,像花卷一样,颜色浅浅的,不像以前的壳颜色那么深。

三个月过去了,新壳终于盖住了伤口。孩子们在为蜗牛高兴的同时,也通过观察、记录了解到蜗牛的壳的再生过程竟是如此漫长。

简析：在孩子们为蜗牛掉了一块壳而感到痛心时，老师的第一个问题使孩子们对蜗牛"康复"有了希望，并自觉产生了探究的欲望；当孩子们得到肯定的答案感到满足时，老师的第二个问题再次燃起了孩子们探究的热情；老师的第三个问题，引起孩子们积极的思考和热烈的讨论。老师用富于思考价值的提问语一环紧扣一环地进行调控，而结论都是孩子们自己得出来的。这一活动过程充分体现了老师的主导作用和幼儿的主体地位，同时也体现了有思维价值的提问语在开发幼儿智力中的巨大作用。

【示例2】观看《西游记》中的《黄风岭》片段

师：猪八戒把最后一瓶水让给师傅喝，我们都发现他很善良。那么，大家再仔细想想在刚才的影片里我们还发现猪八戒有其他优点吗？

（出现冷场）

师：（直接点题）你们看，黄风岭是个什么地方？

幼：沙漠。

师：在这个地方行走会有什么感觉？

幼：很热，很累。

师：但是猪八戒肩上还挑着什么？

幼：一担水。

师：为了大家能有水喝，安全地走出沙漠，他再热再累也不丢弃那么重的水。你们发现他的其他优点了吗？

幼1：不怕辛苦。

幼2：坚持到底。

幼3：永不放弃。

幼4：顽强。

师：尽管猪八戒有很多缺点，但是如果我们不带偏见，就会发现他也是有很多优点的。你们说，猪八戒最后为什么笑了？

幼1：因为师父和师兄都表扬他。

幼2：因为小朋友们找到了他的优点，表扬他了。

师：他现在可能在说些什么？

幼1：谢谢师父，谢谢猴哥。

幼2：谢谢小朋友们，谢谢你们发现了我的优点，我愿意和你们成为朋友。

师：人是各不相同的，有的人的优点容易被人发现，就像孙悟空；有的人的优点不容易被发现，就像猪八戒。我们在与人相处的时候，不要只盯着别人的缺点。当你学会发现别人的优点时，不仅能给别人带来快乐，还能让自己拥有更多的朋友。（接着迁移到幼儿的生活事件中……）

简析：在上例中，教师面对冷场现象，采用阶梯式的提问语层层深入，帮助幼儿分析故事情节和画面形象，化解难题，在与幼儿的互动中引导幼儿找到正确的答案，形成热烈的交流气氛。教师没有在遭遇冷场时用"老师告诉你们……"来代替幼儿回答，而是帮助幼儿聚焦问题的关键线索，用开放性的提问"你们发现他的其他优点了吗？"启发幼儿进一步思考，使幼儿的观察、思考、想象、理解等诸方面能力都得到了锻炼。

提问语充分体现了一个幼儿教师的教学艺术，在整个活动过程中起着举足轻重的作用，导入语、讲解语或结束语都离不开提问语的支持。幼儿教师要想达到沟通和交流的理想效果，就要认真钻研教材，分析教学内容跟教学对象之间的关系，理清哪些地方是幼儿学习的重点和难点，从而设计相应的提问语。

二、提问语的基本要求

（一）目的明确，语意清晰

课堂提问要有明确的目的，语言要清晰准确，使幼儿听到问题后能轻松找到合情合理的思考方向。提问语应该是教师在备课过程中根据幼儿的特点经过认真设计而提出的，要围绕活动的目的、难点和重点来进行。不能下意识地问或习惯性地随便问，要避免经常性地问类似"是吗""对吗""明白吗"等附和型问题，这样的问题对发展幼儿的思维能力和解决重难点的问题都没有帮助。

（二）新颖有趣，启发智慧

教师提问时，既要考虑幼儿对知识的掌握程度、理解程度和幼儿的思维敏捷程度，又要根据幼儿认知中的矛盾，通过提问激发幼儿探究的兴趣和学习的积极性，激活他们的思维，启发他们的智慧，培养他们的创新思维能力，不能总采用固定的模式。

（三）难度适当，通俗易懂

教师的提问语要难易适度、简繁适可、深浅适当。教师要根据教材的内容和学习要求，根据幼儿的知识水平、思维水平与解决问题的能力提出问题。教师的提问不能超过幼儿的认知范围，但是也不能落后于幼儿的实际水平。

（四）层层递进，环环相扣

教师设计提问语要从整个活动出发，有计划、有步骤地提出问题。问题的设计要由简到繁、由易到难，环环紧扣，层层递进，让幼儿回答问题一步步向上前进，同时，思维也层层递进。第一个问题是第二个问题的基础，问题点到为止，以点拨为主，启发幼儿思考。

三、提问语的主要类型

（一）重点式提问

对于需要重点掌握的知识和技能，要通过层层提问，让幼儿重点关注。

【示例】教师发给每个小朋友一颗荔枝，然后问："你们看荔枝的外壳是什么颜色的？摸摸它，手上有什么感觉？是光滑的，还是粗糙的？现在剥开外壳，看看里面的果肉是什么颜色？放在嘴里吃它，感觉有什么味？吃完果肉以后要吐出里面的硬东西来。谁知道这又黑又硬的东西叫什么?"

简析：提问语具有层次性，有重点，从表到里提出一系列有关荔枝的问题，便于幼儿有条理地认识事物和说明事物特征。

（二）连贯式提问

在一个活动中，幼儿的思维训练和语言训练有赖于教师不断地刺激，设计好层层递进、步步深入的连贯提问，可以在规定的时间之内，集中幼儿的注意力，聚焦幼儿的兴奋点，让幼儿熟悉内容，加深理解，增强记忆，锻炼思维。

【示例】故事《三个和尚》提问语

一个和尚是怎样做的？（挑水喝）两个和尚是怎么做的？（抬水喝）三个和尚是怎样做的？（没水喝）寺庙为什么起火？起火后三个和尚想了些什么？

简析：教师的提问设计由浅入深、层层深入，激起了幼儿思维的积极性。

（三）辅助式提问

在活动中，要尊重幼儿的主体地位，教师是支持者、合作者、引导者、材料的提供者，同时，还是一个适时观察员，敲边鼓者。教师要适时提出问题，辅助幼儿顺利完成活动任务。

【示例1】教师："我看见你画了两张画，能告诉我这两张画有什么不同吗？"

简析：提问语有意地辅助了幼儿了解事物的相同点、不同点，以便获得"分类"的知识。

【示例2】一个幼儿拿三块积木搭了一个房子，想把他的橡皮泥小动物都装进房子里，可是房子太小怎么也装不下。教师走过来，对他说："你能不能把这三块积木换成更大一些的？……要不然就再多加几块积木搭一个宽敞些的房子，你看怎么样？"幼儿照教师的两种方法都试了，果然都成功了，他很高兴。

简析：教师通过提问旨在提示幼儿怎样做才可能获得成功，至于做不做，完全是他们的自由；怎么去做，也靠他们自己实践。

（四）应用式提问

对一些难度较大的知识和技能，幼儿不能马上就掌握，而需要不断实践和巩固。教师通过应用式的提问语，可以帮助、鼓励幼儿用所学的知识去分析、解决问题，以确定正确的答案。

【示例1】教师："狗是家畜，因为它具有家畜的特征。那么，骆驼和长颈鹿是否也是家畜呢？"

简析：提问中包含已学的知识，幼儿要通过已学的知识去解决新问题，幼儿回答也反映幼儿对知识、概念的掌握情况。

【示例2】"手的大小"提问语

一位法国幼儿教师在一次科学活动中是这样提出问题的：

师：（伸出自己的手）我们每个人都有一双手，它们的大小一样吗？

幼：（毫不犹豫）不一样大。

师：用什么方法知道手的大小呢？

（幼儿暂时的安静之后，纷纷发表自己的意见）

幼：可以把两手对起来比一比。

幼：可以用尺子量一量。

幼：可以看看是谁抓的东西多。

幼：还可以把手画在纸上看看谁的大。

师：到底哪一种办法能使我们更准确地知道手的大小呢？

（以桌为单位展开了激烈的讨论。最后，26名幼儿中的大多数人认为画手印和抓珠子的方法更好）

简析：这位教师的两个问题环环相扣，为幼儿提供了广阔的思维空间，很快就激发了幼儿积极动脑、主动探究的热情。假如把这两个问题换成"我们每个人的手都不一样大，大家说对不对呀？""用画手印的方法就可以知道手的大小，是不是啊？"会是什么效果？

（五）理解式提问

这类提问可以帮助幼儿理解所学的内容。例如：关键处提问"为什么"。

【示例】讲述故事《聪明的乌龟》后，为了突出乌龟的聪明，帮助幼儿理解故事的主题，可以问：乌龟为什么要咬住狐狸的尾巴而不开口说话？乌龟听到狐狸要把它扔到天上去和火炉里去时，它是怎样说的？它真的喜欢到这些地方去吗？乌龟听到狐狸要把它扔到水里去时，又怎么说？它为什么要这样说呢？最后，它又是怎么战胜狐狸的？在幼儿分析、理解故事内容的基础上，再引导幼儿讨论：为什么说这是一只聪明的乌龟？

简析：这样的提问是高水平的提问，能启迪思维，在幼儿理解内容的基础上，重点培养幼儿的分析能力和理解能力。

（六）评价式提问

幼儿期是培养幼儿良好的个性品质和道德行为的重要时期，每个领域的教育教学内容都会涉及社会性培养的要求。用评价式提问语就是帮助幼儿根据一定的标准对一些观念和行为进行判断、选择，提出自己的见解。

【示例】教师讲完故事《瓜瓜吃瓜》后，提问："故事中的瓜瓜做得对吗？为什么？他应该怎样做呢？"

简析：这样的提问要求幼儿不仅要读懂故事的内容，还能够运用道德标准或行为准则对瓜瓜的做法进行评价，有助于幼儿形成良好的行为习惯。

提问是学习的深入，是触发的引擎，是探究的契机。提问的有效性研究是一位优秀教师永恒的研究课题。提什么问题，什么时候提问，提什么程度的问题，对幼儿教师来说是一个考验。提问可以检验教师是否了解本班幼儿身心实际发展水平、年龄特点、心理特点、认知水平、语言发展水平、兴趣和爱好等情况。不要把教学看成是教师提几个问题，幼儿回答几个问题的简单过程。这一问一答、几问几答的碰撞交流过程实际上是启发幼儿思考的过程，是挖掘幼儿潜能的过程，是思维能力培养的过程，也是促进幼儿提升综合能力的过程。

四、技能训练与巩固

（一）技能训练

（1）说一说下面的提问语好在哪里，并仿说。

"1+1还能等于几？"的提问语

在一节数学课上，一位德国教师用几个苹果、几块糖做教具教 $1+1=2$。他讲完了 $1+1=2$ 后，竟轻声地问孩子："请小朋友们再仔细想想，$1+1$ 还能等于几呢？"有只小手举起来："把两个 1 并起来就等于 11。"教师热情地鼓励了他，问："并起来是不是加呀？""不是。""对，要加才行。"这时，又一只小手举起来，教师请这位小朋友走到讲台前，只见他拿起一块糖，剥了纸就放进嘴里，接着又拿起另一块糖剥开后放进嘴里。他鼓着嘴巴说："过一会儿糖化了，$1+1$ 不就等于零了吗？"教师问："糖即使化了，但吃到肚子里的糖仍然是几块呀？""两块。""对，$1+1$ 只能等于 2。"

（2）下面的提问语合适吗？请说一说原因。

①教师把小猫、小狗、小兔子、小刺猬的图片排成一列，然后问中班幼儿：小兔子排在第几个？

②欣赏完歌曲《幸福拍手歌》后，教师问大班幼儿：这首歌曲好不好听？小朋友们听了高不高兴？你们想学吗？

③教师请幼儿欣赏故事《拔萝卜》之后，问小班幼儿：这个故事告诉我们一个什么道理？

（二）技能巩固

为大班语言活动"七色花"设计提问语。

活动目标：

（1）理解故事内容，知道哪一朵花瓣的愿望最有价值。

（2）能用较为连贯的语言表述：如果我有一朵七色花，我会……

第五节　过渡语训练

过渡语又称衔接语、转换语等，是教学过程中从一个环节到另一个环节、由一个问题到另一个问题的连接用语，在教学过程中起着承上启下的作用。尽管过渡语在教学活动中的运用频率没有提问语、讲解语那么高，但它却是贯穿整个课堂不可缺少的关键用语。能否恰当自然地运用过渡语,会影响课堂教学的节奏,影响幼儿的注意力。如果运用得当,能把导入、复习、新授、练习等环节紧密联系在一起,能使整个课堂浑然一体,这对吸引幼儿注意力、发展幼儿思维能力都起到促进作用。如果不重视过渡语的运用,就会使课堂教学结构变得松散、不紧凑,教学环节的转换不够自然,缺少一种整体的美感。

一、过渡语的基本要求

(一) 短小精悍

过渡语可以是一个句子,也可以是简单的一个词。如果用大段的话语进行过渡,就会喧宾夺主、主次不分。

(二) 自然贴切

过渡贵在质朴贴切。无论采取何种形式进行过渡,过渡语的美不在于遣词造句的华丽、修辞手法的套用,而在于通过对前后内容的把握,采用最简洁的语言实现教学内容与教学环节的自然转换。

【示例】 渐渐变(节选)

(讲桌前放一台录音机,录音机里播放悠扬的《蓝色多瑙河》乐曲,声音由小变大……)

教师:小朋友,听听这乐曲是怎样变的?

幼儿:开始声音小,以后录音机开大了,声音就大了。

教师:声音怎样大起来的?是一下子大的吗?

幼儿:是慢慢变大的。

教师:<u>现在我让乐曲声音由大变小,你们听听</u>。

幼儿:声音由大变小了。

教师:怎样变的?

幼儿:录音机拨那个,就从大到小了。(应为:扭动录音机的钮,声音就从大变小了)

幼儿:是慢慢变小的。

教师:<u>再听由小变大的是怎么变的</u>。

幼儿:有那么一点声音,慢慢就大了。

教师:慢慢变大,就是渐渐变大。再听,怎么变?

幼儿:渐渐变大。

教师:<u>听,怎么变?</u>

幼儿:渐渐变小了。

教师:<u>声音可以渐渐变大,也可以渐渐变小。现在我们看看吹气小狗</u>。(慢慢吹气,塑料小狗渐渐鼓起来)

简析: 这是特级教师李培美老师的一则非常经典的过渡语设计案例。李老师通过录音机声音大小的变化巧妙地引导孩子认识事物"渐渐变"的现象。例中画线的句子是李老师运用的过渡语。画线的第一句引导幼儿从上面的对声音"由小变大"的感受转到"由大变小"的感受；第二句引导幼儿感受"由大变小"到"由小变大"的变化；第三句又用过渡的形式引导幼儿再次体会；而最后一句从声音的"渐渐变"过渡到了体积的"渐渐变"。这样的设计，自然衔接，因势利导，起承转合了无痕迹。

二、过渡语的主要类型

过渡语的类型，主要有以下几种。

（一）直入式过渡

教师直接转入所要教学的内容，用语简短、干净利落、内容鲜明、入题迅速，给人以清醒的提示，此类用语大多用于一堂课的开头。

【示例】在绘本故事《驴小弟变石头》中，教师先是请孩子们观察绘本封面，然后直接导入："今天我们就要讲一个关于驴小弟的故事"，直接过渡到讲故事中。

简析：这样的过渡，干净利落，简单明确。

（二）提问式过渡

一个问题的设计、一个恰到好处的悬念设置可以极大调动幼儿的好奇心和探索欲望，好问题的提出能将幼儿从一个兴趣点带到另一个兴趣点，实现课堂教学内容的转换和课堂结构安排的天衣无缝。

【示例】在教学中班歌曲《小乌鸦爱妈妈》中唱到第一段最后一句"急急忙忙赶回家"时，教师设计提问："小乌鸦急急忙忙赶回家做什么呢？请小朋友们猜一猜。"

简析：这个问题的设置不仅能发散幼儿的思维，自然引出第二段歌曲内容，还能引起幼儿对第二段歌曲的学习兴趣，加深幼儿对歌词的理解、记忆，比直接教唱第二段歌词的效果好很多。

（三）总结式过渡

在集体教学中，为了扩展幼儿的思维，发展幼儿的想象力，同时也为了让幼儿都有机会表达，教师经常会提出一些开放式的问题，这时幼儿会很活跃，有时甚至出现一发不可收拾的局面。对此，教师要做好总结，既保护好幼儿学习的积极性，又不任其发展，一个简单的总结，既要放得开，又要收得拢。

【示例】在上中班绘本《熊叔叔的生日派对》时，教师提问："你们还记得自己的生日是怎么过的吗？"孩子们以小组讨论的形式放开了思维，畅所欲言，同伴间加深了经验分享，也学到了不少知识经验，然而往往也会偏离主题，这时教师及时总结，收住话题。"你们的生日过得可真精彩呀，今天是熊叔叔的生日，它会怎么过生日呢？我们一起来看看好吗？"

简析：该例中，教师用总结式的方法，及时收住话题，把孩子们的注意力拉回课堂，又从容地过渡到新的话题。

（四）承上启下式过渡

承上启下式过渡是指自然地运用上一个问题为下一个问题做好铺垫和准备的过渡。这种类型的过渡语，是一种基本用语形式，可用于课堂教学的各个环节。如用于课堂教学的中间某环节，教师可以用"刚才我们学习了什么内容，下面接着继续学习什么内容"之类的语言过渡。

【示例】教师：好。我们知道了鸽子可以很容易地找到家，那鸽子是靠什么办法找到家的呢？

简析：该例中，教师用设问的方式，顺势一转，很自然地由"鸽子可以很容易地找到家"引出"鸽子找到家的办法"，这样的过渡之后，幼儿的思路也顺理成章地跟着教师的思路进入探索鸽子找到家的原因了。

（五）悬念式过渡

悬念式过渡是指教师运用前面问题推导的结果，制造一种悬念效应，巧妙引出下文的过渡。

【示例】教师：小朋友们听到这里，一定感到很奇怪，电真的有那么厉害吗？这个问题我们先放在这儿。一会儿就会明白的。下边，我们先看这样一种现象……

简析：该例中，对于电是不是很厉害的问题，教师没有直接给出答案，而是故意卖了一个"关子"，留给幼儿一个悬念，但这样一个悬念却能够很好地引起幼儿的兴趣，使幼儿更加关注下面要进行的实验。

（六）迁移式过渡

幼儿园的集体教学活动永远没有固定的详细教案，因为孩子的思维是活跃的、天马行空的，教师会遇到许多"意外"情况。此时，教师要及时"移花接木"完成好过渡，才不会影响接下来的环节。

【示例】在教学大班歌曲《老奶奶坐车》时，教师想通过电线制作的魔法棒变出各种车辆的方向盘，就在老师说"今天老师还带来了一支神奇的魔法棒"时，班上一名爸爸是电工的男孩说："那不是魔法棒，是电线。"在这个众目睽睽的时候，教师说："我这是一根像魔法棒一样神奇的电线，你想看看它神奇在哪里吗？"孩子们马上被吸引到魔法上来了。

简析：该例中，教师巧妙地运用移花接木的方法，既不伤害幼儿的自尊心，又把幼儿的思维迁移到自己的教学轨道上来。

三、过渡语的运用原则

过渡语的运用原则主要有以下两个。

（一）承上启下

过渡语的作用是承上启下，是指过渡语在结构与内容上有承上启下的作用。从结构上讲，过渡语在整体把握的基础上，增加了条理的清晰性；从内容上讲，过渡语使内容自然衔接，便于幼儿理解。

（二）要言不烦

既然过渡语起到的是连接作用，就不能繁杂冗长，以免喧宾夺主；另外点到即止才可能做到无缝对接，起到过渡的作用。

四、技能训练与巩固

（一）技能训练

请说说下面例子中的过渡语的作用。

（1）教师让幼儿预测"龟兔第二次赛跑"的结果后说："你们的预测都很有道理。别急，想去观看这场激烈的比赛吗？"

（2）在指导幼儿观察故事情节图片、角色扮演之后，教师说："冠军就站在你们面前，你们一定有许多话想对他们说，对吗？"

（二）技能巩固

（1）教师讲完《快乐火车》的故事，想活跃一下气氛，让幼儿模仿"快乐火车"的游戏，如何设计过渡语？

（2）教师讲解小班科学活动"红黄蓝"，帮助小朋友认识三原色后，引导小朋友做染纸的游戏，应如何过渡？

第六节　应变语训练

应变语是幼儿教师在教育教学活动的过程中，及时调控和处理各种突发情况时使用的语言。教学活动处在多边交往的动态语境中，即便教师对各种情况预设得很好，但是往往会有一些意想不到的情况发生，这时候需要教师敏锐地发现问题，适应变化，迅速找到处理问题的办法。教师掌握好应变语的技能，培养敏捷的思维和灵活的语言，对保证教学活动的顺利进行至关重要。遇到意外情况，教师要有宽容的精神，要亲切和蔼、因势利导，切不可因为觉得扫了自己的面子而一味责备幼儿。要掌握应变语的技巧，可以通过对语气、语调、语速、重音的调整，或通过选词用句、增加重音和直表婉曲的变换等及时、得当、巧妙地来应对教学中的变化情况，灵活高效地驾驭课堂。

一、应变语的基本要求

（一）应变要及时

在教学过程中，面对突发事件，教师要当机立断，迅速而合理地做出决策，并用语言努力化解。这需要教师拥有敏捷的思维和良好的口才。

(二) 应变要得当

"得当"指应变语要围绕完成课堂教学目标这个中心，对突发事件进行应变。应变要结合幼儿的实际，目标明确，有的放矢。同时，还要讲究一个"度"。应变语表达要到位，但又要点到即止。应变语不能过于夸张，不能喧宾夺主、大段插说，也不能过于平淡，因为这样根本不能起到应有的作用。

(三) 应变要巧妙

巧妙是应变语最重要的特点，也是对教师教学口语表达能力的挑战。首先，巧妙指应变语能自然地融入教学过程，成为教学过程的有效语言而不游离，不突兀；其次，指应变语要创造性地解决问题，给幼儿以愉悦感。这需要教师拥有丰富的学识、良好的思维品质和处乱不惊的自控能力等。

【示例1】 绘本《是谁嗯嗯在我的头上》大意是讲一只可爱的小鼹鼠，刚从地里钻出来就碰上了一件倒霉的事情，不知道谁把大便"嗯嗯"在他头上了。小鼹鼠气恼万分，于是他顶着物证去找肇事者，它先后找到了鸽子、马、野兔、山羊、奶牛和猪，最后苍蝇帮助他找到了肇事者，原来是一只大狗。小鼹鼠也"以牙还牙"地在大狗的头上"嗯嗯"了一下，然后赶紧钻到地洞里去了……

在导入部分，一位教师问："小鼹鼠头上顶的是什么？"一幼儿大声答曰："狗屎。"顿时全班幼儿哄堂大笑，教师瞥了幼儿一眼没作声，希望通过冷处理能让幼儿安静下来，但是幼儿却越叫越起劲："我见过，在奶奶家见过，小鼹鼠头上顶的就是狗屎。"此时班里已乱成一团。这是教学过程中的突发事件，教师当机立断，及时回应："这位小朋友说小鼹鼠头上顶的是狗的嗯嗯，你们认同吗？他说的是对是错，我们现在就一起去揭晓吧！"

简析： 示例中教师这样的回应不但稳定了幼儿的情绪，更调动了幼儿阅读的欲望。

【示例2】

师：谁愿意来讲讲自己的优点？

幼：我没有优点，缺点很多。

师：(愣了愣) 是吗？那你愿意告诉大家你有什么缺点吗？

幼：别人说我的缺点是贪吃，所以很胖；妈妈总说我记不住她跟我说的话，记性不好；还有，我画画总是画不好，还会把衣服弄脏；不过我力气很大，在幼儿园每次都是我去搬桌子。

师：其实，我发现你是个有很多优点的孩子。

(幼儿茫然)

师：第一，你每次都能为大家搬桌子，说明你很爱劳动；第二，你能把缺点讲给大家听，说明你很诚实；第三，大家都听明白了你刚才讲的话，说明你的语言表达能力强。数数你有几个优点了？

幼：我有三个优点了，谢谢老师！

师：你很有礼貌啊，又多一个优点了。(幼儿欣慰地笑了)

简析： 上例中教师不是提醒幼儿"听清楚老师的提问，我是请你讲优点，不是讲缺点"以扭转局面，而是尊重幼儿，在幼儿爆出"冷门"答案时，采用"那你愿意告诉大家你有什么缺点吗"来回应，再从幼儿的回答中寻找积极的教育因素，让幼儿感受到被尊重和肯定的快乐。

二、应变语的主要类型

课堂教学中的突然变化，从源头上讲，主要有三个因素：一是教师自己的失误，二是来自课堂内幼儿的挑战，三是课堂外的偶发因素。但是，无论是面对哪种情况，教师都要化被动为主动。下面根据常用处理突发事件的方法，介绍几种相应的应变类型。

（一）因势利导法

顺着突发事件加以引导的方法，可使教师迅速由被动变为主动。

【示例】 教师教学时不小心把贴绒降落伞碰掉了，孩子们立刻发出"咦……"的声音，有的还大声喊："降落伞飞下来了！"教师一点不慌，灵机一动，对孩子们说："你们数一数，几个降落伞落下来了？还有几个在黑板上贴着？一共有几个降落伞？"

简析： 教师临阵不慌，正视偶发现象的存在，并以此为话题求得转机。降落伞掉下来就趁势数数，这种因势利导的方法，既满足了幼儿的好奇心，又把注意力牵引到主课上来，可谓一箭双雕。

（二）将错就错法

课堂教学是一项复杂的智力活动，教师自己出现一些失误是在所难免的。出现失误后，一种方法是勇敢地承认自己的错误，这样的教师坦诚而充满了对真理的敬畏，是值得尊敬的好教师；另一种方法是将错就错、随机应变，及时创设教学情境，这样的教师是充满智慧的教师，同样值得佩服。

【示例】 小班正在开展"有趣的乌龟"主题活动。孩子们对乌龟产生了浓厚的兴趣，他们围着自然角中的乌龟观察着、讨论着。通过一段时间的观察、讨论，孩子们对乌龟的外形特征、生活习性已有所了解。

有一次，教师正讲述故事《帮助乌龟爷爷》：乌龟爷爷不小心从山上滚下来，四脚朝天翻不了身。小动物们看见了急忙来帮乌龟爷爷翻身，可是小动物们力气不够大，这时大白兔说："我们把乌龟爷爷推到水里，他就会翻身了。"听到这里，小朋友扬扬大声地提出异议："老师，你说错了，乌龟自己会翻身，不用别人帮助。"教师一愣，马上微笑着说："扬扬说得对，乌龟是会自己翻身的。但是，故事中的这个乌龟爷爷从山上滚下来受伤了，一下子翻不过身来。所以呀，小动物们要帮助他！"

简析： 生活常识告诉我们扬扬的说法是对的，是童话故事出现了常识性的错误。这时候教师需要稳定情绪，合理应对幼儿的质疑。上例中教师这样进行应变，一方面肯定了扬扬的说法，另一方面也给自己的说法找到了合理的根据。

(三) 置若罔闻法

置若罔闻法是采取在表面看来似乎是未做回应，但实际上已经"暗度陈仓"，等一切条件准备就绪之后，再回到问题本身的应变办法。运用这种方法需要注意的是，教师必须有一种宽容的态度，不应对幼儿横眉冷对或挖苦讽刺。

【示例】 老师唱歌跑调

师：小朋友们好，今天我们学唱一首歌《白帆》。（教师打开钢琴盖刚要唱，忽然一名幼儿小声说："老师唱歌跑调。"）

师：小朋友，说什么？大声点，没关系的。

幼：他说你唱歌跑调。（幼儿"哈哈"大笑，教师也和孩子们一起笑了）

师：现在老师把《白帆》这首歌给大家唱一遍。（边弹琴边唱歌）

师：老师跑调了吗？

幼：没有。

幼：他瞎说。

教：你怎么说老师唱歌跑调呢？

幼：老师，他唱歌跑调，一句也不会唱。

教：没关系的，说不定老师小时候唱歌也跑调呢！（教师和孩子们一起笑）

教：小朋友们，我们现在就一起来学唱歌。

简析： 这位音乐教师面对孩子的恶作剧冷静地进行了"冷处理"，不仅没有火冒三丈，而是先用"唱"的行动和效果证明自己不跑调，然后再去倾听孩子的话语，寻找孩子制造恶作剧的原因。了解到孩子的真实情况后，又适时地说自己小时候说不定真的唱歌跑调呢，对孩子进行鼓励。这样的冷静处理有的放矢，巧妙迂回。

(四) 幽默应对法

幽默是一门艺术，教学幽默更是一门高超的艺术。教师运用幽默应对法，不仅可以优化教学过程，而且可以激发幼儿的学习兴趣，提高教学效益。教学中出现异常情况，如果能够运用幽默的语言，不但能轻松地化解困难，还能使课堂洋溢着欢乐的气氛。

【示例】 在美术活动"五彩的大公鸡"中，一名幼儿给大公鸡画了三条腿。在点评时教师突然拿出一把剪刀，问："孩子们，你们知道我拿剪刀做什么吗？"幼儿愣住了，不知老师葫芦里卖的什么药。接着，教师笑着说："我想剪掉这只大公鸡的一条腿。"幼儿这时才恍然大悟，纷纷笑道："原来大公鸡多了一条腿哦。"

简析： 教师对于学生的失误不仅没有责难，而是巧妙地"幽了一默"，这不仅避免了失误的幼儿在课堂上的尴尬，而且创造了浓厚的课堂乐趣，拉近了师生关系，使幼儿的心智在笑声中悄然开花。

三、技能训练与巩固

（一）技能训练

（1）教师正在教儿歌时，一只大蜻蜓飞进了教室，孩子们顿时兴奋起来，注意力都转移到蜻蜓上了。如果你是这位教师，你该如何应变？

（2）在课堂上两个孩子吵架了，其中一个正在哇哇大哭，作为教师你该如何应变？

（二）技能巩固

说说下面的应变语有什么特点。

这天，我带领大班幼儿进行常识活动——认识春天。当看到冬眠的小动物们都醒来了，正在寻找食物时，鹏鹏小朋友突然问："它们闭着眼睛，怎么知道春天来了呢？"

我认为这个问题提得很好，心想，何不让小朋友讨论一下呢？于是，我有意带着疑问、困惑的语气把这个问题重复了一遍。孩子们立刻七嘴八舌地说开了。有的说："大概是谁把它们叫醒的吧。"有的说："它们可能听见我们说春天来了吧。"这时，李志小朋友说："它们感觉到了。"好，有意思了，我心里暗暗赞叹李志的聪明，便顺着他这个思路问下去："感觉到了什么呢？"其他孩子的思维也跟着转过来，纷纷说："它们感觉到饿了""感觉到热"。小朋友们提到的"热"字显然不恰当。我又引导幼儿联系前面学到的春天的特征，让他们寻找一个恰当的词，并把答案说得完整一些。有几个幼儿说，小动物们感觉到气温升高了，所以就知道春天来了。一个教学高潮，竟是由幼儿的一个小小的问题引发的。

第七节　结束语训练

结束语又叫结尾语，是教学的结束环节，是幼儿教师在教学活动过程中用来结束一个问题、一个教学环节或一次活动时使用的语言。在教学中，结束语是教学活动的有机组成部分，是教学活动不可或缺的重要环节。

教师适时帮助幼儿对所学知识加以总结，既能起到阶段性消化和巩固的作用，又可以为学习新知识做好准备。结束语的作用就在于让幼儿即时消化、理解、巩固、强化新学知识，并帮助他们理清思路，为下一步的学习奠定基础。

一、结束语的基本要求

（一）简明扼要

结束语要简洁，忌啰唆、东拉西扯、画蛇添足。结束语一般用时只有一两分钟，不能面面俱到，要突出学习活动的重点和所学内容之间的联系。要针对幼儿课堂的学习活动情况，简明扼要地进行归纳和强化。结束时，话要说得慢些，语调要平稳，语气要肯定。

（二）概括规律

结束语的设计要巧妙，用几句简明的话把上一个教学环节讲授的知识条理化、规律化，目的是使幼儿在感性经验的基础上掌握客观事物的基本规律。结束语要能够概括规律，抓住教学活动的核心问题，用寥寥数语强化、深化幼儿对知识、技能的理解，不能草草收场。

（三）生动有趣

教师要用富有感染力的语言生动地对教学内容进行描述、总结，抓住重点引起幼儿的情感共鸣，激发幼儿的学习兴趣。结束语要有启发性，能开阔幼儿视野，引发联想和思索，而且形式要活泼生动，便于幼儿记忆。生动有趣的结束语能给幼儿留下深刻的印象，更能激发他们主动学习和探究的兴趣。

【示例】"认识肥皂"的结束语

小朋友们，今天我们认识了肥皂。肥皂有哪几种样子？（有方方的）对，这块方方的是洗衣服的肥皂。（有扁圆的）对，这块扁圆的是洗脸的香肥皂。这块是药肥皂，用来干什么的？（用来洗澡的）对。肥皂和水一起搓动会有什么出来？（有泡泡出来）肥皂泡泡出来，脏东西就跑了，脏东西就洗出来了。肥皂是我们的好朋友，我们的手脏了，要用肥皂洗干净；衣服脏了，妈妈也要用肥皂给我们洗干净。我们每个小朋友都要爱清洁、讲卫生。

简析：这则结束语，教师运用问答互动的方式，引导孩子归纳总结。其线索明确、思路清晰，在亲切的交流中对所学的知识进行了概括与梳理，语言凝练简洁。最后又由肥皂的作用引导幼儿要爱清洁、讲卫生，知识的学习与习惯的养成前后相连，贴切自然。

二、结束语的主要类型

结束语的主要类型有以下几种。

（一）归纳总结式

归纳总结式是教学中较为常用的结束语类型，即教师在结束教学前，把本次活动的内容和幼儿的学习情况等进行归纳总结，使幼儿加深理解，提高认识，加强记忆，起到巩固所学知识、技能的作用。

【示例1】"大家一起玩玩具"结束语

小朋友们，今天我们学会了大家一起玩玩具的方法，有轮流玩、一起玩、合作玩、交换玩等。今后我们在玩玩具的时候，就可以用这些方法玩，这样你就会得到许多快乐！

简析：教师对活动过程所获得的知识和能力进行归纳总结，概括所学的主要内容，强化重点，加深记忆，便于巩固和运用。

【示例2】"认识彩虹"结束语

老师朗诵《美丽的长桥》，放映幻灯片《彩虹》，提问彩虹出现的时间、地点及彩虹的形状、颜色，并在结束三棱镜实验、吹肥皂泡游戏之后，进行总结。

雨过天晴，天上还有许多小水点，它们把太阳光分成红、橙、黄、绿、青、蓝、紫七色，天空中就出现了彩虹。后来，太阳把水点晒干了，天上的彩虹就不见了。

简析： 经过多种形式的感知后，幼儿最终明白了彩虹是什么，是怎样形成的。教师在幼儿感性认识的基础上，经过概括总结使之升华为理性认识，从而加深幼儿对这一自然奇观的认识。这段结束语在提高幼儿抽象思维能力方面起了重要作用，而且教师语气肯定，语句概括精当。

（二）拓展延伸式

拓展延伸式是教师在结束教学活动前，根据教学内容和幼儿的特点，激发他们的求知欲，拓宽知识面，引导幼儿由课内向课外延伸和拓展，有意识地培养他们的自主探究能力的一种结束语类型。

【示例】 社会活动"有用的电话号码"结束语

今天，我们认识了3个特殊的电话号码（110，119，120），我们知道他们分别是（报警、火警、急救电话）。那么，除了这3个电话号码外，你们还知道哪些特殊的电话号码？它们分别有什么作用？今天回去，请小朋友们和爸爸、妈妈讨论讨论。

简析： 教师用结束语归纳了本次活动的主要内容，通过师生互答的形式强化了幼儿对3个特殊电话号码及其作用的记忆。同时，教师还把活动内容拓展到了课外，延伸到家庭，让幼儿回家以后再研究，激发了幼儿探索的兴趣，扩大了幼儿的知识面。

（三）巧设悬念式

巧设悬念式是教师在结束教学活动前巧妙地提出新问题，设置悬念，激发幼儿的求知欲望，引导他们继续深入思考的结课方式。巧设悬念式的最大优点在于为幼儿创设一个继续求索的情境，实现由课内探究向课外探索的自然延伸。

【示例】 "动物的尾巴"结束语

小朋友们，今天我们学习了小壁虎的尾巴的特点。实际上，神奇的自然界里，各种动物的尾巴都有自己的奇妙之处。动物不同，尾巴不同，用途不同，奇妙之处也不同。小朋友们应该多观察，也可以看一些写动物尾巴的书，了解动物的尾巴。你们了解以后再讲给老师和其他小朋友听，我们比一比谁了解得多，谁了解得全面，好吗？

简析： 上面的结束语承接所学内容，在小壁虎的尾巴的基础上，扩展到了其他动物的尾巴，并告诉幼儿在自然界里，"动物不同，尾巴不同，用途不同，奇妙之处也不同"，这样不仅开阔了幼儿的知识视野，而且激发了幼儿的探索欲望。

三、结束语四忌

结束语是一堂课的"休止符"，因此可以着眼于知识拓展，启发幼儿举一反三，在生活中解决新问题；也可以着眼于对幼儿思想感情的启迪和升华，培养幼儿高尚的道德情操。结束语一定要成为"点睛之笔"，结束语的设计有以下四忌。

一忌拖沓。结束语如果小题大做、啰唆、杂乱，用语冗长、语意含糊，必然让幼儿感到厌烦，影响教学效果。

二忌仓促。临近下课时，教师慌里慌张地随意讲几句就草草收场，不可能起到巩固强化、收束课堂的作用。

三忌平淡。结束语的设计应根据教学目标与教学语境的需要灵活变换。精彩的结束语，必然是教师在教学设计上千锤百炼、奇思妙想的结果。

四忌贴标签。有的教师在结束部分千篇一律。例如，评价故事总是生动具体，评价幼儿总是"差不多""还可以"，这样的结束语缺少变化，没有新意，难以成为幼儿喜闻乐见的课堂结束形式。

四、技能训练与巩固

（一）技能训练

(1) 请设计故事《乌鸦和狐狸》的结束语。

(2) 设计大班社会活动"做个有礼貌的孩子"的结束语。

活动目标：

了解并讲述小朋友应该怎样讲礼貌，让小朋友学会说"请""谢谢""对不起""没关系""你好""再见"等礼貌用语。

（二）技能巩固

指导幼儿把盐放到一杯温开水里，观察杯中现象，尝尝杯中水的味道，先提问、讨论，再进行总结，请设计小班"盐到哪里去了"的结束语。

附：优秀教学活动用语赏析

活动课题：认识水（中班）

活动目的：

1. 通过观察认识水的特征：无色、无味、透明、会流动。
2. 知道水的用途。
3. 丰富词汇：透明、流动。
4. 激发幼儿对大自然的兴趣，教育他们不喝生水，不浪费水。

活动准备：

老师：清水、牛奶、白酒、肥皂水各一杯。玻璃盘、托盘、杯子各一个。热、凉水壶各一个。筷子、吹管各一根。抹布一块，带颜色的糖两块。幻灯片《水》。

幼儿：清水、白酒每人一杯，盘里有糖或盐。每人一根筷子、一小块肥皂、一瓶凉水、一根吹管、一块抹布。

活动过程：

师：老师现在要给小朋友们说一个谜语，请小朋友们猜一猜：手抓不起，刀劈不开，洗手洗脸都叫它来。

[导入语：以谜语导入，形象生动，激起幼儿参与活动的热情。]

幼：水！

师：对了，是水！小朋友们都很聪明。
［评价语：对幼儿的正确回答做出反应，予以鼓励。］
（师做实验：玻璃杯下放托盘，托盘下放玻璃盘，教师边向杯里倒水，边问）
师：我在往杯里倒什么？
［提问语：引起注意和思考，激起幼儿回答的积极性。］
幼：倒水。
师：水怎么了？
幼：水满了，流下去了。
师：对，这说明水是流动的。大家跟着我齐声说一遍。
幼：水是流动的。
［小结语：经观察，幼儿已有感性认识，在此基础上提炼出一句结论性的话，让幼儿的认识提高了一步。语气肯定。重音落在流动上，概念准确、清楚，教学重点突出。］
（师出示一杯水）
师：水是什么颜色的？
幼：没有颜色。
师：对。（出示一杯牛奶）牛奶是什么颜色的？
幼：牛奶是白色的。
［提问语：有针对性，运用对比方法，让幼儿有目的地观察和回答。］
师：刚才我们比较了水和牛奶的颜色，知道水是无色的。
（师把两块带颜色的糖放进清水和牛奶中，做比较）
师：放进糖后，这两个杯子里有什么不一样？
幼：水杯里有一块红色的糖，牛奶杯里看不清是什么。
师：说得好，你们观察得很细。
［评价语：及时肯定幼儿正确的观察结果。］
师：这说明水是透明的。
［小结语：提出"透明"这个概念。］
师：透明，就是能透过它，看见里面的东西。
［讲解语：解释词义，话语通俗，幼儿容易接受，容易记住。］
师：请你们闻闻自己桌上的杯子，里面有什么气味？
幼：这杯里有酒味。有辣味。
师：（笑）有辣味的是酒，没味的是水，这说明水是无味的。现在你们来说说水有哪些跟别的东西不一样的地方？
［提供的活动材料丰富多样，幼儿易操作、易理解，可以主动思考。］
师、幼齐说：水是会流动的，是透明的，无色、无味的。（伸右手食指、中指、无名指，表示第一、第二、第三）
［结束语：语速较慢、节奏明显。体态语增强语言的条理性。］
师：谁知道水有什么用途？

[提问语："谁知道""谁能说说"这种提问方式可以激发幼儿的竞争欲望。]
　　（幼儿纷纷回答后，放映幻灯片）
　　师：我把大家讨论的情况总结一下，看看全不全。水有三个用途：一个用途是可以喝，可以用来做饭，可以用来洗脸、洗衣、游泳、划船；另一个用途是可以发电，开火车、开汽车；还有一个用途是种庄稼，养花，种树，喂动物。水的用途可多了。
　　[小结语：在幼儿讨论的基础上把幼儿的回答进行归类。这个小结语用了"一个，另一个，还有一个"把总结的内容分成三方面，条理清晰，语言简明。]
　　师：小朋友们都知道了水的用途，就该节约用水，不浪费水。有些小朋友打开水龙头就走，让水哗哗地往外流，多可惜呀。山区缺水，好多人拿着桶排队接水，多苦啊。你们应该怎么做呢？
　　[过渡语：过渡自然。以情感人、以事感人，激发幼儿情感，帮助幼儿树立节约用水的自觉意识。]
　　（幼儿纷纷说做法）
　　师：好。大家说得都很好。现在我把你们说的写下来，作为倡议书，让广播电台念给全国小朋友们听好不好？
　　幼：（情绪激昂，气氛活跃）好！
　　师：（念）全国的小朋友们，你们好！今天我们认识了水的特性，知道了水的许多用途。我们吃的是水，用的还是水，没有水，我们就不能活。可是，我们国家的水并不多，很多地方的人喝不上水，庄稼都干死了，我们很心疼。从今以后，我们要节约用水，不浪费一滴水，也希望全国的小朋友们都能节约用水，让所有的人都喝上水，让庄稼喝饱水，快快长大。用节约的水还可以多开几个发电厂，为国家的建设贡献力量。
　　[结束语：把教学活动推向高潮。这个结束语明白晓畅，又简洁活泼，是孩子们想要说的心里话。教师在说这些话时语调铿锵，节奏明快。]
　　幼：好！（热烈鼓掌）
　　（师举起"倡议书"，在《让我们荡起双桨》的歌曲声中结束）

（北京工运学院幼儿园中班李丽华　有改动）

第三章 幼儿教师教育口语训练

知识目标

1. 掌握幼儿教师教育口语的特点及运用原则。
2. 掌握沟通语、启迪语、劝慰语、说服语、激励语、表扬语和批评语的含义及作用。

技能目标

掌握沟通语、启迪语、劝慰语、说服语、激励语、表扬语和批评语的运用技巧。

第一节 幼儿教师教育口语概说

一、幼儿教师教育口语的含义

教师的语言，是打开知识宝库的钥匙，是沟通师生心灵的桥梁，是教师完成教育教学任务的重要条件和基本手段。幼儿教师教育口语是指幼儿教师在对幼儿进行思想品德、行为规范教育时所使用的工作用语，是幼儿教师进行教育教学活动的最基本、最重要的手段。

幼儿教师承担着教书育人的职责和使命，培养幼儿初步具备良好的道德品质和行为习惯是幼儿教育工作的目标之一。把握幼儿教师教育口语的特点，了解幼儿的差异，进而采取对应的教育策略和方法是幼儿教师专业化发展的要求。正确恰当地运用教育口语，是幼儿教师必备的能力。在实际教育工作中，幼儿教师需要掌握幼儿教育学、心理学等专业理论知识，融合爱心、细心和耐心，熟练地掌握和运用教育口语，才能灵活多变、因势利导，全面做好幼儿教育工作。

二、幼儿教师教育口语的特点

幼儿教师教育口语与日常口语相比，用词浅显，语句简洁规范，语流顺畅；与艺术口语相比，语气更加亲切柔和，语调变化自然，态度温和；与其他教育口语相比，通俗易懂，语句简短，语义明晰。那么，幼儿教师教育口语具有哪些特点呢？

（一）富有童趣

在实际工作中，教师要根据幼儿的身心特点和语言学习的特点，使用富有童趣的儿童化语言，从幼儿的视角表述问题，对幼儿进行教育。教育用语富有童趣，才能吸引幼儿的注意，把幼儿潜在的学习积极性充分调动起来，使他们在愉快的气氛中自觉、主动地学习。例如，在讲故事时，教师的语言就应该夸张、生动，富有趣味性，用又粗又涩的声音扮演鸭爸爸，用恶狠狠的腔调演绎大灰狼，用阴郁沉闷、怪声怪气的语气表现老巫婆，等等。

同时，幼儿教师教育口语的表达方式要多用拟声词、感叹词，多用比喻、拟人、夸张等修辞手法，声音要和谐、悦耳，语调要轻松、活泼，语速稍慢，多用表情、手势、身姿变化等体态语辅助表达。

【示例1】在小班幼儿洗手的过程中，总会听到告状声："老师，他又在玩水！""老师，××没有挽袖子"……教师反复提醒常规要求："洗手时要这样……要那样……注意……"可效果总是不好。这天，在孩子们洗手时，老师也加入进去，并表情丰富地唱起了自己改编的《洗手歌》"挽起袖口，洗洗小手，我们来洗手……甩甩抖抖，甩甩抖抖，水珠飞走……"老师边唱歌曲边洗手，小朋友们也纷纷跟老师学起来。就连以前幼儿最敷衍的挽袖子、甩手、摘毛巾等环节，孩子们也都愿意主动完成了。

简析：教师将洗手环节趣味化，让幼儿在游戏中通过动作表达自己的感受，能促使幼儿在潜移默化中掌握基本的生活技能，养成良好的生活习惯。

【示例2】科学课上，实习老师想给幼儿介绍树的各部分的名称，他说："小朋友们请看，这是树冠，这是树干，这是树根。"孩子们对此丝毫不感兴趣。经过老师指导，实习老师改变了表达方法："小朋友们，大树爷爷的头在这儿，那么他的身体在哪儿呢？脚又在哪儿呢？"孩子们一听都抢着说："在这儿，在这儿。"

简析：案例中，实习老师一开始不了解幼儿的身心特点，按部就班地讲课，难以吸引幼儿。在指导老师的引导下，改用拟人的手法，用问句的形式吸引了幼儿的注意力，获得良好的教育效果，这就是富有童趣的语言的魅力。

（二）语浅理明

在对幼儿施加教育前，一定要注意幼儿的学习和接受能力。幼儿年龄小，知识经验较少，理解能力有限，语汇不够丰富，这就决定了幼儿教师在使用语言时应当力求简单、平白，使用简短的语句、浅显的词汇，有时配合适当的动作帮助幼儿理解。或者采用直观、形象、具体的客观事实，如通过形状、色彩、声音以及动态的感受等进行说明，将深奥的道理转化为幼儿能理解的语句，唤起幼儿对具体事物的真切感知，让幼儿理解和接受。比如，通过竞赛性游戏教育幼儿团结、合作，远比教师讲道理有效得多。

【示例1】在一次户外活动中，孩子们看见有许多树叶掉下来，就跑过来问："老师，树叶掉了，树妈妈会疼吗？树妈妈会死吗？"老师没有急于回答，而是叫来扎着马尾辫的朵朵，重新给她梳头发。梳完后让小朋友们看梳子上梳落的几根长发，然后对他们说："你看，老师给朵朵梳头的时候，梳掉了几根头发，你们问问她疼不疼。"朵朵说："不疼！"老师又说："其实，树上掉树叶就像每天我们都要掉头发一样，树妈妈一点都不疼，是很正常的,头发掉了还会长,树叶掉了也会长,所以树妈妈不会死的,而且掉落的树叶在泥土里变成养分,会让树妈妈第二年的枝叶更加茂密。"

简析:这位教师解决问题时,考虑到了幼儿的接受能力,没有说很多深奥的理论,而是用孩子们自己的感受和已有的经验巧妙回答了看似复杂的问题,真正做到了深入浅出,形象生动。

【**示例2**】一次小班开放半日活动,家长正在观看幼儿进餐。一个幼儿掉了许多饭粒,这时幼儿的妈妈对他说:"你看掉了多少饭粒,妈妈怎么跟你说的?'锄禾日当午,汗滴禾下土。谁知盘中餐,粒粒皆辛苦。'"幼儿愣了一会儿,不知该说些什么。又一个幼儿掉了饭粒,老师看见了,说:"饭粒掉在地上,会引来许多小蚂蚁的。"幼儿问:"老师,小蚂蚁是怎么知道的?"老师说:"可能它闻到了饭菜的香味吧?"幼儿说:"那我快点吃。"紧接着老师教给幼儿不掉饭粒的办法,情况果然大有好转。

简析:和幼儿交流,要说幼儿能听得懂的话语才行,否则交流就没有价值,教育也就没有效果。一些对于成人来说很简单的东西,幼儿理解起来可能会有难度。幼儿教师要加强对幼儿语言和语言习得的学习和研究,才能在实际的教育工作中得心应手。

(三) 用语规范

幼儿教师要做到用语规范,主要有以下三个要点。

1. 说标准或比较标准的普通话

幼儿期正是学习语言的黄金时期,幼儿语言的获得途径主要是自然观察和模仿。在学前教育阶段,教师是幼儿模仿的对象和学习的榜样,所以,教师的语言必须简洁、规范。在教育过程中,教师的口语能力要符合国家普通话的要求,做到发音准确,吐字清晰,不念错字,不使用方言。有的教师 n、l 不分,将"喝牛奶"念成"喝流来",有的教师平、翘舌不分,将"吃饭"念成"刺饭";还有的教师将"小孩"说成"娃儿";等等。由于教师来自不同的地方,语言的习惯使他们的发音方言化,所以难免出现上述情况。这就要求教师有意识地矫正自己的发音,用心学习普通话,克服方言土语的干扰,加强语言的基本功训练,尽量做到顺畅、准确地使用普通话。

2. 语言应简约,符合语法规范

幼儿教师职业口语由于受到教育对象、时间、空间和教学内容的制约,必须避免冗长、啰唆,而应做到简洁、规范。

3. 使用文明的语言

幼儿教师用语规范,还包括语言的纯洁性。幼儿教师要戒除一切污言秽语,避免口头禅,学会使用礼貌用语,为幼儿营造一个良好的语言氛围。

【**示例**】某市私立幼儿园属于无证办园,未经上级教育主管部门审批,在办园的各个方面都不规范,多位老师没有学过学前教育专业,只是初中毕业,没有教师资格证,更不会讲合乎标准的普通话。所以,幼儿们经常能听到这样的话:"每人活一袋流来。""刺饭了,刺饭了。"还有一位教师经常这样表扬孩子:"今天表现最好的有××、××、××、

××。"

简析： 汉语中，当我们使用"最"字的时候，就表示了独一无二，一般就只有一个。这位老师没有考虑到这一点，问题看似微不足道，但确实不够严谨。幼儿教师的语音是否标准对幼儿语言的发展起着举足轻重的作用，大部分孩子因为信任和崇拜幼儿教师，老师怎么读他们就怎么读。如果老师的发音不准确，长此以往，会对幼儿造成不良影响。

（四）注重感情

教师与幼儿的教育交往活动不是单纯的道德理念说教问题，不是单向的"授"与"受"的关系，而是复杂的人际互动过程，其间伴随着丰富的情感。没有感情，就没有真正的交流，也就不能完成教育任务。在幼儿阶段的师生交流中，幼儿对教师的情感需求格外强烈，他们的情感世界非常丰富，但其外在表现方式直接而单纯，这是与该年龄阶段相符的。

【示例】 幼儿园老师教小朋友们做幼儿广播体操，赵远小朋友似乎有些心不在焉，一会儿东瞧瞧，一会儿西望望。老师非常生气，大声地喊："你听不见啊，赵远，耳朵聋了？"一会儿老师又发现赵远做的动作不标准，老师大喊："赵远你怎么回事，这么笨，连个简单的动作都做不好！好好做！"练习结束后，老师又数落赵远："你这样的孩子我还真没见过几个，非常不认真，学动作又慢，以后不能这样啊！"

赵远自尊心大受打击，很长一段时间都不愿意上幼儿园，为此经常跟家长闹。后来家长接孩子时跟园长聊了一会儿，园长知道情况后找到了赵远的带班老师，经过一番沟通，这位老师明白了自己工作中的失误，于是开始采取补救措施。上课的时候，如果赵远的表现好一些，她就马上微笑着表扬一下："赵远真棒！""赵远进步很大！"赵远很快就有了明显变化，每天都愿意到幼儿园，表现也越来越主动积极。

简析： 案例中的老师刚开始时没有控制好自己的情绪，动辄批评赵远，使赵远自尊心大受打击，因而失去上学的兴趣。后来，老师意识到自己工作的失误，采取补救措施抓住机会对赵远进行表扬，使赵远产生一种被老师接纳的情感体验，从而爱上了去幼儿园。

三、幼儿教师教育口语的运用原则

（一）民主性原则

民主性原则就是幼儿教师在教育幼儿的时候要尊重幼儿，把幼儿当作平等、独立的主体对待。《幼儿园教育指导纲要（试行）》明确要求："创造一个自由、宽松的语言交往环境，支持、鼓励、吸引幼儿与教师、同伴或其他人进行交流，体验语言交流的乐趣。""建立良好的师生、同伴关系，让幼儿在集体生活中感到温暖，心情愉快，形成安全感、信赖感。"幼儿教师要做到这两点，首先应遵循民主性原则。贯彻民主性原则，要求教师必须热爱幼教事业，尊重幼儿人格，在实施教育口语时多用协商的语气，多用讨论的方式，鼓励幼儿积极正确地参与，从而培养孩子的自尊心和自信心，利于达成教育口语的实施目的。有的教师在遇事需实施教育口语时，往往不待幼儿说明便发号施令，语气非常生硬，这是不可取的。

【示例1】幼儿园老师布置小朋友做拼图游戏，培养锻炼幼儿的观察能力和动手能力。教师把材料发给大家，布置任务，然后开始来回走动巡视。

对于杨雪来说，拼图游戏似乎有点难，她的进展比别的小朋友要慢一些，总是拼不好，看着别的小朋友拼得比较快她有些着急。老师走到她身边，轻轻地说："杨雪，你好啊！"杨雪抬起头："老师好，我拼不好。""没关系，先好好看看这些块块儿，看好了再慢慢拼。"在老师的鼓励下，杨雪继续拼图，后来老师见她的进展还是有点慢，就又走过来说："让我们一起来好吗？""好！"然后师生一起做拼图游戏，"你看这样行不行？""请你再试一试！"……在教师的帮助和鼓励下，杨雪顺利地完成了拼图游戏。

【示例2】一次，我带小朋友们到户外练习整队，有几个小朋友走着走着却停了下来，围在一起，蹲在地上不知道在看什么。任凭我怎么呼唤，他们好像被魔力吸引住了，就是不听。我气急了，心想：刚开学，连一个接着一个都不会走，还要练队形、做操，一大堆事情要做，这些小朋友可倒好，还给我添乱。我急匆匆地跑过去，刚想叫他们，只听见孩子们在议论："这是一条小蛇吗？"巍巍说："这是一条大虫。"陆一鸣马上纠正说："不，这是一条蚯蚓。"正当他们议论时，看到我走过来，一鸣马上拉着我说："萍萍老师，这是一条蚯蚓，蚯蚓是好的动物，你告诉小朋友们好吗？"被他这么一说，我突然想发作的脾气缓了下来，看看在地上艰难挪动的蚯蚓，看看小朋友带着疑问的笑脸，于是，我把其他的小朋友也一同叫了过来。大家把蚯蚓围了个水泄不通。由于水泥地上缺水，蚯蚓爬行的速度很慢，好像正寻找着湿润的土地。我就借机告诉小朋友："这是一条蚯蚓。"孩子们都自言自语地回答了一声"噢"，就再也没有了刚才的议论。我继续说："蚯蚓最喜欢住在潮湿的泥土里，可现在这里都是水泥地，它怎么钻进去呢？"我的话提醒了孩子们，孩子们说："老师，你把它送回家吧！"当我把这条蚯蚓放入潮湿的泥土时，它像是浑身有了力气，朝着软软的土里一点一点地钻进去了。周可卫说："老师，蚯蚓这么钻多慢呀，我们帮它挖个洞吧。"我趁机说："这个办法倒是简单，可蚯蚓有自己的本领，只有靠自己努力得到的东西才是最好的呀。"孩子们点点头，似懂非懂。在观察中，孩子们的问题也不断提出来："蚯蚓吃土吗？它不吃饭吗？""它怎么跟蛇一样是长的？""蚯蚓是好的还是坏的？""要是不小心被人踩断了怎么办？"在与孩子们的一问一答中，孩子们流露出对老师的敬佩之情，好奇心获得了满足。

简析：以上两例中，幼儿教师在与幼儿交流的过程中怀着主动真诚的态度，平静坦然地接受孩子们的缺点甚至错误，而孩子们也能在教师创设的宽松民主的氛围中大胆地表达自己的心声，用心和教师交流。幼儿教师站在孩子们的角度上审视自身的言行，便是对幼儿真正地接纳和尊重。教育谈话是师幼双方在平等基础之上的真正交流，幼儿教师应放弃话语"霸权"，必要时要学会多倾听，真正走进幼儿的心灵世界，让幼儿愿意主动走近教师、亲近教师，并且乐于接受教师的进一步的建议或帮助，这样才能取得良好的教育效果。

(二) 保护性原则

苏霍姆林斯基说:"要像对待荷叶上的露珠一样,小心翼翼地保护幼儿的心灵。"贯彻幼儿教育口语的保护性原则,要求教师充分掌握幼儿心理成长的规律,了解认知发展的过程,熟悉每一个幼儿的特点。也要注意避免对保护性原则的机械化理解和执行,不能不分原则,过度保护,否则容易放纵某些有暴力倾向的幼儿,对其不良言行举止不能进行有效约束,这是绝对错误的。同时也要防止另外一种做法,即放弃对某些内向型幼儿的大胆鼓励,任由他们少言寡语,不敢在活动中积极表现,一次次失去锻炼的好机会。

【示例】 莹莹小朋友喜欢在桌子上乱写乱画,教师发现之后,走到莹莹身边,微笑着说:"宝贝画得真好看,对不对?"莹莹也笑了:"我画了一只小花猫。""嗯,老师看出来了,真的是一只小花猫,我也喜欢。不过呀,桌子会说'不要不要,我不喜欢花猫脸,我怕脏!我要干干净净的脸!'"莹莹有点不好意思了:"老师,我错了,以后不在桌子上画了。"老师又笑了:"莹莹真是个聪明的小朋友!你可不可以把桌子上的小花猫擦掉然后再在纸上画一张交给老师呢?老师给你贴在墙上,让小朋友们都来看看,好不好?""好。我现在就擦了,给老师画一张。"

简析: 案例中老师并没有因莹莹在桌子上乱写乱画而当着全班幼儿的面责骂她,而是走到她身边用和风细雨般的语言委婉地告诉她换个地方画画,既教育了幼儿又很好地保护了幼儿的自尊心。

(三) 针对性原则

《幼儿园教育指导纲要(试行)》指出:"幼儿园教育应重视幼儿的个别差异,为每一个幼儿提供发挥潜能,并在已有水平上得到进一步发展的机会和条件。"教育对象不同,实际情况不同,所使用的教育口语和态度也应有所不同。在贯彻针对性原则时,教师需要全面了解幼儿,了解幼儿不同年龄的特点和性格特征,了解幼儿的爱好、兴趣、经验等,做到因人、因事、因时而异。

首先,应针对不同年龄段的幼儿使用不同的教育口语。在教育小班的幼儿时应该多使用短小的语句,语气夸张,富有感情色彩,语速较慢;面对中班的幼儿时可以变化句式,让表达的内容更丰富,减少重复的次数;对大班的幼儿则可以增加些幼儿能够理解的抽象概念,可以使用复句,语言表达更简洁。

其次,应针对不同性格特征的幼儿使用不同的教育口语。如对性格内向的幼儿要多鼓励少批评,语气亲切,语调柔和,多用肯定性的评价帮助他们树立自信,不在公开场合讥讽或打击他们;对性格外向活泼多动的幼儿,可以降低声调,具体明确地进行教育,抓住问题的核心对症下药。

【示例】 一次户外活动,蒋老师正组织幼儿排队玩器械,由于担心在平衡木这个环节有危险,蒋老师就站在那里保护孩子们。这时后面排队等候的博文和熙同推搡了起来,马上又有两个孩子参与其中,就连平时胆小的尧尧也推了别人几下。蒋老师发现后立即制止了这一行为,并将这几名幼儿叫到跟前问:"刚才发生了什么事?为什么要推小朋友?"话刚问完，尧尧就要哭了，博文却满脸不在乎，熙同和其余两名幼儿有些害怕地看着老师。蒋老师就分别与他们谈话。蒋老师先将尧尧拉到自己身边问，尧尧说："我看见他们在推，我也推了。"蒋老师问："你觉得推别人好不好？"尧尧答："不好。"蒋老师问："不好的事情以后我们不要做了，行不行？"尧尧答应以后不做了。和尧尧谈完后，蒋老师再将熙同和其他两位幼儿叫到跟前问话，熙同说："我们觉得好玩就推了，是博文先推我的。"蒋老师问："以前我们说好的，如果有小朋友推你打你，你怎么办？"熙同答："告诉老师，让老师批评他。"蒋老师问其他两个幼儿："你们呢？"这两个幼儿不说话了。蒋老师接着说："以后再发生这样的事情，你们知道该怎么做吗？"三个幼儿齐声答道："知道了。"最后蒋老师将满脸不在乎的博文喊到跟前问话，博文说："是有人先推我，我才推的。"蒋老师问："是谁先推你的？"博文答："我没看见。"蒋老师问："没看见是谁，为什么要推熙同呢？"博文答："他离我最近，我就推他了。"蒋老师说："没看清是谁推你的，就随便推别人，这样是不对的。先推你的人可能是不小心碰到你了，而你推熙同是故意的，这是两个不一样的错误。如果别人是不小心碰到了，我们可以原谅他；如果故意推人，人家会很生气的。"博文似乎听懂了。蒋老师接着说："在幼儿园不像在家里，这里有很多小朋友，有时候小朋友会相互碰到，只要不是故意地碰你打你，我们都应该原谅他。你说对不对？"博文答："对。"蒋老师说："老师会告诉所有的小朋友，玩的时候要小心，尽量不要碰到别人；如果碰了要主动说对不起，争取别人的原谅。"最后，蒋老师将这几名幼儿再次拉到跟前，让他们和小伙伴互相说声对不起。孩子们手拉手高高兴兴地回去了。

简析： 同样一个事件中的几个孩子，由于他们的个性不同、在该事件中的作用不同、各自的反应不同，蒋老师的分别谈话及采用不同的谈话内容，充分体现了该教师重视了教育的针对性。

（四）肯定性原则

成功教育幼儿的奥秘可概括为"信任幼儿"。我国当代教育家陶行知先生说："相信幼儿，解放儿童。""人人都说小孩小，谁知人小心不小。您若小看小孩子，便比小孩还要小。"由此可见，教育幼儿的真谛是相信、肯定幼儿。所以，幼儿教师在教育过程中，要尊重幼儿、肯定幼儿，使幼儿认识到自己的长处，相信自己的力量。幼儿教师对幼儿的肯定，不仅能让幼儿感受到教师的理解、尊重与接纳，而且能让幼儿感受到教师对自身发展潜力的肯定，有助于幼儿形成积极的自我意识，主动地内化教育要求，不断进行自我完善。当然，肯定幼儿时要有理有据，切忌笼统。

【示例】一个孩子爬到攀登架的最高处，骑在横杠上面不下来。大家都很惊慌，怕处理不当，酿成事故。一位有经验的幼儿教师走过来微笑着说："哎哟，这是哪位小朋友呀，这么勇敢，爬得这么高呀。上面好玩儿吗？"幼儿回答："好玩儿。"教师接着说："今天这位小朋友真勇敢。不过我们仰着脖子看，脖子已经很酸了，我们想看看这位小朋友怎么下来。上去不容易，下来也不容易呀。我相信这位勇敢的小朋友，不但能爬上去，还会稳稳当当地爬下来。你们看，他爬下来了，他的手抓得很紧，慢慢地，一步一步地下来，很好……"

简析：该教师的教育口语显示出其丰富的教育经验。她先是有分寸地肯定孩子的勇敢（不是表扬），满足了孩子想获得赞许的愿望。然后，用"不过"一转，转入劝其下来的建议，并且用"预付"的赞许诱导其稳稳当当地下来，防止了一场可能发生的事故。每当幼儿取得成功时，正面的肯定能促使幼儿变得更加乐观自信；当幼儿犯错了，先肯定其值得肯定的地方，然后再指出其错在何处，则更能让幼儿心悦诚服地接受教师的教育。

以上各原则在教育过程中运用时不是孤立的，而是互相渗透、互相关联的，幼儿教师在幼儿园各种教育教学活动中应注意各原则之间的联系。

四、技能训练与巩固

（一）技能训练

有些幼儿教师对那些调皮、不听话或犯错误的幼儿，不进行正面耐心的教育，而是施以恐吓，使孩子缺乏安全感，由此产生强烈的不安。"再不听话，我们游戏时就不带你去。""你又打人了，走，到隔壁班去。""再哭，就把你关进卫生间。""再打人，叫警察叔叔来抓你。"吓得孩子们一个个瞪大眼睛望着，大气儿也不敢出，害怕"灾难"落到自己头上。请分析以上教育口语违反了哪些原则？

（二）技能巩固

（1）幼儿园里有个叫明明的小朋友，中午吃饭的时候总是挑挑拣拣把里面的蔬菜都拣出来，只爱吃肉。老师发现这一状况后，跟明明展开了一段对话，想让他以后多吃蔬菜。请问老师该怎么说呢？

（2）星期一早上，幼儿入园时，瑶瑶拉着妈妈的手不松开："妈妈不要走，我不想一个人在幼儿园……"如果你是当班老师，该如何处理？

第二节 沟通语训练

一、沟通语的含义

沟通是人与人之间重要的交流方式。幼儿教师教育口语中的沟通语是在特定的教育场所与幼儿进行的谈话，目的是拉近师生之间的情感距离，化解幼儿的心理障碍，取得他们的心理认同，有效的沟通技巧对幼儿的管理具有积极的作用。所以，与幼儿进行有效沟通是幼儿教师必备的教育技能。

沟通分为单向沟通和双向沟通，教师与幼儿常用的沟通方式是双向沟通，也就是教师与幼儿互动的过程。对幼儿教师来说，只有不断地与幼儿进行良好的沟通，与幼儿形成相容心理，才能更加深入地了解幼儿的兴趣、爱好、性格特征，以及幼儿的心智发展水平，了解到他们内心真实的想法和真正的需要，从而及时调整教育方法和教育策略，让幼儿在教师的肯定和鼓励中感到快乐和满足，在沟通和交流中获得自信、勇气和力量。

二、沟通的作用

教师与幼儿良好的沟通，其作用主要表现为以下几点。

（1）可以让教师更好地了解幼儿的兴趣、需要、性格特点、生活习惯及身心发展水平，从而对幼儿进行更有针对性的教育；同时，还有益于教师反思教育教学中的不足之处，及时调整教育方法和教育策略。

（2）可以让幼儿感受到教师的关爱与期望，拉近幼儿与教师的关系，让幼儿获得安全感，从而在教师面前更真实地表现自己，乐于表达自己的想法，勇于向教师提问及回答问题，更好地发挥幼儿的主动性及创造性。

（3）可以促进幼儿语言表达能力和社会交往能力的提高，对幼儿生活能力的提高起着积极的作用。

三、沟通语的运用技巧

（一）认真倾听促沟通

教师在与幼儿沟通时，要善于倾听幼儿的心声。在语言活动中，教师常常引导幼儿学会倾听，而教师自己却常常忽视这一点。在与幼儿交流的过程中，教师要做好榜样，用心倾听幼儿的心声。

【示例】上美术课的时候，小朋友都在专心听老师讲课，实习老师忽然看见坐在后排的张磊低着头不知道在干什么。她很生气，就大声地批评张磊。张磊说："老师，我——"，"我"字还没完全说出来，老师就打断了他："别说话了好不好，上课不认真听讲，搞小动作，这是不对的！"张磊哭了，哭得很伤心。指导老师看到后，马上把张磊叫出了教室，和他展开了下面一段对话：

老师：张磊，怎么哭了？

张磊：老师骂我，我难受。

老师：刚才到底怎么了，跟老师仔细说说。

张磊：刚才上美术课的时候，我一低头，看见梅梅有好几支水彩笔在我脚下面，我不知道它们什么时候掉的，就想捡起来，给梅梅放到桌子上，可是刚捡了两只，老师就骂我。

老师：哦，是这么回事啊。

张磊：嗯。

老师：那刚才是老师错怪你了，你是好孩子。不过，老师不是骂，是批评，老师不知道你在做好事。一会儿我跟老师说说，让她在班里表扬你，好不好？

张磊：好。

简析：倾听是一种良好的习惯，更是促进沟通顺利进行的基础。只有完全了解对方的情况，才能有的放矢地进行引导。案例中，实习老师没有听完张磊的解释就武断地批评了他，致使张磊的自尊心受到伤害，也打击了张磊做好人好事的积极性。好在指导老师问清了原因，进行了耐心的解释和劝说，才使孩子破涕为笑。因此，在教育活动中，教师一定要注重倾听，给孩子充分表达的机会，尤其是对那些内向的孩子，更应多一些耐心。

（二）合理引导促沟通

有时候沟通不是一帆风顺的，与幼儿沟通时也会出现各式各样的问题。当沟通不顺畅的时候，教师要对幼儿加以引导，推动沟通进一步发展。常用的引导方法有以下几种。

1. 询问

沟通过程中的询问为与幼儿下一步的沟通确定方向，或收集更多的信息。苏霍姆林斯基说过："不了解孩子，不了解他们的思想、兴趣、爱好、才能、禀赋、倾向就谈不上教育。"幼儿的思维较浅，而且带有跳跃性，口头语言常常表述不清楚、不准确，致使沟通卡壳。通过幼儿教师的询问，可以引导幼儿一步步完成与教师的有效沟通。询问时最好以聊天的语气切入，亲切自然，语带关心，注意问题对谈话的方向性引导，并做到适时转换，实现预定目标。

【示例1】 宁宁是教师们公认的"破坏王"，幼儿园的桌子、凳子、录音机甚至滑梯都曾经在他手下成为牺牲品。今天，他又把自己的勺子折断了。吃饭时，就去抢刚刚的勺子。

教师：宁宁，你为什么抢别的小朋友的勺子呀？

宁宁：老师，我的勺子没了。

教师：嗯，宁宁的勺子哪去了？

宁宁：我折断了。

教师：宁宁为什么要把勺子折断呀？

宁宁：我想看看勺子是硬的还是软的。

教师：噢，宁宁真是一个喜欢思考、喜欢发现的好孩子！可是，宁宁把勺子折断了，就没有勺子吃饭了。宁宁，折断勺子好吗？

宁宁：不好。

教师：再说，勺子被你折断了，它多疼呀！

……

宁宁：老师，我再也不折断勺子了。

简析： 该教师并没有粗暴地指责孩子，而是耐心地问清楚宁宁折断勺子的原因，并表扬宁宁善于思考。然后循循善诱地引导宁宁认识到折断勺子对自己没有什么好处，又用"勺子多疼呀"来唤起孩子的爱心。该教师得当、有效的沟通是建立在对幼儿充分的理解基础之上的。

【示例2】

教师：玲玲怎么了，还没起床？

孩子：老师，我累，我还想睡。

教师：你刚醒，但你还觉得有点累，是吗？

孩子：是的。

教师：有时老师也这样。

孩子：老师也这样，为什么？

教师：可能睡得不好，也可能昨天睡得太晚，你呢？

孩子：我睡晚了。

教师：我告诉你妈妈，今晚让你早点睡好吗？

孩子：那我起来了。（边说边开始穿衣服了）

教师：玲玲真懂事。

简析： 在这里我们听到的是两个独立的人之间的平等对话。交谈中，教师耐心询问，认真倾听，并能准确地捕捉孩子的言语背后要传达的信息，尊重孩子的感受，给予的回应充满了对孩子的理解和关爱，从而实现了较好的沟通。

2. 认同

教师与幼儿沟通时，如果能在一定程度上表现出对幼儿的理解与认同，会激发孩子进一步表述的欲望，易于达成师生之间的心理相容，实现良好的沟通。相反，如果对幼儿全盘否定，则会产生更多的沟通障碍。当然，认同并不意味着孩子都是对的。教师对幼儿表现出一定程度的认同，是为了进一步的沟通，达成教育目的。所以，认同之后，教师还要继续引导。

【示例】 梅梅性格外向，活泼可爱，平时特别爱说爱笑，在幼儿园里表现非常好，小伙伴们都喜欢她。可是，最近几天梅梅却总是无精打采、闷闷不乐，在幼儿园里表现也不如以前了。老师感到很奇怪，就和她进行了下面的对话：

老师：梅梅，你怎么了，为什么看起来不高兴啊？

梅梅：没事，我以后不说话了。

老师：你可是班里最爱说爱笑的，老师可喜欢你了。

梅梅：是吗？老师喜欢我吗？

老师：当然喜欢了。告诉老师，为什么以后不想说话了呢？

梅梅：我妈妈说我说话太多了，净说没用的话。

老师：因为这个呀，老师明白了。其实呀，老师小时候也特别爱说话，我妈妈也批评过我。

梅梅：是吗？你妈妈也批评过你啊？

老师：嗯，当然，跟你一样。

梅梅：那后来呢？

老师：后来呀，我就想应该说什么大家才喜欢我呢？想来想去，我有了一个办法，就是把在幼儿园学习的故事讲给他们听，还有，他们工作的时候不去打扰他们，可以自己看故事书，学习知识。大家就都喜欢我了。

梅梅：那我也要像老师那样做。
老师：嗯，这就对了，你妈妈一定会喜欢你的。

简析： 在这则沟通案例中，幼儿因为在家里说话太多而受到了批评或者责骂，心理受到了压抑，导致在幼儿园里表现不佳。教师发现问题后与幼儿沟通，在搞清楚问题之前，先表扬一下孩子，显示了对儿童以往表现的肯定和认同，为下一步的沟通铺路搭桥。找出问题之后，教师也故意说自己小时候和该幼儿一样，以认同的方式使师生之间的感情再拉近一步。在此基础上，以"自己"儿时的做法为例，巧妙地引导幼儿，告诉她怎样做是正确的。这种认同，使得教师和幼儿之间的沟通变得顺畅。

3. 转移兴趣点

转移兴趣点是教育口语中一种比较特殊的引导方法，孩子有不良习惯或行为时，如果家长和教师正面批评劝导无效，则可以尝试这种方法。其特点是教育者往往用语不多，完全看不出教育者的目的，甚至其语言与目的表面相悖。其教育思路在于巧妙地转移幼儿不良行为的兴趣点，可谓独出心裁。

【示例1】 一群淘气的孩子总是往一个花园里扔砖头，花园的主人很无奈。有一天，他找到这群孩子说："我看你们扔得很高兴，不如大家进行一个比赛，谁扔得最远就奖励他10块钱。"孩子们听到有"奖金"，比平时扔得还带劲儿，比赛结束后优胜者果然得到了钱。第二天，孩子们早早就来了，主人说今天第一名只能得到5块钱，孩子们仍很兴奋，5块钱也不少啊！第三天，奖金降到了1块钱，有一些人嫌少就走了，但仍有人继续玩。第四天，主人说今天胜利者只能得到一毛钱。孩子们听了很不屑："就一毛钱，谁给你扔啊！走！"孩子们走了，从此再也没有来过。

简析： 对于特别淘气的孩子，如果没有正面的解决问题的方法，可以尝试着转换思路。本案例中，孩子们以往花园里扔砖头为乐，有心理上的满足感。花园的主人采取的方法是让他们比赛，把焦点转移到比赛的奖励上来。然后，通过不断降低奖励标准减少孩子们扔砖头的动力。到最后，把奖金降到一毛钱，孩子们不屑于为一毛钱去努力，主动终止了扔砖头的行为。

【示例2】 曾仕强教授在讲座中举了一个教育孩子的例子：

他的小孩子经常在墙上画画，曾教授作为父亲也没少说他，但生气没有用，责骂他也没用，可是无论如何也不能继续放任，怎么办呢？

经过一番思索之后，曾教授和孩子展开了下面一段对话：

爸爸：（以欣赏的态度告诉儿子说）你墙上这画画得真好啊，我怎么没发现。我们应该把这个带回去给祖父看，好不好？

儿子：画在墙上怎么能带给祖父看呢？

爸爸：你真聪明啊，我怎么没想到啊？那怎么办？

儿子：画在纸上啊，就可以带过去了。

爸爸：好。（拿张画纸给儿子）

儿子画完以后，爸爸让儿子保存好，后来带儿子去祖父那里时果然把画拿给祖父看了。这张画百分之百地获得了祖父的大力赞扬。祖父还说，以后画了画一定要带回来让他看看。儿子非常高兴，很有成就感，回到家里后，爸爸看见儿子又拿出了画笔，就有了下面的简短的对话：

爸爸：还在墙上画画吧。

儿子：我不要在墙上画，要在纸上画，画了带给祖父看。

爸爸：那随便你吧。

曾教授得出结论：不能给小孩子讲道理，给孩子讲道理是讲不通的。要根据孩子的心理需求选择更好的沟通方法。

简析： 不喜欢画画的孩子很少，随处涂鸦的孩子很多，我们应该保护孩子表现、探索的天性，但也常常因此而苦恼，毕竟不是哪里都适合画画的。本案例中，曾教授同样运用了适度转移兴趣点的方法，与前一个案例不同之处在于前者通过降低奖金而降低了孩子不良行为的满足感，后者通过第三人的赞美提高孩子的成就感，为了更多地获得这种成就感，最好的方法是放弃在不可移动的室内墙上作画，转而在便于携带、以便他人观赏赞美的图画纸上作画。

教育家叶圣陶先生说过："教师当然须教，而尤宜致力于'导'。"这个"导"就是引导。

（三）恰当体态促沟通

在人际交往中，人们除了使用口语之外，还会使用体态语，也就是身体语言，包括目光、表情、手势、动作等。身体语言同样具有传递信息、表情达意的功能，不可偏废。幼儿教师在与孩子沟通时，恰当地使用体态语，能显著增强语言表达的效果。可以说，没有体态语的教育活动几乎是不存在的。教师用好体态语是实现有效的幼儿教育的需要，是实现成功的幼儿教育的需要。由于幼儿理解语言的能力差而模仿能力强，所以会非常关注教师的体态语言。因此，幼儿教师正确使用体态语显得尤为重要。体态语是教师与幼儿沟通的一种特殊的无声语言，是幼儿园教育教学的一种独特的辅助工具。

幼儿教师正确积极的体态语言对幼儿非智力因素的发展有积极的影响。当幼儿因胆怯而不敢发言时，教师信任的目光和赞美的点头能使幼儿变得自信和勇敢；当幼儿随意大声讲话时，教师用手指着嘴示意停下，这样既能使孩子认识到自己的错误又不会伤害孩子的自尊，保护了孩子的心理健康，并使得教学活动顺利进行。总之，教师的体态语能够起到表情达意、示范育人、组织调控的作用。

【示例】 一天下午，幼儿园某班开展活动，实习老师让小朋友们捡树叶，然后放到教室的自然角，供大家观察、学习。甜甜落在后面，捡得不多。放学后，爸爸来接她，她请求爸爸和她一起在路上又捡了一些树叶，第二天早晨高兴地带到了幼儿园，要交给实习老师。

甜甜：老师，我又捡了一些树叶，你看！

实习老师：（草草瞥了一眼树叶）昨天下午让你捡你不捡，今天不让你捡，你倒捡了这么些!

甜甜:(低下了头,看着自己手上的树叶,眼泪似乎要流出来了)

实习老师:(一看这情况,也没了主意)快放到自然角去吧。

这时候,指导老师快步走到甜甜身边,蹲下身子,和甜甜开始说话。

老师:甜甜,这树叶真不少啊!都是你捡的?

甜甜:(听到老师夸树叶多,情绪稍有好转)我和爸爸一起捡的。

老师:哦,是在路上捡的吗?来,让老师好好看看。

甜甜:嗯,给您。

老师:(从孩子手里小心地接过叶子,仔细地观看着)嗯,真漂亮啊!

甜甜:(脸上有了笑容)嗯,您看,这是银杏叶,这是枫树叶。

老师:(竖起大拇指)甜甜真棒!老师特别喜欢这些叶子。

甜甜:(情绪高涨)嗯,我也喜欢。

老师:(把叶子交给甜甜,轻轻地拍拍她的后背)让这些叶子到自然角去安家吧。

甜甜:好。(笑着去放好了叶子)

简析: 当幼儿把捡来的树叶交给实习老师的时候,因为已经过了捡树叶活动的时间,实习老师有些不耐烦,冷漠的表情、批评性的语言,极大地打击了孩子的积极性。见此情景,指导老师显示出了她丰富的经验。为了化解这一"风波",她恰当地运用了体态语言和幼儿沟通交流。首先,她蹲下身子,或许平视,或许微微仰视孩子,让孩子感觉到平等和尊重,搭建了顺利沟通的心理平台。然后通过仔细观看叶子这一个体态语言的小细节,更突出了教师对孩子的认真态度。接下来,教师竖起拇指赞美孩子,彻底扭转了孩子低落的情绪,最后以轻轻拍背这个亲近型体态语完成了整个沟通。

在这一个短短的沟通过程中,教师对体态语言的恰当使用,是她对幼儿拳拳爱心的体现,是纯熟的教育技巧和高度的教育智慧的完美结合。在指导老师成功化解小小教育危机的过程中,实现了对幼儿的引导交流,同时也给实习老师上了生动的一课。

四、教师与幼儿沟通的注意事项

教师与幼儿沟通时,要注意以下事项。

(1)教师要善用感情,选择合适的时机,用亲切平等的态度和幼儿交流,不要咆哮呵斥、直接批评幼儿。

(2)教师要注意避免空洞的说教,必须言有所指,针对具体的问题展开沟通,多讲通俗易懂的小道理,少说抽象空洞的大道理。

(3)教师要热情真诚,认真倾听,不要冷漠、敷衍、否定、草率,不用答非所问的态度对待幼儿的主动沟通。

(4)教师必须要了解并理解幼儿,有了这个前提才能顺利展开谈话,完成沟通。

五、技能训练与巩固

（一）技能训练

（1）一位教师在问一个幼儿问题时，那个幼儿回答不上来。另一个幼儿说："老师，你问我吧，我知道……"教师说："就你能，就数你爱多嘴！"幼儿做个怪相，不说话了。如果你是那位教师，该如何同另一个幼儿沟通。

（2）梅梅是一个听话的乖孩子，在幼儿园的集体活动时，总是安安静静地坐着看小伙伴们活动，很少说话和发表意见。户外活动时，总是不积极，怕把衣服弄脏了。但教师和她家长交流时，家长说她在家里比较活跃，爱和家长讲幼儿园的事情。为了更多地了解梅梅，你作为教师，应该怎样和梅梅进行沟通？

（二）技能巩固

晓晓胆子特别小，在认识动物时，她看见老虎和大灰狼的画面就会吓得大哭起来。原来，晓晓从小和奶奶生活在一起，当晓晓不听话的时候，奶奶总是说："你再不听话，老虎就要来吃你！""你再不睡觉，大灰狼就要来抓你！"久而久之，晓晓对很多动物产生了恐惧感。作为晓晓的教师，你怎样与她沟通并进行教育？

第三节 启迪语训练

一、启迪语的含义及其作用

教育活动中教师用来引导幼儿进行自我教育，开启幼儿的情感和智慧的教育口语叫作启迪语。

幼儿教育口语中的启迪语，主要是为了帮助幼儿懂得道理，因此它的指向性非常明确。幼儿从三岁开始具有朦胧的道德观念，是形成道德观、价值观的初始阶段，对幼儿进行思想品德、行为规范教育必须从这一阶段开始，幼儿时期是"百年树人"的启蒙期，教育工作者绝对不可以忽视，更不能错过。因此，启迪语的技能训练是幼儿教师教育口语训练的重要内容。

二、启迪语的运用技巧

启迪语的运用技巧一般包括提问、举例、类比、暗示。

（一）提问

教师对幼儿进行启迪时，可以视情况对幼儿提出问题，这是在特定教育情境中惯常使用的方法。幼儿教师提出的问题必须有针对性，需要幼儿在思考之后做出是不是、好不好、对不对之类的判断，并借此引导他们对事物做肯定或否定的评价，明辨是非，培养正确的道德行为意识。

提问可以开门见山，直接提问；也可以迂回提问，虚实结合；还可以以退为进，归谬反问；等等。但注意不能咄咄逼人，尽量不采用逼问、盘问、责问的方式。具体的提问方式有诱导式、设疑式、对比式等，提问的角度则可分为正问、侧问、反问等。正问是直接接触问题，单刀直入，能够对被提问者施加直接的心理刺激，可以肯定或否定，但不能回避问题；侧问的时候，语气比较和缓，利于引导对方回答自己关注的问题；反问的语气比较强，运用反问时通常是道理比较明确、事情非常清楚的时候，这种情况下对方很难做否定性回答。要根据具体情况，采用不同的提问策略，或组合运用不同的提问策略。

【示例】 某幼儿园有个幼儿叫孙亮，他有个坏习惯，就是喜欢嘲笑人，于是教师找他进行了单独谈话。

教师：孙亮，今天玲玲又找老师来告状，说你欺负她了，有没有这回事啊？

孙亮：（不承认）我没有欺负玲玲。

教师：哦，你说没有欺负玲玲，那你说说，你对玲玲说了什么？

孙亮：我……我说她是小胖猪，我是开玩笑的。

教师：亮亮，你知道一个小朋友被别人起外号的时候，她是什么感觉吗？

孙亮：（摇摇头）不知道。

教师：别人会很不开心的。你说，我们能不管别人的感受，随便起外号吗？

（孙亮不作声）

教师：老师上课讲过小朋友们要互相爱护、互相帮助，不能伤害别人。你还记得吗？

（孙亮微微点了点头）

教师：既然你还记得，以后就不要再犯这样的错误了，行不行？

孙亮：行。我记住了。

简析： 本案例中，教师对幼儿启迪的目的是改正错误，教师在整个对话过程中，没有用非常严厉的词语来批评幼儿，而是采用了提问的方式。对话一开始，教师先用两个直接提问，与犯错的幼儿展开心理上的正面接触，让幼儿从内心确认事实；第三个问句，从侧面提出，引出下面的观点：谁都不愿意被别人乱起外号；第四个问句，采用反问的方式，引发被教育对象更进一步的思考；第五个问句，又回到正面教育的角度，回顾一下教师讲过的道理；最后一个问句，是问这个幼儿能不能改正错误，这个问句当中包含着期待，幼儿也能真切地感受到，故做出了积极的回应，表示以后会改正错误。简单而科学的提问，帮助教师解决了教育幼儿的难题。

（二）举例

举例也是启迪语中常用的方法。幼儿的认知及思维水平不高，难以分清事物的主次、表里、本质与非本质等内容。教师在启迪幼儿的时候，如果能举一个幼儿熟悉的例子来帮助说明道理，就能够把抽象的道理变得具体可感，容易接受。这种方法也叫作类比法，优点是简单方便而且有效。

【示例】 春游的时候，大（3）班许多幼儿带了各种各样好吃的东西，有蛋黄派、雪碧、薯片、烤馍片、冰红茶等，有同学甚至带了肯德基。肖扬同学只带了妈妈烤的一个馒头、两根小火腿肠和一瓶白开水。吃饭的时候，有个同学笑话他，说他的东西"难吃死了"。肖扬觉得他说的不对，但又说不出道理，难过得哭了。老师先批评了那位同学，然转向了肖扬："肖扬是个好孩子，不比吃、不比穿，家长给什么就吃什么。你的爸爸妈妈也都是好家长，对自己的孩子不娇惯，让你从小养成艰苦朴素的好习惯，老师非常喜欢你。以后啊，要是还有谁笑话你，你就告诉他：周恩来爷爷当了总理，衣服破了还要补上一块儿继续穿；朱德爷爷当了大元帅之后还吃苦菜；拿破仑小时候，家里很有钱，随时都可以吃美味的白面包，可是他故意让他妈妈给他做不好吃的黑面包，就是为了锻炼自己吃苦的毅力，将来长大后才能做大事。所以呀，老师觉得你是光荣的，将来一定会很有出息的。"肖扬听了之后，破涕为笑。

简析：对幼儿进行启迪，让他们明白道理、认识事件的本质必须深入浅出。本案例中，针对其他幼儿对肖扬的嘲笑，教师首先肯定肖扬是个好孩子，从而否定了别人的讥笑，否定的理由很具体："不比吃……"然后用赞美的语气表扬肖扬的家长，再通过三则伟人的事例，揭示出"不比吃穿是好习惯，将来可以有出息"的道理。

（三）类比

类比是指教师用举例子或讲故事的方法讲清道理的启迪方式。幼儿的抽象思维能力还不强，教师运用举例子或讲故事的方法能更好地调动幼儿的形象思维，从而使幼儿受到教育。

【示例】 到学习做幼儿广播体操的时间了，班里的幼儿来到操场，在老师的指导下，排好队，开始跟着老师学做操。轻松的节拍，欢快的儿歌，幼儿一招一式地做着各种动作，学得非常认真。但是老师注意到东东注意力有点不太集中，站的位置有点不正，还不断地往周围看。秋高气爽，忽然一群大雁飞过，嘎嘎地叫着，吸引了大家的注意。老师这时候就让大家停下来，说："小朋友们快看看天上的大雁，它们都在跟着第一只领头的大雁，飞得整齐不整齐？"幼儿齐声答道："整齐！""我们学做操，是不是也应该像大雁那样排好队，认真做呢？""应该！""东东你说呢？应该像大雁那样吗？"老师又单独问了一遍东东这个问题，东东听懂了老师话里对自己的提醒和批评，马上点头说："应该，我做操也要整齐"。

简析：保持队形整齐是做操的基本要求，幼儿教师可以直接提出要求，也可以生动地阐明这个要求。本案例中，教师发现东东做操时站队不整齐，便抓住大雁飞过头顶的时机进行教育，以大雁的队形整齐来启迪幼儿做操时队形整齐的重要性。教师还向排队不整齐的东东单独发问，进一步提醒他，强化教育效果。

（四）暗示

暗示是一种委婉的表达方法，这种方式舍弃了直白的语言，用含蓄的言语、示意的举动发出信息使人领会，它传递信息的方式是间接的。一般来说，暗示者是主动、自觉的，相对来说，受暗示者是被动的。暗示不是靠逻辑推理和理论论证，而主要是靠提示。它不具有指令性、强迫性，不要求别人必须接受。因此，所暗示的多是比较简明的思想和行为，对于复杂的思想或事物，只靠暗示是不行的，需要应用教育、讲解等其他手段。

暗示通常分为四类：直接暗示、间接暗示、自我暗示和反暗示。

（1）直接暗示是暗示者有意识地、直接地把某种信息传递给受暗示者，希望对方能够马上做出暗示者期待的反应或采取相应的行动。

（2）间接暗示是指暗示者以某事物为中介，把信息间接地提供给受暗示者，希望对方接收并正确解读或执行的方式。这种暗示方式的最大优点在于不会导致被暗示方产生抗拒心理，故效果往往要好于直接暗示。但由于暗示者是通过其他事物来间接表达意思的，需要受暗示者能够敏感地接收到信息并加以正确解读，所以其暗示效果存在一定的不确定性。

（3）自我暗示是暗示者自我发送并接收解读信息，影响自己的情感、意志、对自身的认知，并进而影响、暗示着自身的行为，或影响、暗示着自己对环境、事物、事件的认知和判断行为。这种暗示在日常生活中是常见的，它对一个人的心态情绪乃至健康、工作和生活起着很大作用。良性的自我暗示产生的效果是积极的，不好的自我暗示带来的结果通常都是消极的。

（4）反暗示即暗示者传递出的暗示性信息引起了受暗示者与预期相反的反应。反暗示包括两类：一类是有意的反暗示，即故意地说反话或采取相反的行动以收到正面的效果，激将法就是典型的有意反暗示；还有一类是无意的反暗示，即有意地进行正面的暗示，却无意地引起了相反的结果。

暗示是教师启迪学生的重要方法。在我国著名的教育专家陈鹤琴教授的教育思想中就非常注重对幼儿教育的暗示原则，她认为幼儿易于在潜移默化中接受教育，可以利用幼儿的暗示感受性来影响他们的行为和习惯。保加利亚著名心理学家洛扎诺夫经过多年研究得出结论：对幼儿最有效的教育是含蓄、间接的暗示法。对幼儿的暗示方法有语言暗示、行动暗示、环境暗示，通常适用于自尊心非常强、比较好面子的幼儿，或者容易自卑的幼儿。

【示例】教师节到了，李老师陆陆续续收到了很多漂亮的礼物，有鲜花，有贺卡，这些都是幼儿家长买来让幼儿送给老师的，他们还互相比较，看看谁买的礼物最好看，老师最喜欢。李老师一件一件看着，脸上带着笑意。忽然她看到了一张贺卡，这张贺卡显然是幼儿和家长亲手制作的，上面写着祝福的话语。老师把它拿起来，说："这是一张自己动手制作的贺卡，挺漂亮的，我看看是谁做的？""是我做的！"玲玲兴奋地回应。其实李老师已经看到了贺卡上面玲玲的名字，"玲玲亲手做的贺卡，好，老师非常喜欢这样的礼物！"幼儿都向玲玲投来羡慕的眼光。

简析：尽管李老师不提倡家长和幼儿给自己送礼，但收到鲜花和贺卡时，面对这一份份心意，她也不能冷了幼儿的心。然而她不希望幼儿借此攀比，养成不良习惯。当她看到玲玲亲手做的礼物时，灵机一动，抓住机会对幼儿进行启迪。在启迪的时候，她运用了暗示的方法,即通过表扬玲玲亲手制作贺卡的举动,告诉幼儿一个道理:感情的表达不在于礼物的贵重,而是感情真挚。玲玲一下子成了幼儿羡慕的对象,教育启迪效果很理想。

三、技能训练与巩固

(一)技能训练

几个幼儿因为抢看一本绘本,把书撕坏了。这时候,教师应该怎么说?

(二)技能巩固

洋洋是班里最强壮的幼儿,可是他经常欺负他人,作为教师,你应该怎样启迪他?

第四节　劝慰语训练

一、劝慰语的含义及其作用

劝慰语是指教师对幼儿施加劝说、安慰性教育的语言。幼儿心智不成熟,自控能力差,适应能力也较弱,对外界刺激很敏感,在幼儿园中常常会产生失望、无助的情绪,或者有时候感觉受了委屈、遭受了挫折,进而情绪低落甚至哭闹。教师的劝慰,可以使幼儿尽快走出不良情绪。因此,需要教师善于分析导致幼儿不快乐的原因,根据幼儿的不同类型,及时给以劝慰。

作为幼儿教师,如何面对这些尚且稚嫩的幼儿遇到的困难和挫折,使幼儿既能接受生活的历练,又能体会到来自教师的关爱,确实是一门艺术。

二、劝慰语的运用技巧

在具体的实践运用中,劝慰语往往是规劝和抚慰的结合运用,它们也就成了劝慰过程的一体两面。

(一)规劝语的运用技巧

当幼儿不高兴,不肯与教师合作或者执拗地要做某件事情的时候,教师需要对幼儿进行规劝。要使规劝富于成效,教师应注意以下几点:首先,教师必须仔细调查研究,明白幼儿思想或情感的问题所在,然后有的放矢地做工作;其次,教师必须态度诚恳,以理服人;最后,规劝语还要充满趣味,灵活得体。

【示例】妞妞不喜欢幼儿园

有一天,妞妞的爸爸生气地把妞妞交到了教师的手上,头也不回地离开了幼儿园。妞妞一个劲儿地哭个不停。

教师:妞妞为什么总哭呀?

妞妞:爸爸不要我了。

教师:爸爸说不要妞妞了吗?(妞妞使劲地点头,然后哭得更凶了)

教师：妞妞先别哭，老师跟妞妞说（把妞妞抱到怀里），爸爸怎么会不要妞妞了呢？爸爸还跟老师说他特别喜欢妞妞呢！（妞妞渐渐停下了哭声）

教师：爸爸说不要妞妞了，是因为对妞妞不想来幼儿园生气。妞妞要是高高兴兴地来幼儿园，爸爸会更喜欢妞妞的。（妞妞静静地听着）

教师：妞妞，能告诉老师你为什么不喜欢幼儿园吗？

妞妞：幼儿园没有好吃的。

教师：妞妞家里有好多好多好吃的吗？

妞妞：嗯。

教师：哟，老师明白了。那，老师告诉爸爸，让爸爸给你带好吃的来，妞妞就会喜欢来幼儿园了，是吗？

妞妞：是。

教师：可是，好吃的是零食，吃多了也不好。让爸爸少拿点儿，好吗？

妞妞：好。

教师：妞妞真是个懂事的好孩子。

简析：面对因不愿意来幼儿园而哭个不停的妞妞，教师先与妞妞对话，安慰妞妞，使妞妞解除了"爸爸不要妞妞了"的担心，进而在与妞妞的谈话中了解到妞妞不愿来幼儿园主要是因为平时在家里养成了吃零食的习惯。这时，教师做了适当的让步，先答应妞妞让爸爸给妞妞带好吃的来，又告诉妞妞零食吃多了没有什么好处。教师循序渐进的引导使妞妞走出了忧虑与悲伤。

（二）抚慰语的运用技巧

抚慰语是指在幼儿心情不好时，教师给予幼儿心理安慰的话语。幼儿教师这一身份有如幼儿的母亲，当幼儿忧伤或失意时，幼儿教师的语言也应如和煦的春风，驱散幼儿心中的阴霾。

【示例】妈妈说我是笨蛋

成玉的妈妈在幼儿园同教师谈话时，大声埋怨成玉脑子笨，唉声叹气地讲了一大堆例子，还点着成玉的头说："笨蛋，脑子何时才能开窍呀？"教师当即表示了不同的意见，但成玉妈妈的话被班里的幼儿听到了。妈妈走后，成玉低着头，泪水在眼眶里打转儿，别的幼儿又过来起哄："笨蛋，笨蛋，你就是个笨蛋！"成玉终于忍不住，"哇"的一声哭了出来。教师迅速制止了其他幼儿的不礼貌行为，然后拉着成玉的手单独来到办公室。

教师：老师知道成玉心里难受，想哭就哭出来吧！（成玉边哭边抽泣，教师把成玉抱到怀里）

教师：（等成玉稍稍平静了）成玉很坚强，上次手破了个大口子，一滴泪水都没流。

教师：在老师眼里，成玉是个很聪明的孩子，前天的手工制作成玉是第二名，昨天怎样给小花浇水的办法也是成玉想出来的。

成玉：（又哭了）可是妈妈说我是笨蛋……

教师：成玉认为自己笨吗？（成玉使劲儿地摇头）

教师：李老师、王老师、孙老师也都认为成玉是我们中班非常聪明的好孩子。李佳和王爽刚才还因为有的小朋友说成玉笨要和他们打架呢。打架虽然不对，但他们都认为成玉很聪明。

成玉：妈妈说我笨……（教师爱抚地摸着成玉的头）

教师：成玉聪明不聪明，谁说了算？（笑着望着成玉）妈妈说了不算，老师说了不算，只有成玉自己说了算。

教师：妈妈说成玉不太聪明，是妈妈太心急了，她想成玉样样第一。可是，小朋友们都很聪明，样样第一多不容易呀！不过老师相信，成玉很聪明，又非常懂事，是个很棒很棒的好孩子。（成玉的脸舒展开了）

教师：等下午妈妈来接你时，老师好好和妈妈说说。成玉也多努力，向妈妈证明成玉是个聪明的好孩子。好吗？（成玉使劲地点点头）

简析：成玉的妈妈当众抱怨成玉太笨是非常不理智的，不仅深深地伤了成玉的自尊，而且使得其他幼儿对成玉说三道四，成玉的心在遭受痛苦的折磨。此时，教师就成了成玉最亲近的人。教师先是制止幼儿不礼貌的举止，又带成玉单独来到办公室做工作。对话中，教师的话语是很具有爱心和匠心的：她先让成玉哭出来，又适时地把成玉抱到怀里，使成玉体会到来自教师的温暖与信任。教师进而用成玉两个成功的事例，以及三位老师与一些幼儿认为成玉很聪明的事例来抵消成玉妈妈带来的不良影响。然后又引导成玉要对自己有独立的评价，并解释妈妈那样说是因为妈妈太心急了，最后答应帮助成玉做妈妈的工作以解除成玉的后顾之忧，同时激励成玉努力证明自己。该教师通过及时而得当的抚慰，很好地保护了幼儿的自尊和自信。

三、运用劝慰语应注意的事项

（一）要针对不同性格的幼儿进行劝慰

幼儿虽然身心发展远不成熟，但也分为四种基本类型：胆汁质、多血质、黏液质、抑郁质。

胆汁质幼儿精力非常充沛，喜欢运动，探索欲望很强，但缺点也很明显：固执，容易因冲动与别人发生冲突。

多血质幼儿聪明伶俐，适应力、接受力很强，喜欢表现自己。缺点是容易粗心大意，且做事缺乏持久性。

黏液质幼儿有较强的自制力，做事的持续性也比较强。性格偏内向，与他人交往时缺乏主动。

抑郁质幼儿内向性非常明显，缺乏安全感，不喜欢被众人关注，情感较封闭，胆子小。但也有优点，对人对事都很认真，忍耐力强，做事能持久。

教师劝慰幼儿时，要充分考虑到幼儿的性格特点。对于胆汁质和多血质的幼儿，教师要设法吸引幼儿的注意，把他们的焦点从引起其不安不快的事物中转移，同时劝慰语言要直接、明确。对于黏液质的幼儿教师在劝慰时要先设法站在他们的角度表示理解、同情，然后再进一步劝慰；对于抑郁质幼儿，教师必须要有足够的耐心，要用明快的语言表达教师对幼儿的关爱，要用乐观的情感带动幼儿，使其情绪逐步走出低谷。

【示例】幼儿A由家长带来时，虽然不情愿，但她好奇地看看老师，看看幼儿园的小朋友，老师和A的目光接触时热情问候，她不排斥，老师断定这个孩子属于活泼、好交际型（多血质）的幼儿。因此，老师说"欢迎A上幼儿园"，并从家长手里接过孩子，鼓励A和老师一起向家长说再见；告诉A："幼儿园有好多小朋友和玩具，我们的A一定会玩得很快乐的，让妈妈早点来接A好吗？"A很顺从地进活动室玩了。

幼儿B由家长带来时，一直盯看老师，对老师的热情接待和问候没什么反应，显得很安静，老师初步断定这个孩子属于黏液质的幼儿。老师很热情地从家长手里接过B，并向B说"欢迎B"，然后告诉家长"幼儿园有好多的玩具，孩子们都很喜欢，B也一定会喜欢的"，问B喜欢什么玩具，并拉着B的手向家长说再见，还吩咐B的家长早点来接B，B也就默认了。

幼儿C由家长带来时总是哭，老师热情问候时，他躲避拒绝，是一个不太容易接近的孩子（偏抑郁质）。因此，老师不仅热情地从家长手中接过幼儿，还有意识地和幼儿碰碰头，表示对他的喜爱，同时老师把C带到幼儿比较多的地方，通过介绍和积极的暗示，转移C的注意力，一会儿C也就不哭了。

简析：以上例子告诉我们，不同的幼儿，教师的劝慰应有所不同，教师需要在工作中善于观察和把握幼儿的不同脾气，施以不同的劝慰。

（二）要同情，不要怜悯

对于幼儿遇到的困难与挫折，教师应该表达出自己足够的同情。因为这样，才能表现出教师对幼儿的关爱；只有这样，才能在幼儿心中培养起对教师的信任与亲切的情感。教育本身就应该以爱为前提。但是，同情与爱都不等于怜悯：其一，教师的爱应该有对幼儿作为个体的尊重，幼儿不应该一味地被视为弱者；其二，一味地同情不能造就人才，对于幼儿遇到了困难与挫折，教师应该引导幼儿进行分析，使幼儿明白自己遇到困难与经历挫折的原因并逐渐形成责任感。教师要努力做到劝慰当中有引导，安抚过程含教育。

（三）要抚慰，不要责怪

遇到困难与经受挫折的幼儿，在初期往往心理和情感上承受着压力甚至伤痛，也就经常表现出怯懦与忧伤，这时就需要教师给予一定的情感与心理上的抚慰，激励幼儿早些走出困惑与失落。如果教师不适时地对幼儿进行责怪，就会加大幼儿的痛苦与压力，这样不仅不利于师幼之间的交流，也不利于幼儿尽早解脱困境。

【示例】幼儿园里分发玩具，萍萍想要磊磊那个，磊磊不给，两个幼儿为此发生了争抢，萍萍动手打了磊磊几下，然后萍萍就哭了。实习老师听到哭声后马上走过来处理这件事。

老师：萍萍怎么哭了啊？不哭，不哭了。

萍萍：我要玩玩具，他不让。
磊磊：我要玩，我要玩。
老师：磊磊，你怎么能这样呢？怎么这么不懂事，都把萍萍弄哭了，做得非常不对。
磊磊：是她不对，不是我不对。
老师：你还说！就是你不对！要不是你，萍萍怎么会哭呢？
萍萍：呜呜呜……（哭得更厉害了）
老师：马上给萍萍赔礼认错。
磊磊：（委屈地哭了）呜呜呜……

简析：幼儿之间争抢东西是很常见的一种现象，有了矛盾冲突就得解决，因此幼儿教师常常需要对幼儿进行劝慰。但本案例中的实习教师在劝慰时，处理过于草率，没有调查清楚事情的来龙去脉就轻易下结论，结果不但没有劝解成功，反而使情况变得更糟了。

四、技能训练与巩固

（一）技能训练

幼儿在玩玩具时不留神被铁片划破手指，哇哇大哭喊着要找妈妈。这时候，教师应该说些什么话劝慰幼儿？

（二）技能巩固

读中班的童童胆小、敏感、情感细腻，特别依赖妈妈，每天早上妈妈送他来幼儿园走后他都要伤心地哭一场，很久之后情绪才会好起来。一天，妈妈走后童童又开始哭了，作为教师，你应该怎样劝慰童童？

第五节　说服语训练

一、说服语的含义及其作用

当幼儿遇到争执、纠纷等问题时，教师恰当和及时的说服是必要的。说服语指教师在教育活动中，通过讲述事例、阐明道理等方式，使幼儿改变态度或接受某种意见、主张、措施或办法。幼儿教师要善于运用说服语让幼儿学会识别和感受他人的情绪，控制自己的消极行为，从而进一步做出互助、分享和谦让等积极行为。说服语是教育幼儿的一种本领，也是一门艺术。说服语要求目的明确、正面诱导、善意诚恳、通俗易懂、动之以情、晓之以理。

【示例】在一天下午的户外体育活动中，教师提供了多种活动材料，幼儿可以自己选材进行活动，不少男孩子玩呼啦圈时，都把呼啦圈当成方向盘，自己当司机玩起了"开车"的游戏，不一会儿车速变快，像是在"赛车"，教师的心一下子紧了起来，怎么说服幼儿减慢"车速"，避免发生碰撞和意外呢？教师是这样说的："今天的司机真遵守交通规则。司机朋友，你们都工作半天了，该下班了吧?""司机"一听，就放慢了速度。教师马上又说："能告诉老师，你们都开的是什么车吗?"幼儿七嘴八舌地报自己"车"的车名。接下来教师提出了问题：呼啦圈除了可以当方向盘，还可以怎么玩？并让幼儿尝试自己说出玩法……

简析： 在幼儿活动出现不安全因素时，这位教师并没有采取紧急制止的办法，而是巧妙地根据幼儿的认知水平做了委婉、积极的暗示，话未挑明，却表达了教育的意图，成功地说服了幼儿改变活动方式。

二、说服语的运用技巧

说服语的运用首先要建立在师幼充分沟通的基础上，使其成为幼儿在轻松愉悦的心理状态下接受正确行为的方式。因此，说服幼儿，要先分析说服的对象，寻求双方的心理相通点；要有明确的说服目的，分析问题的根源，以便有效地说服幼儿；要考虑幼儿的身心特点和接受能力，避免将自己的主观认识强加于幼儿。

其次，教师可以采用疏导、暗示的方法去说服、改变幼儿的某种习惯、行为或认识。说服语往往围绕一个中心，解决一个主要问题，循循善诱，以理服人。切忌主次不分，武断轻率，说大话、套话、空话，以及用教师的身份压服幼儿等。要重视调查，有的放矢；要尊重幼儿，谈话时要注意分寸，留有余地；要多从正面诱导，耐心诚恳，既要求严格又态度和蔼，使幼儿心服口服。

然后，教师还应根据幼儿的年龄和气质特点使用相应的说服语言，并且在说服的同时注重"言教"和"身教"的结合，做到言行一致。

对多血质幼儿的说服语要注意语意的"先承后转"。多血质的幼儿外向好动，适应和理解事物快，教师可以不用暗示太多，稍作迂回、铺垫后顺承幼儿的语意进行表达，如用"当然……但是……"引出自己要说的话等，这样往往能达到以柔克刚的教育效果。对黏液质和抑郁质幼儿的说服语应多一些理解，巧用暗示和诱导。内向、细心的黏液质幼儿以及怯懦、敏感的抑郁质幼儿，往往在进入某种情绪体验时，持续时间比较长。针对这样的特点，教师对幼儿进行说服时，要亲切、温和、点到为止，要言此意彼，积极暗示和启发幼儿从多角度思考问题，并给出建议，这样善于思考的黏液质幼儿和敏感的抑郁质幼儿都会积极调整行为。对胆汁质幼儿的说服语应多一些宽容和耐心。胆汁质的幼儿容易因为激动而听不进去教师的话，因此，教师应尽量弱化语势，减轻用词的分量，淡化词义的感情色彩，巧用诱导的方式，用缓慢的语速和较平稳的语调、语态与其沟通，使其在平等、理解的前提下愿意接受教师的意见和建议。

最后，说服幼儿没有固定的模式，有的教师采用故事法说服幼儿，效果也很显著。即教师在制止幼儿的不良行为时，选用短小精悍和富有人生哲理的寓言故事、童话故事或名人名家的故事，让幼儿在听完故事后讨论、谈看法，使幼儿明白道理。说服还可采用实践法，即让幼儿在实践中亲身体验对方的情感等。

【示例1】

(有个幼儿吃了香蕉把皮丢在地上)

教师:是谁把香蕉皮扔在地上?是谁干的?是想让人踩在上面栽个大跟头吗?谁丢的?站出来!(幼儿眼睛一愣,没动)

简析:教师一连串的质问显得咄咄逼人,溢于言表的严厉让幼儿产生了抵触和恐惧,达不到教育的效果。

【示例2】

教师:地上丢的是什么呀?哦,是香蕉皮。但是它是滑的,丢在地上,别人踩到了肯定会摔倒的。怎么办呢?我们小朋友都是讲卫生的孩子,恐怕是香蕉太好吃了,一下子忘了把皮扔进垃圾箱了吧。现在,这位小朋友想起来了没有?来,我们把它捡起来,丢进垃圾箱里!以后我们可都别忘了呀!(扔香蕉皮的幼儿吐吐舌头,马上捡了起来)

简析:教师弱化了指责,用委婉的方式表达了宽容,既指出乱丢香蕉皮的危害性,也启发诱导幼儿主动"站"出来纠正错误。

【示例3】 不要说谎话

幼儿:老师,什么叫说谎话?

教师:老师先问你,什么叫说真话?

幼儿:说真话就是嘴里说的和心里想的是一样的。

教师:你真聪明,一说就对了。什么是说真话你都知道了,什么是说假话你一想就……

幼儿:噢,我知道了,说谎话就是不说真话。

教师:对,说谎话就是不说真话,嘴里说的和心里想的不一样。我们要做诚实的孩子,不要做爱说谎的孩子。说谎话是不是就能讨到便宜呢?

幼儿:讨不到便宜。

教师:是的,讨不到便宜。说谎话,一时把人骗了,可最后呢?自己可就吃亏啦!我讲个故事给小朋友们听。

(教师讲《狼来了》的故事,很多幼儿围过来听)

教师:小朋友们,这个故事告诉我们什么呢?

幼儿:放羊的孩子是坏孩子。

幼儿:放羊的孩子爱骗人。

幼儿:叫我们别说谎话。

教师:是的,是叫我们别说谎话,告诉我们爱骗人的孩子不是好孩子。你看,把别人都骗了,最后呢,自己可就吃亏啦!我们小朋友都是懂事的孩子,我们应该怎么做呢?

幼儿:我们要做诚实的好孩子!

简析:教师的语言直截了当、简明易懂,根据幼儿的理解水平和接受能力,运用幼儿熟悉的故事和柔中有刚的语气,让幼儿懂得了"不要说谎话"的道理。

【示例4】 天宇在围棋班学了几招,就神气起来了。跟班上的小朋友下棋,经常说输给他的小朋友"太笨""没水平",渐渐地小朋友都不爱和他下棋了。

有一天,天宇几次想找小朋友和他下棋,都没人理他。看着他渴望而又无奈的眼神,我走过去对他说:"天宇,敢不敢和我下一盘?"他恢复了平时的自信,边取棋盘和棋子边说:"好哇,来,看谁厉害。"

第一盘,我故意输给他,"真笨!"他脱口而出。围观的小朋友立即批评他:"你不能这样说李老师。"天宇摇头晃脑地说:"那她为什么赢不了我?赢不了,就是笨。"看着他那得意的样子,我说:"再下几盘,好不好?"他不屑一顾地说:"再下,您也得输,来吧!"结果,天宇是三战三败。常胜将军终于沉不住气了,满脸通红,哇哇大叫:"气死我了,我怎么赢不了她呢?"小文对天宇说:"这回该是你笨了吧!"天宇使劲瞪了小文一眼。我马上制止小文:"不要这样说天宇,这次输了,下次多动脑筋,一定会赢的。"我安排其他小朋友继续游戏后坐了下来,把天宇搂在怀里,说:"天宇,输了棋,心里不舒服吧?""嗯。"天宇点点头,眼眶里已经涌出了泪水。我又说:"你输棋,心里不好受,想想,别的小朋友输了棋心里会怎样?刚才,小文说你笨,你不爱听,可你每次赢了棋,总说人家笨,输了还要耍赖,其他小朋友会怎样想呢?"天宇抬起头,说:"老师,以后我不那样说其他小朋友了,我要教他们下棋。"我高兴地拍拍他的后背。

从此以后,天宇少了一些骄傲,多了一些虚心和耐心。他认真地教小朋友怎样出棋,"危险情况"下怎样走棋……渐渐地,天宇的对手多了起来,每次赢了棋,天宇会对对手说:"没关系,再来。"输了棋,他也只是拍拍脑袋,笑一笑了事。

简析:说服幼儿要因人而异,因事而导。说服的方法也各有不同,有委婉法、直表法、暗示法等。这位教师用削弱气势法,让幼儿钦佩,自愧不如,说服过程教师并没有板起面孔训斥,而是利用时机,说服教育,取得了较好的效果。

三、技能训练与巩固

(一)技能训练

有的幼儿吃饭不爱惜粮食,喜欢浪费,请你针对这种情况对幼儿进行说服教育。

(二)技能巩固

怎样说服幼儿饭前便后要洗手?

第六节 激励语训练

一、激励语的含义及其作用

激励语是教师对幼儿表达的带有强烈肯定或热情希望的教育口语。激励语有一定的鼓舞性和煽动性,一般简短精练,态度肯定,指向明确。

教师的激励语以语言为主要手段并附带目光、表情、姿势、动作等。通过激励,教师与幼儿之间的情感交流增强，产生一种和谐美、共鸣美，有利于拉近师幼之间的距离，有利于幼儿健康、活泼地发展。通过激励，幼儿不断领悟和感受到探索和成功的喜悦，学习动机得到不断激发，求知欲、上进心愈来愈强，能使教育教学收到意想不到的效果。激励语的有效运用，对培养幼儿良好行为及自信心有着十分重要的作用。

二、激励语的运用技巧

激励语的运用有以下几方面的技巧。

（一）正向鼓动与激发

正向鼓动与激发就是运用教育口语调动学生的情绪，使他们内心激动起来，响应教师的号召或要求，积极行动。运用正向激励时教师的情绪要高昂，语调要高亢，口语表达节奏偏快，语言富于鼓动性，同时体态语要简洁有力。

【示例】上音乐课时，大家都听着钢琴指令在位子上唱歌跳舞，亮亮突然跑到钢琴前面，其他小朋友看后也学着他的样子跑到前面，挤成一团。老师说请所有小朋友回到座位上，其他小朋友都照做了，只有亮亮还站在中间，配班老师把他带到座位上，可是没一会儿，他又悄悄来到老师中间又唱又跳。此时，老师没有责罚亮亮，而是把他拉到身边，对着大家说："亮亮跳舞跳得真好，你们说是吗？"大家齐声回答："是。"老师紧接着说："那老师帮你弹琴伴奏，你再跳给大家看看，好吗？"于是，亮亮又高兴地边唱边跳起来。

简析：教师组织教学活动时，有些幼儿的参与意识不强，比如回答问题时，有的幼儿知道答案但不愿意主动举手；有的是对自己的答案缺乏信心，不知道是否正确，所以也很少举手；有的幼儿行为比较懒散，不遵守纪律。参与其他活动也是这样。对于主动性不强、自律性较差或胆子比较小的幼儿，教师要多施行正向的鼓动与激发。本案例中，亮亮就是一个自律性较差的幼儿，教师教育他时，采取了正向鼓动的方法，语言简洁、信息明确，富有鼓动性，同时辅之以简洁有力的手势，极大地鼓舞了亮亮，使他在不知不觉中把缺点转化为积极的一面，完成了儿歌的表演。

（二）逆向激励

逆向激励也叫激将法，俗话说"遣将不如激将"，有时候逆向激励会收到意想不到的效果。这种方法的运用有特殊的条件，需要完成的任务要么是幼儿不喜欢做的事情，要么是相对于他们自身能力来说稍有些难度，参加者普遍信心不足；对某些性格内向的学生也可以采用这一方法，促使他们完成对自我的突破。

【示例】有些幼儿不爱吃菜，不爱吃水果，长此以往对身体健康很不利。但是尽管家长和老师一再劝说，有些幼儿还是不吃菜、不吃水果，让老师和家长很头疼。赵老师决定，要想办法彻底纠正幼儿这个不良习惯。于是，有一天吃午饭的时候，赵老师发现丹丹等几个幼儿还是一如既往不吃菜，就说："奥特曼打怪兽，很难，但是他克服一切困难，把他们都消灭了；孙悟空打妖精，也很难，但是他通过努力，用金箍棒把妖精都消灭了；吃菜对一些小朋友来说，也很难，老师觉得，你们一定不能够把这些菜消灭完！是不是？"

幼儿纷纷大声回应："不是，我们一定能把菜消灭完！""老师不相信所有人都能把菜消灭完！""一定能！"说着，幼儿开始大口大口地吃起菜来，受到老师的激励和其他幼儿的影响，丹丹等几位不爱吃菜的幼儿也吃得很带劲儿，不一会儿就把菜吃完了。丹丹还举手说："老师，还有菜吗？我还想要！"

简析：幼儿不爱吃蔬菜水果是一个普遍性的问题，处理起来让家长和教师很头疼，如果放任不管，对幼儿的身体健康绝对是无益的，但纠正起来也很费劲。本案例中，赵老师巧妙运用了逆向激励的方法，先举了幼儿熟悉又喜欢的孙悟空和奥特曼作为正面例子，然后表示幼儿不能像孙悟空和奥特曼消灭敌人一样吃掉碗里的蔬菜，对幼儿施加反向刺激，这样就一下子激发起了幼儿的好胜心，让所有幼儿都非常主动吃蔬菜，完成了任务。相信这是一个良好的起点，以后这些幼儿会逐步养成爱吃蔬菜水果的好习惯。

（三）勉励

勉励语是对幼儿进行劝勉鼓励的教育口语，它的重点不在于"激"，而在于"勉"，所以在使用勉励语时，往往语气平和，语重心长，寄寓深远，明显区别于激励语。勉励语的运用是为了给幼儿指明目标，促使他们产生为目标持久奋斗的内在动力。

【示例】幼儿园大班举行活动，主题是"做未来的科学家"。老师拿出一个小盒子，非常神秘地让大家一个一个轮流看里面的东西。老师说里面装着的是"一张未来科学家的照片"。其实，盒子里放的是一面镜子，每一位同学看到的都是自己的样子。班主任老师所说的"未来科学家"指的就是班上的每一位同学。小朋友们高兴起来了，这时候老师说："是的，小朋友们，未来的科学家就是你们呀！你们现在是祖国的花朵，将来是伟大祖国的建设者，很多很多光荣的任务需要你们去完成，很多很多重要的事情等待你们去研究！但是，要想成为一名科学家也很不容易啊，需要从小就勤奋学习，打好基础。让我们像窗外的小树一样，不断汲取知识的营养，不断增强自己的本领吧！"

简析：让学生树立远大理想，养成勤奋学习的好习惯是每个教师的愿望。本案例中，教师举办"做未来的科学家"主题教育会，结束之际，教师对学生寄予了殷切希望，既给他们指出"做未来的科学家""伟大祖国的建设者"的高远目标，又指出实现目标需要付出艰苦的努力。教师表述时语速较慢，语调平缓，语态亲切感人，充分表现了他对教育事业深深的责任感和对幼儿的无比热爱。

激励语并非对每一个幼儿都适用，这需要教师平时在工作中多观察、多了解、多交流，对每个幼儿的性格和个性特征有准确的把握。在一些特定情况下，恰当地使用激励语，做到有的放矢。

三、运用激励语应注意的事项

（1）教师要掌握激励语的使用技巧，讲究激励语的使用策略，要结合一些具体的事情或事件使用，注意说话的语气和态度。同时，教师要善于细心观察，及时发现幼儿的表现与情感的变化，选择合适的激励性语言，从而提高激励性语言的效果。

（2）使用激励语时，教师一定要分清对象、场合和分寸，由于幼儿对激励语的理解和接受能力的不同，教师不能随意激励，要注意激励语的使用方法。分清对象就是要分清幼儿不同的性格和个性特征，因为不同的个体对教师激励语的反应不同。教师要准确把握幼儿的个性特征，采用不同的激励语，才能取得好的效果。

（3）使用激励语时，要富有激情，语调应多扬少抑，运用激情把幼儿的积极情绪鼓动起来，但激励时注意不要言过其实。

（4）使用激励语时，教师不能带有情绪。幼儿教师教育幼儿时带着情绪说话，如："我看谁还不听话""××非常棒，××我不喜欢他了""怎么这么笨"，等等。教师简单的一句话，就会让幼儿感觉到"老师不喜欢我了，我没有其他小朋友好"。当幼儿出现问题时，教师应该耐心地多引导，同时不断提高语言运用能力，从而提高教育效率。

（5）幼儿教师单纯地使用激励性语言的效果不好时，应改变使用激励性语言的方法。当幼儿不满足于教师单纯的口头表扬时，教师应在口头激励的同时给予其他方面的奖励，比如发给幼儿小红花等。

【示例】 家长开放日，孩子们都想在家长面前表现自己，有些孩子兴奋过度，不停地大声喊叫，不听老师的提醒和劝阻，导致下一个活动无法进行。老师问："孩子们，爸爸妈妈来和你们一起玩儿，高兴吗？""高兴！"孩子们给老师以肯定的回答。老师又问："爸爸妈妈来都想看些什么呢？"孩子们七嘴八舌地说了起来。老师现场问了几位家长，有的家长说："想看孩子们在幼儿园都学了些什么。"有的说："想看孩子吃饭怎么样，是不是有进步。"老师说："孩子们，爸爸妈妈说想看你们在幼儿园学到了哪些本领，想看到你们进步的地方。我们来找找谁是课堂上最爱动脑筋，最爱发言的小朋友。"孩子们顿时安静下来，顺利地进行了下一个活动。

简析：在出现场面失控的情况下，教师因势利导，巧妙地转移幼儿的兴奋点，把幼儿的注意力引导到课堂上。有经验的教师的适时激励有效地调控了幼儿的情绪，保证了课堂教学的顺利进行。

四、幼儿教师常用的激励语

（1）倾听是分享成功的好方法，看××小朋友正在分享着大家的快乐，我相信他已经有了很多收获！

（2）××小朋友听得可认真了，会听的孩子是会学习的孩子。

（3）××小朋友听得最认真，第一个举起了小手，请你回答！

（4）你听得真认真，这可是尊重他人的表现呀！

（5）你听得真仔细，耳朵真灵，这么细微的地方你都注意到了！

（6）你讲得很有道理，如果能把语速放慢一点，其他小朋友听得就更清楚了！

（7）你的表达特别清楚，让大家一听就明白了。

（8）别急，再想想，你一定能说好！

（9）老师发现你不仅听得仔细，说得也很好！

(10) 你很有想法，这非常可贵，请再响亮地说一遍！
(11) 你表达得这么清晰流畅，真棒！
(12) 我想××小朋友一定在思考，我们再给他一点时间，好吗？
(13) 开动你的小脑筋去想，说错了也没关系，老师喜欢爱动脑筋的小朋友！
(14) 你看，很多小朋友都把心里那个胆小鬼打倒，举起手来了！
(15) 你们瞧，××小朋友可是大家学习的好榜样呢！看看他是怎么做的！
(16) 第四组的小朋友个个眼睛睁得大大的、亮亮的，我感受到了你们特别认真，注意力特别集中！
(17) 你坐得真端正！注意力真集中！
(18) 看××小朋友认真的样子，老师就知道他是勤奋好学的孩子！
(19) 你很像一个小老师，不仅管好了自己，而且把自己的小组也管理得很好！
(20) 要学会欣赏别人，对于××小朋友的回答，我们该怎么表示？
(21) 你的进步使老师感到特别高兴！
(22) 连这些都知道，真不愧是班级小博士！
(23) 你知道的真多！知识真丰富！我们大家要向你学习！
(24) 你的眼睛真亮，发现这么多问题！
(25) 多么好的想法啊，你真是一个会思考的孩子！
(26) 猜测是科学发现的前奏，你们已经迈出了精彩的一步！
(27) 没关系，大声地把自己的想法说出来，我知道你能行！
(28) 你真聪明！想出了这么妙的方法，真是个爱动脑筋的小朋友！
(29) 你又想出新方法了，真会动脑筋，能不能讲给大家听一听？
(30) 你的想法很独特，老师都佩服你！
(31) 瞧瞧，谁是火眼金睛，发现得最多、最快？
(32) 你发现了这么重要的方法，老师为你感到骄傲！
(33) 你真爱动脑筋，老师就喜欢你思考的样子！
(34) 你的回答真是与众不同啊，很有创造性，老师特别欣赏你这点！
(35) 你的思维很独特，你能具体说说自己的想法吗？
(36) 这么好的想法，为什么不大声、自信地表达出来呢？
(37) 你有自己的独特想法，真了不起！
(38) 你很会思考，真像一个小科学家！

五、技能训练与巩固

(一) 技能训练

今天，课间活动的内容是学习跳绳，可是甜甜不会跳、不敢跳，还有点儿害怕、自卑的样子。假如你是教师，请你设计一段恰当的激励语，并试着在班上模拟练习。

（二）技能巩固

欣赏下列激励语教育案例，并具体分析其成功之处。

户外活动时，孩子们都在操场上拍皮球，只有兰兰紧紧抱着一个皮球，躲在教室的门后。兰兰是个做事认真、谨慎的孩子。在平时的学习过程中，经常因为怕出错而退缩，不愿尝试。在学习拍皮球时，她总是紧紧地抱着皮球，好像一松手，皮球就会跑掉似的。这种紧张心理导致一个多月她还是没有学会拍皮球。眼看大部分孩子都学会了，兰兰更焦虑，更加害怕拍皮球了。因此，老师决定想办法让她放松下来，帮助她减轻心理压力。于是老师拉着她的手说："兰兰，我们两个一起玩儿吧。"她一边向后躲一边说："我不想拍皮球。""我们不拍皮球，我陪你一起玩儿，好吗？"听老师这么说，她才接受了邀请。首先，两人面对面站好，老师用双手将皮球拍到地上，让她把球接住，然后请她再把球拍给老师接。玩了一会儿，兰兰渐渐消除了紧张的心理，并且能够拍、接皮球了。接着，老师将游戏改为一个人拍接皮球，另一个人帮助数数。每当兰兰没接住皮球时，老师总是笑着对她说"快去抓住它"，以此来放松她的心情。过了十几分钟，兰兰就能轻松地拍、接皮球了，而且心情明显放松了，拍皮球的力度也掌控得较好。在此基础上，老师自然地演示了拍皮球的方法。让她帮数数。老师故意在拍了五六下之后让皮球跑掉，这样便自然地换成了她拍皮球。老师一边帮她数数，一边不忘表扬她："哟！你太厉害啦，比老师还棒呢！"这时兰兰更有信心了。又过了十几分钟，兰兰竟然能连续拍六七下皮球了。

第七节　表扬语训练

一、表扬语的含义及其作用

表扬语是一种对幼儿的思想和行为给予肯定的评价语言，它可以使幼儿的优点不断得到巩固和发展。

"好孩子都是夸出来的"，这几乎是当前教育界乃至全社会的一个共识。人人都喜欢被表扬，幼儿更是如此。恰当地使用表扬语，能够提高幼儿辨别是非的能力，满足幼儿被尊重、被肯定、被赞赏的心理需要，带给幼儿积极愉悦的情绪体验，增强他们的自信心和自尊心。同时，幼儿教师的表扬可以培养幼儿欣赏他人、赞赏他人的健康心态，为其长大成人后形成完善的人格打下良好的基础。如果在获得语言表扬的同时还得到了教师的微笑、点头、注视、抚摸、拍头等亲密的身体接触，幼儿更会感受到极大的温暖、关爱和信任。

【示例】丁叮是一位4岁的小女孩儿，她是由年迈的奶奶带大的。受奶奶影响，丁叮说话、做事也都是不紧不慢的。加上家里人宠她，所以一遇到稍有难度的事情，她就要别人帮忙。入园以后，她常常喊老师，什么事情都要老师帮着做。

有一次，我们刚准备给孩子们洗澡，丁叮不小心摔倒了。她又大叫老师，希望老师能扶她起来。这时，我正在帮小朋友脱衣服，就请丁叮旁边的一个小朋友去扶她。丁叮却不要小朋友扶，脚伸了一下就不动了。我又叫另一个小朋友去帮她，她还是不起来。看样子她今天的毛病还不轻呢。

怎么办呢？我试着对丁叮说："老师知道丁叮是个很勇敢的孩子，像解放军叔叔一样。摔倒了自己知道怎么办的。"咦，真是奇迹，丁叮听了这些话之后，就"刷"的一下自己站起来，脸上还露着笑容。"丁叮真能干！"我又表扬了她一句。她更高兴了，还理直气壮地说："我本来就能自己爬起来，谁叫他们帮忙！"

这件事后，发生了好几次类似的情况，我都同样用鼓励的话语去激励她，效果同样很好。这样，经过一段时间的磨炼，丁叮的自觉性、积极性都大大提高了。她不但摔倒能自己爬起来，而且能自己穿脱衣服、叠被子了。

简析： 每一个幼儿都渴望赞美和鼓励，尤其是对那些有不良习惯或者总受批评的幼儿，更需要教师抓住教育契机，及时进行表扬和鼓励。表扬要具体，让幼儿能够认识到自己的长处，也要让其他幼儿认可他，知道教师为什么表扬他，激发幼儿的自信，让幼儿表现出自己的能力，体现出自己的价值，这样能促使幼儿一点点改掉自己的不良习惯。对于教育者来说，我们缺少的不是对幼儿的批评，而是一双善于发现幼儿优点的眼睛。

二、表扬的主要方法

对幼儿进行表扬的方法主要有以下几种。

1. 当众表扬

当众表扬是指在公开场合当着所有人的面对个别幼儿进行的表扬。当众表扬既能树立被表扬者的自信心，同时也能为其他幼儿树立学习的榜样，激励作用得到了充分发挥。

2. 个别表扬

在与幼儿单独交流沟通时，教师给予幼儿表扬，往往会激励这名幼儿做得更好。

3. 随时夸奖

在与幼儿接触时，教师要随时发现幼儿身上的"闪光点"而进行适度的表扬，目的是巩固好的行为，培养幼儿养成良好的习惯。

三、运用表扬语应注意的事项

对幼儿进行表扬时，表扬语的使用要注意以下几方面。

（一）表扬语要及时、具体

教师要善于捕捉幼儿身上的"闪光点"，并及时对幼儿进行表扬。表扬时要让幼儿知道被表扬的原因，对幼儿表现得令人满意的具体行为，教师在表扬时要指明，指明得越具体，幼儿对一些行为的好坏就越清楚。

【示例1】游戏活动结束后，老师让幼儿把积木收拾好，两个幼儿同时看见了掉在地上的积木，方方视而不见，萍萍主动把那些积木收拾整理好。老师看到后，笼统地说："萍萍今天真乖！"

简析： 教师没有指明萍萍受表扬的原因，幼儿不明白萍萍"乖"在什么地方。如果这样说:"萍萍今天帮助大家收拾玩具,看到积木掉在地上,能主动收拾好,做得很好,老师真高兴!"这样既肯定了幼儿的行为,又培养了幼儿关心集体、爱护公物的良好行为习惯。

【示例2】 小朋友们,杨红这几天身体不舒服,没劲儿铺被子,小刚是常常忘记铺被子,可是,你们看,杨红、小刚的被子怎么铺得那么整齐、那么好呀?这是谁帮他们铺的?对了,是金安琪小朋友做的好事。金安琪个子不高,铺被子很吃力,可是她每天铺完自己的被子,就不声不响地帮别人铺,金安琪这样做,就是团结友爱。大家愿意像金安琪那样团结友爱吗?愿意的就鼓掌!(鼓掌)

简析: 教师表扬得很及时,发现了这件事情后就在全班进行表扬,可以鼓励全班幼儿;同时教师的表扬很得法,强调金安琪自己虽然个子不高,铺被子很吃力,但她愿意帮助其他幼儿,精神很可贵;也表扬得很具体,就事论事,号召大家向金安琪小朋友学习,真诚热情。

(二)表扬语要多样化,有针对性

有的教师表扬幼儿时,不论幼儿做了什么事,说了什么话,取得什么进步或成就,总是用单调重复的词汇,诸如"你真棒、好极了"等用语。时间久了,重复次数多了,对幼儿的激励作用就会越来越打折扣。幼儿教师的表扬用语一定要针对具体的人和事,尽量减少重复用语。如果能有机地与其他教育手段(批评、激励等)或形式(赞许的眼神、会心的微笑)结合,就能取得更佳的教育效果,使幼儿在良好的激励下不断产生进取的欲望和向上的动力,达到"赏识教育"的目的。

【示例】 小哲喜欢画画,在家里,小哲每画一幅画,都会拿给妈妈看看,妈妈为了鼓励小哲,总是表现得很惊讶,"宝宝,你画得太好了!""这是我看过最漂亮的画!"小哲听了妈妈的表扬后,总是很满意地离开。但久而久之,小哲的画艺并没有增长,而且很不愿意听到不同的意见,要是妈妈偶尔表现得平淡了点,小哲就又哭又闹。小樱也是个喜欢画画的孩子,每次她把画好的画拿给妈妈看时,妈妈总是会仔细看过她的画之后再来寻找称赞点,比如:宝宝的色彩用得很好,鸟画得很生动,如果你下次注意把颜色涂得更均匀些,那就更棒了,等等。相比之下,小樱的画艺进步得很快,而且很愿意接受别人的意见。

简析: 好孩子是夸出来的,但时间久了,重复的次数多了,不但起不到好的作用,反而会适得其反。而有针对性、耐心细致的表扬,会让幼儿觉得别人非常重视他,因此,他会特别开心,也会改正他的不足之处,这才是有效的表扬。

(三)表扬用语要适度,不可过分夸大

不切实际、夸大其词的表扬会助长幼儿的骄傲和自满情绪,不利于幼儿的健康发展,因此,表扬用语要适度,评价要实事求是,不能过分夸大。

首先,过度赞美可能导致幼儿不能客观正确地看待自己,易产生骄傲自满的情绪;也可能会使幼儿轻视其他人,过度自我膨胀。

其次，过度赞美容易使幼儿形成悦人型人格倾向。家长和教师是幼儿心目中至高无上的权威，他们对幼儿的评价与态度会被幼儿当作自我评价的主要甚至是唯一标准。为了继续得到别人的表扬，某些幼儿会注意成人对自己的言行举止的评价标准，并以此调节自己的行为，取悦于成人，形成悦人型人格倾向，缺乏独立判断是非的能力，长大后其情绪容易被别人的好恶所左右，承受打击挫折的能力非常差，适应能力不强，常常生活得不快乐，不自信。

最后，教师如果在幼儿群体面前多次过度赞美个别学生，无形之中会让其他幼儿受到暗示，自觉相形见绌，潜意识中对自身产生否定性评价。

【示例】皮皮是个很让人喜欢的孩子，家长和周围的人总是夸他，说他比别人都聪明，干什么都比别人棒，所以皮皮天天耳朵里听到的都是"你最聪明""你唱得最好""你画得最好"之类的话，他也非常得意，心里也觉得自己就是最出色的，比别人都强。有一天，英语老师组织了单词小竞赛，皮皮平时英语学习挺好，总能够得到老师表扬。可是今天由于粗心大意，错了一个单词，而其他的好几个小朋友都得了满分。于是，英语老师就夸那几个小朋友，说他们是"最棒的"，这下皮皮就受不了了，回到家就哭了，家长问他为什么哭，他就说了原因，然后还哭着说："他们凭什么都对了？他们不是最棒的，我才是最棒的！""对，对，我们皮皮才是最棒的，他们不如我们皮皮棒！"

简析：幼儿的成长需要肯定和表扬，但是过度的不切实际的表扬很有可能捧杀幼儿。本案例中，皮皮由于习惯于被别人说成是最好的，自我认知出现了偏差。一次小小的英语单词竞赛就让他有些畸形的心态暴露无遗。最可怕的是，家长发现问题后，不是去找真正的原因，依然用虚假的赞赏宽慰幼儿，错上加错。

（四）表扬态度要真诚，语调要热情

教师运用表扬语要态度诚恳、充满热情，要发自内心地赞扬幼儿、鼓励幼儿，避免语气平淡，语调呆板。

【示例】一次，老师正组织幼儿进行"认识螃蟹"的活动，当螃蟹被展示在幼儿面前时，许多幼儿开心得手舞足蹈，活动室里的气氛沸腾起来，幼儿不由自主地聚拢到螃蟹周围，争先恐后地欲先睹螃蟹为快。此时老师不是因势利导，满足孩子的好奇心，而是沉下脸来厉声斥道："你们要干什么？快回到位置上去，你们看飞飞多好，坐在自己的位置上没有离开。"

简析：求知欲旺、好奇心强的幼儿受到批评，而对活动表现得无所谓的飞飞却得到了教师的赏识和表扬，被树立为"榜样"。这样的表扬会误导幼儿的行为，抹杀幼儿的好奇心、求知欲，不利于幼儿的全面健康发展。

教育者的教育观念要端正。评选"好孩子"的标准要改变，不能只把听话、不乱动、遵守纪律作为评选"好孩子"的重要标准，而对那些聪明、好奇心强、表现欲旺盛的幼儿却强加抑制。在幼儿园里，在班级里，难免有一些调皮好动、经常犯些小错的幼儿，教师应该恰到时机地运用表扬手段，引导他们健康发展。不能因为一些小错就全盘否定这些幼儿的优点，而应正面引导，扬长避短，因势利导，通过适当的赏识表扬，树立幼儿的自信心，使他们改正小错误，让每个幼儿健康快乐地成长。

【示例】朋友给我讲过这样一个故事。

他到北欧某国做访问学者，周末到当地教授家做客。进屋看到教授五岁的小女儿，满头金发，漂亮的眼睛如同清澈纯蓝的一潭湖水，简直惊为天人。收下朋友带去的中国礼物，小女孩儿奶声奶气地微笑道谢，朋友禁不住夸奖说，你长得这么漂亮，真是可爱极了。

教授当时并没有说什么，但是女儿走了之后，她的脸色严肃起来了："你伤害了我的女儿，你要向她道歉。"朋友大惊："我一番好意夸奖她，'伤害'二字从何谈起？"教授摇摇头："你是因为她的漂亮而夸奖她，而漂亮这件事，不是她的功劳，这取决于我和她父亲的遗传基因，与她个人基本上没关系。但孩子还很小，不会分辨。你的夸奖会让她认为这是她的本领。而且她一旦认为天生的漂亮是值得骄傲的资本，就会看不起长相平平甚至丑陋的孩子。这就会给孩子造成误区。"

"其实，你可以夸奖她的微笑和有礼貌，这是她自己努力的结果，"教授耸耸肩，"所以，请你为你刚才的夸奖道歉。"

"后来呢？"我禁不住问朋友。

"后来我就很正式地向教授的小女儿道了歉。同时，表扬她的微笑和有礼貌。"朋友说。而且从那以后，每当我看到漂亮的孩子，我就会对自己说，忍住你对她们容貌的夸赞。从他们成长的角度来说，这种事要处之淡然。孩子不是一件可供欣赏的瓷器或是一片可供抚摸的羽毛。他们的心灵像很软的透明皂，每一次不当的夸奖都会留下划痕。

——节选自毕淑敏《话说孩子》

四、技能训练与巩固

（一）技能训练

（1）淘淘上课经常自己在一边玩。假如你是教师，请设计一段表扬语，帮助他改掉不注意听讲的毛病。

（2）设计一段表扬语，在大班表扬认真听讲的幼儿。

（二）技能巩固

乐乐爱武术，常常在地上打滚，可是做操却不认真，听课也打不起精神。有一次教师让幼儿练习骑马的动作，乐乐节拍准，姿势也优美，教师当场表扬了他。请根据此案例设计一段表扬语，并在班上模拟情景，练习你设计的这段表扬语。

第八节　批评语训练

一、批评语的含义及其作用

批评语是教师对幼儿的某种错误思想和不良言行做出的否定性评价，是一种不可或缺的教育手段。

批评可以有效帮助幼儿改正缺点，使其他幼儿受到教育；还可以帮助幼儿明辨是非、分清美丑，提高道德和行为的评判能力。批评是对幼儿的关怀、爱护，是一种重要的教育艺术，从不批评学生的教师是不负责任的教师。幼儿教师不仅要敢于批评，更要善于批评。幼儿教师要掌握批评的技巧，在批评的时候，应该告诉幼儿能做什么，怎样去做，而不是指责他们不能做什么、不应该做什么。积极的建议比消极的命令更有效，更能起到教育的作用。

【示例1】机器人又回家了

孩子们特别喜欢玩机器人玩具，可是收玩具时，教师却发现少了一个。

教师没有立即去翻，去找，去问，而是组织了一个"机器人哪里去了"的游戏。她说："昨天我把机器人接到咱们班，大伙儿可高兴了，机器人更高兴！他们说，中（1）班就是他们的家，他们不走了。现在，有一个机器人，不认识家，走丢了。我真想到外边去喊：'快回家呀，夜里外边多凉啊！'"教师又接着说："要是谁帮我找到走丢的机器人，我明天第一个让他跟机器人玩，而且还可以多玩一会儿！"

话音刚落，一个小男孩儿说："老师，机器人我找到了！"并且高高举起了机器人。

简析：幼儿经常想把自己喜欢的玩具带回家，这是一种很正常的心理，只是一种单纯喜欢的心理，并不是不道德的行为，但是在幼儿道德和行为萌芽阶段，还是要进行正面的教育和引导。这位教师掌握了高超的批评技巧，巧妙地将机器人的失踪说成是"走丢了"，并且设计了寻找机器人的游戏活动，用深情的话语感动幼儿，让幼儿在自然的情境中受到感染，主动把机器人找出来了。教师没有"上纲上线"，没有"指责讽刺"，而是和风细雨般教育了幼儿。这个方法是成功的，教师的教育口语也是非常得体的。

【示例2】活动结束了，李老师把资料拿到办公室，不一会儿就有几个小尾巴来"告状"了。

"李老师，你做的城堡模型掉到地下，摔坏了！"

"李老师，是华华干的。"

李老师听了没有发火，思索了一下，带着孩子们回到活动室，看到局促不安的华华，她和颜悦色地说："来，我们一起来把模型积木拾起来，让华华给我们搭起来！"说着，弯下身亲手去拾积木，并让华华和几个孩子一起拾。

拾完积木后，李老师说："今天小朋友表现得非常好，帮助华华一起拾了积木。华华小朋友把模型打翻了，心里又害怕又着急，当别人着急的时候，大家要关心他、帮助他，一起想办法解决问题，就像刚才大家一起拾积木一样。"

经过多次教育，班上"告状"的现象没有了，当小朋友遇到困难时，大家都能互相帮助了。

简析：幼儿"告状"是一种常见现象，幼儿教师要掌握处理这类事情的技巧。如果教师比较武断或比较急躁地训斥华华一顿，对华华和告状的幼儿都会起到适得其反的效果，既挫伤了华华的心理，又助长了告状的幼儿幸灾乐祸的心理。有的"告状"绝对不能鼓励，否则"告状"的情况就会越来越多。李老师处理得法，一箭双雕，看似表扬，实际上是一种委婉有力的批评，同时，指出了解决方法，比单纯的说教批评技高一筹。

二、批评语的运用技巧

教师批评幼儿，要从关心爱护的角度出发，要坚持实事求是的原则，不抱偏见，不抱成见，平等对待每一位幼儿。运用批评语，要注意以下几个方面。

（一）控制情绪，用语客观

教师批评幼儿时，态度要真诚，言辞要恳切，要控制好情绪，不说过分的话、不做尖刻的指责。批评语要客观文明，不要使用"笨""坏""傻"等字眼，不讽刺、不挖苦、不伤害幼儿的自尊心，要尊重幼儿的人格。

【示例】明明正上幼儿园中班，他有一个外号叫"惹祸精"，别的小朋友经常向老师告状："明明拿了小朋友的东西不还！""明明把我的鼻子打破了！""明明拽我的辫子！"老师一开始还比较耐心，但总是有小朋友告状，老师就有点沉不住气了。一次，明明把一个小朋友的头打破了，从医院包扎回来，明明看到老师很生气，便主动道歉："对不起，老师，是我不小心。"老师生气地说："头都打破了，还不小心啊！就你不小心，别的小朋友怎么不打架？"

简析：当幼儿在交往中有不当行为时，教师需要用理性控制自己的负面情绪，一味严厉斥责，往往会阻碍幼儿的发展。教师应先分析明明与他人交往时常出现暴力倾向的原因。经过分析发现，明明希望跟他人一起玩，但缺乏交往能力。当正常的方式没有得到别人的回应时，明明就采用攻击别人、拿别人东西等方式来引起大家的注意。明明将他人的头打破，看到流血后，也很害怕。这时教师有必要先消除明明的恐惧，然后让明明认识到他的错误使他人受到了伤害。教师也可以让明明一起为受伤的幼儿治疗，一起感受伤害的疼痛。在体验到同伴的痛苦之后，无须教师多说教，明明也会改变这种伤害他人的行为。

（二）注重交流，查明原因

当幼儿犯错时，教师不要急着批评，而应该仔细调查原因，查明幼儿为何犯错。加强师生间的交流沟通，给幼儿解释反省的时间，营造一种和谐的师生、班级氛围。针对幼儿所犯的错误，教师要进行说理教育，讲明批评他的原因，进行"软处理"，而非对幼儿斥骂或变相体罚。幼儿教师要铭记，批评不是目的，目的是要让幼儿意识到自己的错误行为，查明原因有助于帮助幼儿形成正确的认识，减少日后犯错的概率。

（三）就事论事，忌算总账

批评幼儿，应该就事论事，指出幼儿在这件事上的错误，不能因幼儿做错一件事情而历数其所有缺点，新账老账一起算。算总账式的批评是对幼儿做全盘否定的评价，这会在幼儿心中形成自我否定的心理定式，造成幼儿的自卑心理，增加教育的难度。

（四）态度明确，指出错误

批评幼儿时态度要明确，少做理性剖析，重在简单明了地指出幼儿的错误以及可能带来的后果，让幼儿明白错在哪里，避免今后再犯同样的错误。不能因担心幼儿接受不了而不说出错在哪里，切忌用语模糊和态度模棱两可。

【示例】 "老师，小玉又抓人了！"随着孩子们的叫声，老师发现曼曼捂着脸在哭，坐在一旁的小玉一脸若无其事的样子。老师赶紧走过去，小玉着急地解释着："我喜欢她！"老师对她说："喜欢别人也不能抓人啊，别人喜欢你，但也没有抓你。抓人是不对的！"

简析： 小玉用抓人的方式表示喜欢，说明她不会恰当表达自己的情感，不懂得怎样交往才合乎情理。对此，既不能放纵她的行为，也不能压抑幼儿的情感，还要保持幼儿间的正常交往，教师直接批评之后要告诉小玉表达喜欢的正确方式。

（五）讲究方法，不厌其烦

批评幼儿的方法要因人、因事、因时、因地而异：或严厉斥责，或委婉含蓄，或寓批评于幽默之中，或表扬与批评相结合，要让幼儿体会到教师的关爱和期待。

幼儿的年龄小，自我控制能力弱，教师的批评并不能一次就奏效，因此，对于幼儿的错误行为，教师要经常提醒，要不厌其烦。

【示例】 有一天，老教育家孙敬修散步时，看到幼儿园的几个孩子在攀折刚刚栽活的小树苗。孙敬修悄悄凑过去，将耳朵贴在小树上，煞有介事地侧耳细听。

幼儿：（奇怪）老爷爷，你在听什么呀？

孙敬修：我听到小树苗在哭。

幼儿：小树苗她为什么要哭呀？

孙敬修：（又听）小树苗说，她正在慢慢长大，要长成又高又大的树，要让我们在树下面乘凉，要给我们做课桌椅。可是，有人把她的腿呀、胳膊呀都折断了，她很疼，她再也长不大了，所以小树苗伤心地哭了……

幼儿：（眼圈儿红了，低下了头）老爷爷，我们再也不折小树苗了。

简析： 孙敬修爷爷对折树枝的幼儿的批评采用的是委婉含蓄的批评方式。他没有直接指出幼儿折树枝的行为有什么错误，而是以"小树在哭"生动地告诉幼儿，小树也是有生命的，进而又以小树的口吻告诉幼儿，小树可以绿化城市，长大还要为建设祖国服务。这样富于人性化的批评，润物无声，亲和自然。

（六）适当运用体态语，增强批评效果

体态语同口语一样，是师生进行情感交流时不可或缺的工具。在对幼儿进行教育的过

程中，可以适时地加入一些体态语。对于体态语的应用，可以简单分为联合使用和单独使用。联合使用是指教师在对幼儿进行口语批评时，可以辅之以恰当的体态语，这将会提升批评语的效果。例如，在对幼儿进行批评的过程中，可以轻轻地抚摸幼儿的头部或肩部，表示教师虽然批评他（她），但那是出于对他（她）的爱。单独使用是指教师改变原来的口语批评的方式，使用体态语完全代替口语。例如，当幼儿不遵守课堂纪律时，教师可以走到幼儿身旁，停留片刻或者与幼儿进行眼神交流，暗示幼儿"老师已经发现你了，希望你能做个乖宝宝"。除此之外，体态语还要注意运用恰当。倘若体态语运用不当，将会使幼儿再次犯错。例如教师在对幼儿进行严厉的言语批评时，却面带微笑。这种矛盾式的言行，将会使幼儿疑惑，不知道自己刚才所做的行为是对还是错。

三、批评的主要方法

教师对幼儿进行批评教育，可以使用以下几种方法。

（一）直言批评

直言批评是最常用的批评方式，发现幼儿的错误后，教师从正面入手，直奔主题，开门见山地指出其错误所在，并提出相应改正要求。这种批评方法，要求教师语言简练，表情严肃，手势有力。但要注意说话的力度，语气不可过分生硬，用词也要斟酌，不能吓唬幼儿；要实事求是，对错误既不夸大，也不缩小。

（二）类比式批评

所谓类比式批评，指的是教师在批评幼儿时不直接说明其错误，而是用举例子、讲故事、打比方等方法，让幼儿认识到自己的错误并加以改正。

【示例】 李老师抓住了正在桌子上乱画的小明，随后李老师就给小朋友讲了一个《小猪找朋友》的故事。故事讲完后李老师问："大家说说，小狗、小猫为什么不愿意和小猪做朋友？""因为小猪在小狗、小猫家门口乱画。""现在，老师想请小朋友们找一找我们活动室里有没有乱涂乱画的痕迹。"小朋友在墙上、桌椅上找到了乱涂乱画的痕迹。"那我们能不能想个办法，把这些痕迹去掉。""用毛巾擦。""用洗洁精洗。"李老师给每个小朋友一块小抹布，蘸上洗洁精进行擦拭。小朋友们发现只有瓷砖上的笔迹能擦干净，其他地方都不行，就找老师想办法。"这些痕迹擦不干净了，只能用油漆和涂料重新粉刷，可是油漆和涂料有毒，所以只能等到放假的时候再刷。整洁干净的活动室是老师和小朋友一起学习和游戏的地方，大家都要爱护它。以后，小朋友想画画，请到老师这里来拿纸，画在纸上，和小朋友们一起欣赏，好不好？"小朋友们听了，纷纷表示再也不乱画了。

简析： 每个幼儿都有一颗富有想象力的心，好奇好动是他们的天性。在这个案例中，这位教师用间接引导的形式告诉幼儿如何爱护周围的环境，运用这样的方式，既保护了幼儿的自尊心，又起到了很好的教育效果。

（三）肯定式批评

肯定式批评，指的是教师在批评学生时不仅仅看到学生的错误，还在批评中伴随着肯定，让学生既认识到自己的错误和差距，也看到自己的优点和希望。这样能够减少学生的抵抗性心理，容易取得理想的教育效果。

【示例】明明是个聪明好动的男孩，可是，每当老师、小朋友指出他犯的错误时，他总是百般辩解，不愿认错，还有点不服气。一次美术活动时，老师让小朋友画长大了的"我"。明明画了一会儿，却忽然说他没有纸，可老师分明看到他画好了自画像，这是怎么回事呢？于是他就问明明："你的纸呢？"明明说："小组长没发给我。"小组长急忙说："我发了呀！"老师接着说："是不是你撕坏了纸？"明明仍坚持说没发纸给他。老师又耐心地告诉他，如果不小心把纸撕坏了，老师是不会批评的。明明听了仍然不停地重复着："我就是没领到纸，就是没有！"他的样子，表现得很坚定。恰好这时他的裤兜里掉出了那张画纸，老师正想批评他，只听他嘟哝道："我就是怕老师批评我才胡说的嘛。"

老师微笑着把明明领到一边，悄悄地对他说："你是一个好孩子，好孩子也会有做错事的时候。以后不小心做错了事要和老师说，老师保证不随便批评你。我们拉钩好吗？"明明高兴地伸出了小手。这以后他上课爱听话了，各方面的行为表现都有了更大的进步。

简析：教师的言行对幼儿的影响很大，作为教师一定要注意自己的言行，对幼儿要学会在肯定中批评，处理问题时要控制自己的情绪，想一想怎么做才能使幼儿的人格得到健康的发展。要本着以儿童健康发展为目的的前提，对幼儿进行肯定式批评。

四、批评语的运用原则

批评语以批评教育学生为主，在使用过程中，如果幼儿教师无法恰当地把握批评用语的程度、时机，不仅不会矫正儿童的错误行为，反而会对儿童造成较大的伤害。

由于幼儿阶段儿童心理的各方面呈现出的特点，教师在应用批评语言的时候要注意以下几个原则。

（一）尊重原则

尊重是教师对儿童进行批评时要自始至终秉持的原则。那么什么是"尊重"呢？"尊重"无处不在，无时不在，它就体现在教师对待每一位幼儿的态度中，存在于教师对幼儿说的每一句话中，存在于教师看幼儿的每一个眼神中。在同幼儿的交流中，教师、幼儿在人格上是平等的，没有丝毫差别，教师需要充分尊重每一位幼儿。教师不能因为幼儿出现了错误，而使用侮辱性的语言斥骂幼儿甚至体罚幼儿，这是不明智也是不合理的教育行为。批评是为了促进幼儿改正错误的行为、态度，是为了对幼儿进行正确的教育。教师要树立这样一个观点：唯有用符合教育的方式对幼儿进行批评才能达到批评的目的，达到育人的目的。

（二）宽容原则

针对幼儿的错误行为进行批评时需要依据他们的身心发展特点、性格特点进行缜密的考虑。脆弱的幼儿需要来自家长、教师的关心和照顾，正是由于他们无法了解自己，也就造就了他们的无限可爱。伟大的思想家泰戈尔曾说过："不是铁器的敲打，而是水的载歌载舞使粗糙的石块变成了美丽的鹅卵石,一味地批评不一定能产生良好的教育效果,而深切的关怀和爱护,使教育成为载歌载舞的水。"因此当幼儿犯错时,教师们不妨换个角度,以宽容的方式对待他们出现的问题,而不是一味用"铁器"对他们进行敲打,或许"水一样的关怀和呵护"对幼儿的影响更大。

(三) 指引原则

作为一名幼儿教师,要始终铭记对幼儿进行批评教育的目的。但批评的目的不是使幼儿受到各种惩罚,也不是体现教师的"权威",而是促进幼儿的人格、认知、心理的和谐发展,是使幼儿避免类似的错误行为再次发生,最终希望幼儿能健康成长。因此,在对幼儿进行批评时不要只以简单的批评为主,还要以当前事件为契机指引幼儿明辨是非、发展认知能力和人格水平等。

五、技能训练与巩固

(一) 技能训练

根据情景设计合适的批评语:

(1) 大班的3个小朋友在踢足球,无意间把小班的一个小朋友撞倒了,他们3个都急着跑到教师跟前推卸责任:"不是我,不是我,是他!"

(2) 游戏时,玩具少,幼儿多,分不过来,于是小朋友纷纷抢玩具并争吵了起来。

(二) 技能巩固

有个幼儿在做游戏时跌倒了,他并没有哭,但许多小朋友竟拍手哈哈大笑,叫着"跌得好,跌得好"。听到这些话,那个幼儿难过得大哭了起来。你作为教师应该怎么处理这件事情呢?

第四章 幼儿文学作品朗读训练

知识目标

1. 掌握朗读的特征及要求。
2. 掌握朗读幼儿文学作品的方法。

技能目标

1. 能用标准的普通话流利、生动地朗读作品。
2. 能运用朗读技巧朗读不同体裁的幼儿文学作品。

第一节 朗读概说

朗读,是一种把文字作品转化为有声语言的创作活动,即是朗读者在理解作品的基础上用自己的语音塑造形象,反映生活,说明道理,再现作者思想感情的再创造过程。

一、朗读的作用

朗读的作用是多方面的,仅从提升个人能力的角度讲,朗读至少具有以下几点作用:

(一)朗读是巩固普通话训练成果的重要手段

朗读需要使用规范的普通话,而规范既包括语音、词汇、语法的规范,也包括语言表达的规范和得体。在朗读的过程中,朗读者可以把普通话的语音知识运用其中,将声、韵、调发得清晰而饱满,从而形成良好的发音习惯,更能有效地纠正方音,训练发音技能。

(二)朗读是培养良好语感、提升口语表达能力的重要途径

在朗读过程中,朗读者能够不断积累词语和句式,掌握灵活多样的语言组织技巧和表达方法,词汇丰富了,语感增强了,口头语言的表现力和感染力自然也提高了,因此,朗读可以为说话训练和教师职业口语表达训练打下良好的基础。

(三)朗读是提高审美情趣和艺术鉴赏力的重要方式

一篇蕴含深刻思想和真挚情感的文章,能够给朗读者的审美情趣和思想情操带来春风化雨般的陶冶,文学鉴赏能力自然也能够提高。朗读时,眼、口、耳、脑并用,朗读者既

可以深入地理解文章，又可以细致地体味文章所述的事、理、情；可以发现词句、段落之间的内在联系，感受语言组织的精妙、优美。所以，朗读不仅是一种自我享受，也是一种开拓心灵境界的艺术。

（四）朗读是锻炼思维的一种行之有效的方法

朗读者从准备朗读到朗读结束，思维始终处于一种积极的状态，所以朗读可以锻炼思维，让思维变得敏捷。朗读，将无声变为有声，将无形变为有形，将抽象化为具体，让朗读者的思维驰骋于或静或动的画面中，在发挥想象力的同时，其逻辑思维能力和形象思维能力都得到了极大的提升。

二、朗读的特征

朗读具有以下四个特征。

（一）朗读是一项创作活动

在朗读过程中，朗读者不仅要理解作品，而且要试图借助作品激荡起听者情感的涟漪。我们凭借作品调动体验的过程就是我们的内在情感从无到有的过程，因此，朗读是一种创作活动。

（二）朗读是一种再创作活动

这里的"再"是"第二次"的意思。再创作活动来源于作品，以作品表达的思想与情感为依托。对于朗读者在朗读中所表达的思想情感与作者所要表达的是否完全一致，尚有争论。但实际上，要朗读者在朗读中传达作者创作时所要表达的思想和情感，第一没有必要，第二也不可能完全实现。因为朗读者必定要受到自己的生活体验的影响，而绝对不是作品的"翻译器"。虽然优秀的作品是对社会现实生活的典型化反映，作品要来源于生活，但作为作者精心创作的作品又会高于生活，是对生活的浓缩。对于朗读者而言，他在朗读时所表达的思想和抒发的情感必须与作品紧密相连，不能信马由缰，但朗读者对于作品的理解又不一定完全等同于作者的理解，这也就是西方人所说的"一千个人眼里就有一千个哈姆雷特"，可见，朗读者在再创作时应该忠实于作品，而不是忠实于作者。当然，多数情况下，朗读者表达的思想和抒发的情感与作者通过作品传达的思想和情感在主要方面是一致的，因为作品所表现的生活本身就是一个客观事实，有着自己的真实规律。

（三）朗读过程是一个转化过程

朗读过程是一个转化过程，即将书面语言转化为有声语言。从信息论的角度讲，这一过程包括了信息的输入、信息的处理和信息的输出三个环节。书面的文字以编码的形式通过视觉通道进入大脑，在大脑中分析、综合后产生新的信息，这一创作后的"新信息"又通过发音器官以声音的形式表达出来。于是，我们强调：第一，朗读的语音应该来源于作品和朗读者内心的思想与情感；第二，朗读的语音应该力求形象、生动，以满足文学作品形象性与情感性的内在要求。只有满足了文学作品形象性与情感性的内在要求的语音，才可能是有声有色的朗读。

（四）朗读时的有声语言必须规范

这里的"规范"，包括两层含义：一方面，有声语言中的字、词、句及标点应该尊重作品，不能随意添字、减字、改字；另一方面，在语音上应该使用标准的普通话。其中，后者是着眼于交流与表达效果的要求。朗读在语音上之所以应该使用标准的普通话，是因为：一方面，幼儿教师肩负着熏陶幼儿现代语言意识的责任；另一方面，普通话语音体系发展上较方言更完善，运用普通话进行朗读活动，往往更能体现文学作品的意境与韵律之美。

从动态生成的角度来看，对朗读可以用基础的情、气、声来分析：朗读需要通过对作品的理解创造一个丰富而适宜的情感状态，这样一种情感状态会自然地调动气息的活动，而外在的声音形态则是情与气外化为语言的表达手段。可见，朗读中的因素有内有外，内以情为源，外以声为形。情与声之间是气，而气更倾向于内部的状态。

如果再从活动的角度看，任何表达都要有目的，并且都要追求表达的效果，包括朗读表达。因此，准确、流畅和有韵味是评价朗读的三级台阶。准确即对原创作品理解的贴切和对于作品文字的尊重，流畅是对语流的控制与把握，有韵味是对朗读内涵、意境与语音形态美感的追求。

良好的朗读能力是幼儿教师必须具备的基本能力。因此，加强朗读训练，提高朗读的技能，对于幼儿教师来说是一项十分重要的任务。在朗读技能中，需要始终强调的是幼儿教师对作品的体会能力，而不仅仅是语音本身的技巧与功夫。之所以用"体会"一词，是因为文学作品之美妙只有自身去体验，才可能使之融会于自己的心灵。至于朗读诉诸语言来表现，只是外在的形式。

三、朗读的要求

（一）朗读的基本要求

（1）用准确的普通话读。按普通话语音的声、韵、调准确地读，这是严格的基本训练，是朗读的基础。

（2）发音要响亮清楚。响亮清楚不仅仅是音量的问题，也是语言基本功的问题，教师应该练一练吐字归音，提高字音的清晰度。

（3）忠于原作，不读错字，不丢字，不添字，不吃字（即不把字音含糊不清地带过去）。

（4）读得流利，就是要读得流畅自然，快慢适当，不破词，不破句，不重复字句。

（二）朗读的训练要求

1．理解作品

理解是朗读的前提。朗读前，必须充分理解并深刻领会作品，感受作品的内容和形式，要在阅读的基础上，对作品进行由局部到整体的理解。局部理解，就是对作品词语、句子、层次以及修辞的理解，对一些名家名篇，还要联系其创作的时代背景和创作意图去理解。

如朗读李白的《将进酒》,就需要了解作者认为人生快事没有什么比得上喝酒会友,而作者又正值"抱用世之才而不遇合"之际,于是满腔悲愤借酒兴诗情,来了一次淋漓尽致的抒发。

2. **感受作品**

感受是指在初步理解的基础上对作品进一步体味和揣摩,即"审美+创作=美读"。

如朗读《海上日出》时,朗读者应对海上日出的"奇观"做深入的体味和感受,抓住"没有亮、浅蓝色、一道红霞""扩大了、加强了、出现了、冲破了、跳出了""水、天、云、黑云、紫云、红霞""透射、放射、镶""光线、光芒、金边、光亮"等关键词,仔细揣摩它们的含义及其内在的逻辑联系,使它们在自己心中"活"起来。

3. **明确朗读的目的和对象**

(1) 朗读目的即"为什么"要朗读。因为朗读者不是被动地传声复述,只有目的明确,我们的态度和感情才能在声音、语气中自然地流露出来。

(2) 朗读对象即"为谁"朗读。学会区别对待朗读对象,做到有的放矢;学会同朗读对象进行交流,以达到听读双方感情交融。

4. **掌握一定的朗读技巧**

掌握一定的朗读技巧,主要是指能熟练地运用各种语音技巧。对作品有深刻的理解仅仅是起点,朗读者还要善于传达,能熟练地将语音技巧,如重音、停连、语速和语调变化等运用到朗读中,将对文本的体验丰富而细腻地表现出来。

四、幼儿文学作品朗读的意义

幼儿教师良好的幼儿文学作品朗读能力不仅能够提高自己的口头表达能力,同时对幼儿的语言、思维、心灵、文化等层面都起着不可忽视的促进作用。

(一) 语言层面

幼儿文学作品的朗读可以提高幼儿的语言理解及表达能力,是幼儿语言学习和发展的重要途径。研究表明,3~6岁是幼儿语言能力形成和发展的关键期。在这一时期,为幼儿朗读优秀的幼儿文学作品有助于他们听觉能力的发展,可以锻炼幼儿的听音、辨音能力。同时"听"又能影响"说",通过朗读还可以训练幼儿的发音能力,丰富幼儿的词汇,增强幼儿的语感,从而提高幼儿的口语表达能力。

(二) 思维层面

幼儿文学作品的朗读可以发展幼儿的智力,训练幼儿的思维能力。给幼儿朗读幼儿文学作品是幼儿增长知识、感知世界、体验生活、发展智力的一种良好实践活动。"想象力是儿童的翅膀,是儿童思维诗意栖息的场所。"一个好的幼儿文学作品朗读者能用声音艺术把作品描摹得惟妙惟肖,这种语言的画面感能使幼儿内心产生广阔的想象空间,形象思维能力得到充分发展。同时还可以在聆听中引发幼儿的思考,启迪幼儿的智慧。

（三）心灵层面

幼儿文学作品的朗读可以塑造幼儿的心灵，满足幼儿的精神需求。成人运用美的语言形式将幼儿文学作品生动形象地朗读出来，能够使幼儿身临其境地体验作品的情感，形成敏锐的感情触觉并从中获得愉悦感。同时，好的朗读还能给予幼儿美的享受，使其在欣赏中不知不觉地进入审美的意境，从而净化心灵，陶冶性情，满足精神需求。幼儿文学作品朗读活动对幼儿的身心健康和人格健全大有益处。

（四）文化层面

幼儿文学作品的朗读可以培养幼儿的文化素养。通过欣赏幼儿文学作品的朗读，幼儿的记忆和理解能力得到提升，他们能够在倾听中领悟出作品的内涵和深意，了解更多的文化知识。另外，有声有色地为幼儿朗读幼儿文学作品，可以使幼儿领略到祖国语言的生动优美，祖国文化的丰富韵味，使幼儿在潜移默化中受到文化的感染和熏陶，文化素养得到进一步提升。

五、幼儿文学作品朗读的常用方法

（一）拟人化的声音

"拟人"作为一种修辞手法，被广泛应用到人们的工作和生活中。而选用这种修辞手法表达出的思想感情，也会因为其独特性而收到意想不到的效果。自然界中的各种动物、植物，有生命的、没有生命的千奇百怪的事物，都可以成为幼儿文学作品中的描写对象。在幼儿眼里，这一切都是有生命的，都是现实社会中活生生的人。因此，选用拟人化的声音朗读幼儿文学作品是朗读者惯常采用的表达方法。

【示例】《小壁虎借尾巴》（开头）

小壁虎在墙角捉蚊子，一条蛇咬住了他的尾巴。小壁虎一挣，挣断尾巴逃走了。

没有尾巴多难看哪！小壁虎想：向谁去借一条尾巴呢？

简析：这是一只没有长大的小壁虎，如同一个没有长大的孩子一样，天真是其主要特点，所以朗读此段文字时要模拟"孩子"的声音，充分考虑孩子的心理感受，选用孩子说话时的语气。读"小壁虎在墙角捉蚊子"一句时，实音中夹杂气音，语速稍慢，以表现悄悄捉东西时怕惊动对方的心理；读"一条蛇咬住了他的尾巴"一句时，语速稍快，"一条蛇"三字读重，以示在人聚精会神做事时突然出现了变故而导致的紧张害怕的心理；读"小壁虎一挣"一句时，用实音，重读，以示小壁虎出于自然本能的自救举动；读"挣断尾巴逃走了"一句时，语气欢快，大有劫后脱身的快感，"逃走了"三字重读，一字一顿，用托腔曲折调，用孩子特有的取得胜利后的骄傲语气来朗读；读"没有尾巴多难看哪"一句时，语气娇嗲，以示小壁虎失去尾巴后的难过娇羞心理；读"小壁虎想：向谁去借一条尾巴"一句时，语气坚定，"借尾巴"三字重读，以示小壁虎一定要找到尾巴的决心。这样一来，一个天真、不谙世事、可爱的小壁虎形象就跃然纸上了。

（二）夸张性的声音

将为了达到某种表达需要对原有事物进行合乎情理的着意扩大或缩小的夸张性的表达手法，准确运用到幼儿文学作品的朗读中，在帮助幼儿理解作品方面会起到事半功倍的作用。

【示例】《狐狸和乌鸦》开头

乌鸦在大树上做了个窝，大树底下有个洞，洞里住着狐狸。

简析：为了突出狐狸狡猾的特点，让幼儿一下子就能分辨出"好人"和"坏人"，懂得靠甜言蜜语而不付出努力获得食物是会遭到人们唾弃的道理，朗读"洞"和"狐狸"两个词时声音要"飘忽不定""华而不实"，语调曲折，与前句"乌鸦在大树上做了个窝"的语气平实、语调自然构成鲜明对比。这种极具夸张色彩的表达方式，形象地刻画出狐狸的狡猾面目，为幼儿准确判断事物提供了帮助。

（三）模拟化的声音

由于幼儿的思维主要是直觉行动思维和具体形象思维，他们利用直观的行为和动作解决问题，利用事物的形象以及事物形象之间的关系解决问题，所以通过模拟人类及自然界中各种事物的声响不失为一种生动再现幼儿文学作品思想内容的有效办法。模拟化的声音在帮助幼儿走进作品，更好地感受文学作品给人带来的真、善、美的过程中，发挥着不可替代的作用。

【示例】儿歌《小弟和小猫》

姐姐抱来小花猫，拍拍爪子舔舔毛，两眼一眯"妙，妙，妙，谁跟我玩？谁把我抱？"

简析：朗读到"妙，妙，妙"时要模拟现实生活中猫的叫声，切不可读字，以表示讲卫生又可爱的猫咪来找小伙伴玩。

（四）想象化的声音

朗读幼儿文学作品时，教师一定要把自己生活中的经验融入作品的表达中，但有时会遇到"真空区"，即无法借助自己或他人的经验，这时教师就要展开想象的翅膀，用想象的声音表达作品。如朗读未来世界、太空人等科幻作品时，选择平直语调，语速缓慢，声音厚实悠远，想象浩瀚的宇宙，空旷的天空和遥远的未来，引导幼儿展开想象的翅膀，进入新的世界。

六、幼儿文学作品朗读应注意的问题

（1）教师要在充分理解、感受作品的基础上，将自己置身于作品所营造的特定氛围之中，积极调动自己的感情。

幼儿文学作品具有纯真、朴素、欢愉等美学特质，而这一切都是幼儿生命、精神中最基本的品质。表现在作品中，我们所感受到的是纯真晶莹的心灵，简洁、朴素的风格以及浓郁的谐趣、欢愉之美。德国"康斯坦接受美学"的创始人汉斯·罗伯特·耀斯在他的

"审美经验与文学解释学"中谈道:"孩子因为初次见到而感觉新鲜的事同样也能使成年人重新发现并回忆起他内心的关于过去的经验。诗人自觉的审美活动能够消除现实的异化并使世界返璞归真,从而把被遗忘被压抑了的现实归还给我们的意识。"而"审美经验可以借助回忆把自然归还给现代的感觉能力"。作为成年人,幼儿教师在阅读幼儿文学作品时,必须在深入观察、理解幼儿的基础之上通过回忆挖掘自己童年的记忆以及童年的经验,充分感受作品所呈现出来的意境美,积极调动内心深处童年时代的情感,使自己置身于欢快、明朗活泼、积极向上的精神状态当中。并以此作为朗读作品的基础,为后面的朗读做好准备。朗读时,感情色彩的表现可适当夸张些、突出些,便于幼儿理解和感受。

(2) 教师要运用朗读的基本技能,将各类幼儿文学作品亲切自然、形象生动、绘声绘色地表达出来。幼儿文学作品在朗读时,除了和成人文学作品一样,需要在语气、语调、重音、停连、节奏等方面进行合理安排、精心设计之外,还要注意表现幼儿文学作品较为突出的方面,如:

第一,幼儿文学作品语言具有精致的节奏、韵律和语调,读起来朗朗上口,音乐性较强。在表达的时候,要注意在不破坏内容意思的基础上,处理好韵脚。韵脚在句子中往往不是重音,但在表达中又要将之表现出来,那么,在朗读时,将韵脚或稍稍加重,或给予延长,使诗的节奏感由于韵脚的回环往复得到强化。幼儿文学作品的语言还要注意节拍的把握。次要的词语可短些、密些,主要的词语可长些、疏些。这样,就可以在听觉上感受到节拍长短疏密、错落有致的音乐美。例如:

摇篮曲

陈伯吹

风不吹,浪不高,
小小的船儿轻轻摇,
小宝宝啊要睡觉。

风不吹,树不摇,
小鸟不飞也不叫,
小宝宝啊快睡觉。

风不吹,云不飘,
蓝蓝的天空静悄悄,
小宝宝啊好好睡一觉。

这首儿歌用轻柔、舒缓的语气、语调,勾画了一个夜深人静、万物休憩、舒适安稳的优美的入眠意境。朗读时,要注意韵脚的表现:韵脚押的是 ao 韵。从内容和意境上来看,前两段的六个韵脚采用重读的方式,最后一段三个韵脚采用延长的方式,而且要略显轻柔。在节拍的处理上,每一段最后的"要睡觉""快睡觉""睡一觉"可表现得疏些、长些，其他词语可读得密些、短些。在处理好韵脚和节拍之后，朗读者要注意以气托声，表现一种亲切、舒缓、爱意浓浓的感情色彩，让幼儿主动去体验这种静谧、舒适的意境美。

第二，幼儿文学作品注意刻画形象，具体鲜明。在语言运用上，多用外貌刻画和动作描写，更多地运用了摹状、摹声、比喻、比拟、夸张等修辞手法。因此在朗读时，教师要注意用有声语言重新塑造作品中的具体形象，给幼儿以直观、生动、有趣的感觉，让他们通过听觉去感受作品的形象。例如：

绿色的和灰色的

张秋生

绿色的森林里，
有块绿色的草地；
绿色的草地上，
有条绿色的小溪。

有只灰色的狐狸，
躲进草丛，
等候着小兔经过这里。
一只绿色的翠鸟，
向小兔们报告了这个秘密！

绿色森林里，
有块绿色的草地；
绿色的草地上，
有条绿色的小溪。

一群小白兔，
轻手轻脚经过这里。
他们的头上顶着，
一张张绿色的棕榈。
穿过了森林，
穿过了草地，
蹚过了哗哗的小溪。

灰色的狐狸等啊，等啊，
它只看见——
绿色的森林，

绿色的草地，
和绿色的小溪。

你听，风儿送来了——
狐狸的叹息。

这首诗展示了"绿色的"和"灰色的"两个对立的世界。"绿色的"代表和平、安宁，代表小兔、翠鸟；"灰色的"代表邪恶、愚笨，代表狐狸。"绿色的"最终以聪明智慧战胜了"灰色的"。朗读时，应当从塑造形象入手展现诗歌的内涵：当读到"绿色的"内容时，声音高扬，情感愉悦；读到"灰色的"时，声音压抑，情绪略显紧张。其中，"躲进草丛"的"躲"字，要以重音重读的方式突出，并结合适当的语气、表情、动作，表现出狐狸偷偷摸摸躲藏的样子。"轻手轻脚"以重音轻读的方式突出，表现蹑手蹑脚的样子。"等啊，等啊"用拖长音的方式表示漫长的等待。"你听"的"听"字，声音气满声高，向上扬，表示倾听的样子。"狐狸的叹息"中"叹息"用气音，拖长音，表现狐狸叹气的声音。这种处理，能使具体形象更加鲜明生动，活灵活现。使听者如临其境，如闻其声，如见其人，真正进入诗歌所勾画的意境之中。

第三，幼儿教师在朗读幼儿文学作品时，要注意体态语言的表现。因为面对的对象年龄较小，朗读者的体态语对他们理解文学作品的作用很大。有声语言作用于听觉，体态语作用于视觉，两者相结合，能使幼儿接受更加直观形象的内容，幼儿会在积极、主动、愉悦的精神状态中接受作品。体态语包括眼神、面部表情、手势、身体动作等。其中眼神是教师与幼儿交流的重要手段，既要有点视，又要有环视，给幼儿以亲切、自然的感觉；面部表情要随内容的变化而变化，切不可千篇一律、一种表情贯穿始终。与朗读成人文学作品相比较，读幼儿文学作品时的面部表情要显得更夸张，幅度和变化更明显；手势和身体的动作既不能过大，也不能过小，可以适当地夸张些。例如柯岩的《小弟和小猫》中的一段体态语设计：

弟弟伸出小黑手，（两手伸向前，掌心向上）
小猫连忙往后跳，（后退一步，双手背后）
胡子一撅头一摇：（皱眉，摆头）
"不妙不妙！太脏太脏我不要！"（摇头，皱眉，摆手）

体态语的夸张在幼儿文学作品的朗读中是非常有必要的，它不仅能够吸引幼儿的注意力，而且能帮助幼儿充分理解和认识作品内容，使幼儿的情感充分融入作品，从内心深处去感受作品所勾画的天真、稚拙、可爱的意境美。

幼儿教师在为幼儿朗读文学作品时，要用自己声情并茂的表达创造浓厚的气氛，让幼儿享受语音纯正、语调自然流畅并富于情感的有美感的朗读，激发幼儿的主动性和创造性，在幼儿欣赏的过程中培养其想象力和创造力，使其真切地感受作品，让幼儿在审美愉悦的过程中感受文学语言的魅力。

第二节 朗读技巧

一、朗读技巧之一——停顿

停顿是指朗读过程中声音的断和连。朗读时,既不能一字一顿、断断续续地进行,也不能字字相连,一口气到底。无论朗读者或听众,无论是生理要求还是心理要求,停顿都是朗读中必不可少的;它既是显示语法结构的需要,更是准确表达语意、清晰传达情感的需求。

(一) 常规性的停顿

通常在朗读中,段落间、句间到句中的停顿时间长度依次减少。句读停顿按标点符号安排,一般说来,句号、问号、感叹号后的停顿比分号、冒号长些;分号、冒号的停顿比逗号长些;逗号的停顿比顿号长些。如:

这是入冬以来,胶东半岛上第一场雪。

雪纷纷扬扬,下得很大。开始还伴着一阵儿小雨,不久就只见大片大片的雪花,从彤云密布的天空中飘落下来。地面上一会儿就白了。冬天的山村,到了夜里就万籁俱寂,只听得雪花簌簌地不断往下落,树木的枯枝被雪压断了,偶尔咯吱一声响。

大雪整整下了一夜。今天早晨,天放晴了,太阳出来了。推开门一看,嗬!好大的雪啊!山川、河流、树木、房屋,全都罩上了一层厚厚的雪,万里江山,变成了粉妆玉砌的世界。落光了叶子的柳树上挂满了毛茸茸亮晶晶的银条儿;而那些冬夏常青的松树和柏树上,则挂满了蓬松松沉甸甸的雪球儿。一阵风吹来,树枝轻轻地摇晃,美丽的银条儿和雪球儿簌簌地落下来,玉屑似的雪末儿随风飘扬,映着清晨的阳光,显出一道道五光十色的彩虹。

——节选自峻青的《第一场雪》

(二) 非常规性的停顿

1. 有标点符号却不停顿

如:

<u>我说:</u>"花生的价钱便宜,谁都可以买来吃,都喜欢吃。这就是它的好处。"

——节选自许地山的《落花生》

句中画线处可以不停顿,一口气读出,更突出"我"急于表达的心理。

2. 没有标点符号却要停顿

这种停顿往往时值较短,它或是为了显示文章语句的层次,或者是为突出句中某些重要词语或成分。停顿位置的确定,应该根据句群及句子成分划分,以不破坏意思的完整为前提。如:

森林维护地球生态环境的/这种"能吞能吐"的特殊功能/是其他任何物体/都不能取代的。

——节选自《中考语文课外阅读试题精选》中的《"能吞能吐"的森林》

然而，恰恰是这座不留姓名的坟墓，比所有挖空心思/用大理石和奢华装饰建造的坟墓/更扣人心弦。

——节选自茨威格的《世间最美的坟墓》

身陷苦难/却仍为荷花的盛开/欣喜赞叹不已，这是一种趋于澄明的境界，一种旷达洒脱的胸襟，一种面临磨难/坦荡从容的气度，一种对生活童子般的热爱/和对美好事物无限向往的生命情感。

——节选自《态度创造快乐》

育才小学校长陶行知/在校园看到学生王友/用泥块砸自己班上的同学，陶行知当即喝止了他，并令他放学后到校长室去。

——节选自《教师博览·百期精华》中的《陶行知的"四块糖果"》

然而有一天，我发现/母亲正仔细地用一小块碎面包/擦那给我煎牛排用的油锅。我明白了/她称自己为素食者的/真正原因。

——节选自罗曼·加里的《我的母亲独一无二》

"晚食以当肉"，意思是/人应该用已饥方食、未饱先止/代替对美味佳肴的贪吃无厌。

——节选自蒲昭和的《赠你四味长寿药》

人活着，最要紧的是/寻觅到那片代表着生命绿色/和人类希望的丛林，然后选一高高的枝头/站在那里观览人生，消化痛苦，孕育歌声，愉悦世界！

——节选自拉什的《站在历史的枝头微笑》

一连串的问题，使我这个/有生以来头一次在众目睽睽之下/让别人擦鞋的异乡人，从近狼狈的窘态中/解脱出来。我们像朋友一样聊起天儿来。

——节选自青白的《捐诚》

二、朗读技巧之二——语速

语速是指朗读时在一定的时间内容纳音节数量的多少。单位时间内容纳的音节数量多，语速就快，反之就慢。语速需与作品的情境相适应，根据作品的思想内容、故事情节、人物个性、环境背景、感情语气、语言特色来处理。因此，语速的快慢在一篇作品中并不是一成不变的，它要根据具体的内容有所变化。适当的语速是朗读成功的重要一环。影响语速的各种因素有：

（一）不同的场面的影响

急剧变化发展的场面宜快读；平静严肃的场面宜慢读。如：

啊！小桥呢？它躲起来了？河中一道长虹，浴着朝霞熠熠闪光。哦，雄浑的大桥敞开胸怀，汽车的呼啸、摩托的笛音、自行车的叮铃，合奏着进行交响乐；南来的钢筋、花布，北往的柑橙、家禽，绘出交流欢悦图……

——节选自郑莹的《家乡的桥》

他们满头银发，身穿各种老式军装，上面布满了大大小小形形色色的徽章、奖章，每人手捧一大束鲜花，有水仙、石竹、玫瑰及叫不出名字的，一色雪白。匆匆过往的行人纷纷止步，把钱投进这些老人身旁的白色木箱内，然后向他们微微鞠躬，从他们手中接过一朵花。我看了一会儿，有人投一两元，有人投几百元，还有人掏出支票填好后投进木箱。那些老军人毫不注意人们捐多少钱，一直不停地向人们低声道谢。

——节选自青白的《捐诚》

（二）不同心情的影响

紧张、焦急、慌乱、热烈、欢畅的心情宜快读；沉重、悲痛、缅怀、悼念、失望的心情宜慢读。如：

我的狗慢慢向它靠近。忽然，从附近一棵树上飞下一只黑胸脯的老麻雀，像一颗石子似的落到狗的跟前。老麻雀全身倒竖着羽毛，惊恐万状，发出绝望、凄惨的叫声，接着向露出牙齿、大张着的狗嘴扑去。

麻雀是猛扑下来救护幼雀的。它用身体掩护着自己的幼儿……但它整个小小的身体因恐怖而战栗着，它小小的声音也变得粗暴嘶哑，它在牺牲自己！

——节选自屠格涅夫的《麻雀》

读小学的时候，我的外祖母去世了。外祖母生前最疼爱我，我无法排除自己的忧伤，每天在学校的操场上一圈儿又一圈儿地跑着，跑得累倒在地上，扑在草坪上痛哭。

那哀痛的日子，断断续续地持续了很久，爸爸妈妈也不知道如何安慰我。他们知道与其骗我说外祖母睡着了，还不如对我说实话：外祖母永远不会回来了。

——节选自林清玄的《和时间赛跑》

（三）不同的谈话方式的影响

辩论、争吵宜快读；闲谈、絮语、教诲宜慢读。如：

一次，胡适正讲得得意的时候，一位姓魏的学生突然站了起来，生气地问："胡先生，难道说白话文就毫无缺点吗？"胡适微笑着回答说："没有。"那位学生更加激动了："肯定有！白话文废话太多，打电报用字多，花钱多。"

——节选自陈灼的《胡适的白话电报》

幸福常常是朦胧的，很有节制地向我们喷洒甘霖。你不要总希望轰轰烈烈的幸福，它多半只是悄悄地扑面而来。你也不要企图把水龙头拧得更大，那样它会很快地流失。你需要静静地以平和之心，体验它的真谛。

——节选自毕淑敏的《提醒幸福》

（四）不同的叙述方式的影响

作者的抨击、斥责、控诉、雄辩，宜快读；一般的记叙、说明、追忆，宜慢读。如：

森林，是地球生态系统的主体，是大自然的总调度室，是地球的绿色之肺。森林维护地球生态环境的这种"能吞能吐"的特殊功能是其他任何物体都不能取代的。然而，由于地球上的燃烧物增多，二氧化碳的排放量急剧增加，使得地球生态环境急剧恶化，主要表现为全球气候变暖，水分蒸发加快，改变了气流的循环，使气候变化加剧，从而引发热浪、飓风、暴雨、洪涝及干旱。

——节选自《中考语文课外阅读试题精选》中的《"能吞能吐"的森林》

假日到河滩上转转，看见许多孩子在放风筝。一根根长长的引线，一头系在天上，一头系在地上，孩子同风筝都在天与地之间悠荡，连心也被悠荡得恍恍惚惚了，好像又回到了童年。

儿时的放风筝，大多是自己的长辈或家人编扎的，几根削得很薄的篾，用细纱线扎成各种鸟兽的造型，糊上雪白的纸片，再用彩笔勾勒出面孔与翅膀的图案。通常扎得最多的是"老雕""美人儿""花蝴蝶"等。

——节选自李恒瑞的《风筝畅想曲》

（五）不同的人物性格的影响

年幼、机警、泼辣的人物的言语、动作宜快读，年老、稳重、迟钝的人物的言语、动作宜慢读。如：

父亲说："你们爱吃花生吗？"

我们争着答应："爱！"

"谁能把花生的好处说出来？"

姐姐说："花生的味美。"

哥哥说："花生可以榨油。"

我说："花生的价钱便宜，谁都可以买来吃，都喜欢吃。这就是它的好处。"

父亲说："花生的好处很多，有一样最可贵：它的果实埋在地里，不像桃子、石榴、苹果那样，把鲜红嫩绿的果实高高地挂在枝头上，使人一见就生爱慕之心。你们看它矮矮地长在地上，等到成熟了，也不能立刻分辨出来它有没有果实，必须挖出来才知道。"

——节选自许地山的《落花生》

三、朗读技巧之三——重音

在朗读中，为准确地表达语意和感情，需要强调一些起重要作用的词或短语，被强调的这些词或短语就叫重音或重读。一般来说，重音的力道是相对的，它必须是该音节链中相对音量较大（或增加音长）的部分。重音不同，语意就可能不同。如：

（1）我知道你会跳爵士舞。（别人未必知道）

（2）我知道你会跳爵士舞。（别的我就不清楚）

（3）我知道你会跳爵士舞。（别人会不会我不管）

（4）我知道你会跳爵士舞。（你就别谦虚了）

一般而言，在那些平平常常、没有特别感情色彩的句子中，需要重读的是谓语、宾语、状语、补语，这类重音称语法重音。语法重音不必过于强调，只要比其他音节稍重即可。但更多时候，朗读中体现的是强调重音和感情重音，它们能将表意曲折、结构复杂、情感特殊的句意和思想表达出来，这些重音的确定必须放在具体语言环境中进行考察，才能准确有力。如：

当他对商人讲述了自己的"破产史"后，商人给了他两个重要的建议：一是尝试为别人解决一个难题；二是把精力集中在你知道的、你会的和你拥有的东西上。

——节选自舍费尔的《达瑞的故事》

今天早晨，天放晴了，太阳出来了。推开门一看，嚯！好大的雪啊！山川、河流、树木、房屋，全都罩上了一层厚厚的雪，万里江山，变成了粉妆玉砌的世界。落光了叶子的柳树上挂满了毛茸茸亮晶晶的银条儿；而那些冬夏常青的松树和柏树上，则挂满了蓬松松沉甸甸的雪球儿。

——节选自峻青的《第一场雪》

那是一次作文课，题目是《愿望》。他极其认真地想了半天，然后极认真地写，那作文极短。

——节选自张玉庭的《一个美丽的故事》

在那里，你可以从众生相所包含的甜酸苦辣、百味人生中寻找你自己；你境遇中的那点儿苦痛，也许相比之下，再也难以占据一席之地；你会较容易地获得从不悦中解脱灵魂的力量，使之不致变得灰色。

——节选自拉什的《站在历史的枝头微笑》

四、朗读技巧之四——语调

为适应思想感情表达的需要，说话或朗读时，语句总是有高低升降的变化，这种变化就形成了语调。语调变化是指口语或朗读中表达各种语气的实际需要。借助各种语调，有声语言才能有极强的表现力和感染力。朗读中的语调细致复杂、变化多端，主要有四种：

（一）平调

多用在叙述、说明或表示迟疑、思索、冷淡、追忆、悼念等思想感情的句子里。朗读时平直舒缓，没有显著的高低变化。如：

读小学的时候，我的外祖母去世了。外祖母生前最疼爱我，我无法排除自己的忧伤，每天在学校的操场上一圈儿又一圈儿地跑着，跑得累倒在地上，扑在草坪上痛哭。

——节选自林清玄的《和时间赛跑》

我们在田野散步：我，我的母亲，我的妻子和儿子。

母亲本不愿出来的。她老了，身体不好，走远一点儿就觉得很累。我说，正因为如此，才应该多走走。母亲信服地点点头，便去拿外套。她现在很听我的话，就像我小时候很听她的话一样。

——节选自莫怀戚的《散步》

（二）升调

多在疑问句、反诘句、短促的命令句，或者是表示愤怒、紧张、警告、号召的句子里使用。朗读时语调逐渐升高、语气上扬。如：

忽然，小鸟张开翅膀，在人们头顶盘旋了几圈儿，"噗啦"一声落到了船上。许是累了?还是发现了"新大陆"?水手撵它它不走,抓它,它乖乖地落在掌心。可爱的小鸟和善良的水手结成了朋友。

——节选自王文杰的《可爱的小鸟》

其中的一个,不由分说就坐在小凳上给我擦起皮鞋来,另一个则彬彬有礼地发问:"小姐,您是哪国人?喜欢渥太华吗?""小姐,在你们国家有没有小孩儿患小儿麻痹?谁给他们医疗费?"一连串的问题,使我这个有生以来头一次在众目睽睽之下让别人擦鞋的异乡人,从近乎狼狈的窘态中解脱出来。我们像朋友一样聊起天儿来……

——节选自青白的《捐诚》

(三) 降调

一般用在感叹句、祈使句或表示坚决、自信、赞扬、祝愿等感情的句子里。表达沉痛、悲愤的感情时,也使用降调。朗读时,注意调子逐渐由高降低,末尾音节低而短。如:

现在,无论是这条被悬崖峭壁的阴影笼罩的漆黑的河流,还是那一星明亮的火光,都经常浮现在我的脑际,在这以前和在这以后,曾有许多火光,似乎近在咫尺,不止使我一人心驰神往。可是生活之河却仍然在那阴森森的两岸之间流着,而火光也依旧非常遥远。因此,必须加劲划桨……

然而,火光啊……毕竟……毕竟就在前头!……

——节选自柯罗连科的《火光》

"因为原来不够,但现在凑够了。"孩子回答:"爸,我现在有二十美金了,我可以向您买一个小时的时间吗?明天请早一点儿回家——我想和您一起吃晚餐。"

——节选自唐继柳的《二十美金的价值》

(四) 曲调

用在表示特殊的感情,如讽刺、夸张、强调、反语或特别惊异等句子里。朗读时需要把句子中某些音节特别加重、加高或拖长,使语调形成一种升降曲折的变化。如:

我在运动场打秋千跌断了腿,在前往医院途中一直抱着我的,是我妈。爸把汽车停在急诊室门口,他们叫他驶开,说那空位是留给紧急车辆停放的。爸听了便叫嚷道:"你以为这是什么车?旅游车?"

——节选自邦贝克的《父亲的爱》

以上仅是朗读语调的大致分类,语调在朗读中始终是同断连、快慢、轻重等技巧相连的,起伏变化明显,使语意和情感表达更加顺畅、明晰、突出,使之有别于一般的生活语言。但朗读中的语调也不同于夸张化的艺术表演(如朗诵、话剧表演),应把握好分寸。

第三节 幼儿文学作品朗读训练

幼儿文学作品内容显浅、精炼有趣、语言活泼,具有鲜明的教育意义和启迪作用。幼儿文学作品的朗读在幼儿园语言教学活动中占有相当大的比重,是幼儿园语言教育的一种重要手段,并日益成为幼儿喜闻乐见的语言实践活动。良好的幼儿文学作品朗读能力是幼儿教师必须掌握的基本技能。朗读时，在声音造型方面要从幼儿的接受心理出发，适度幼儿语言的口语化，语调张扬，适度夸张，同时注意运用丰富的音色和语气。

一、儿歌朗读训练

儿歌是适合幼儿欣赏诵唱的歌谣，是人一生中最早接触的，也是最容易接受的一种文学形式，是活在幼儿口头的文学。它和一般诗歌一样，高度集中概括地反映了生活，语言通俗凝练，形象性强，具有鲜明的节奏韵律。但它又有自己的特点，内容生动、语言浅显、篇幅短小、韵律动听，可以陶冶幼儿的性情，增添幼儿的生活乐趣，开启幼儿的心智，还能培养幼儿的语言能力。儿歌教学不仅需要引导幼儿学习儿歌，更重要的是让幼儿通过学习儿歌发展语言能力、认知能力以及积极的情感和态度等。

（一）儿歌的特点

（1）篇幅短小，内容单纯。

（2）语言通俗易懂。

（3）天真活泼，富有情趣。

（4）节奏鲜明，富有音乐性。

（二）儿歌朗读的要求

（1）朗读儿歌要弄清儿歌节奏鲜明、音韵和谐的语言特点。朗读儿歌时要把握好儿歌的节奏，可以在朗读之前，先理解儿歌的内容，画好音步，注出韵脚。

（2）朗读儿歌要注意儿歌的节奏变化，主要体现在节奏的快慢、停连上。同时还要注意儿歌韵律的表现，主要体现为韵脚的归音、轻重的变化、虚实的穿插等。朗读儿歌时只有恰当地运用重音、停连等基本表达方法，才能把儿歌朗读得生动、自然。

（3）朗读儿歌时要依据儿歌动作感强的特点，配以动作，增强儿歌的表现力。设计儿歌体态语时，应注意动作、手势等的连贯、协调。

（三）朗读技能训练

1. 朗读儿歌《小蝌蚪》

小蝌蚪

小蝌蚪，细尾巴，
身子黑，脑袋大。
水里生，水里长，
长着长着就变啦！

多了四条腿，少了细尾巴，
脱了黑衣裳，换上绿裤褂。
咦！变成一只小青蛙。

【朗读提示】音韵上，整首儿歌押"a"韵，朗朗上口；语句长短结合，错落有致；

内容上，儿歌以小蝌蚪的成长为主线，环节分明，"多了四条腿，少了细尾巴，脱了黑衣裳，换上绿裤褂"，有姿有色，动静结合，形象生动。最后，用一个"咦"做引导，表现了幼儿发现小蝌蚪变成小青蛙的惊讶。

这首儿歌的朗读节奏，整体要较快，但在"长着长着就变啦"和"咦"这两个地方，却应该放慢，这不仅是为了表现幼儿的好奇，更是朗读节奏的需要。这样快慢结合，才能够更好地激发幼儿的兴致。

2. 朗读儿歌《雁雁排成队》

雁雁排成队

雁——雁，
排成队，
后头跟个雁妹妹，
雁哥哥，慢点儿飞，
雁妹妹，快点儿追，
一起往南飞，
谁也不掉队。

【朗读提示】"雁——雁"：破折号处自然停顿，念"雁"字时拖长，做音断意连处理；"后头跟个雁妹妹"：节奏为"后头/跟个/雁妹妹"，重音"雁妹妹"；"雁哥哥，慢点儿飞，雁妹妹，快点儿追"：这两句要用对比语气朗读，突出"慢点儿""快点儿"；"一起往南飞，谁也不掉队"：这两句体现儿歌的主题，重音为"一起""谁也"。

幼儿教师训练时应注重从儿歌的内容入手，安排节奏、重音，特别是起句的停连运用，形成独特的节奏美。结尾处紧扣儿歌的主题，以重音表达对"友爱团结"精神的理解。同时，在朗读儿歌的过程中配以动作，把儿歌朗读得更具动感、节奏感。

3. 朗读儿歌《我学猫儿》

我学猫儿

赵家瑶

夜里老鼠吱吱叫，
我学猫儿"妙唔妙——"
老鼠吓得不敢动，
我在床上偷偷笑。

【朗读提示】"夜里老鼠吱吱叫"：双手拢于胸前模仿老鼠的样子；"我学猫儿'妙唔妙——'"：声音延长双手抱肩，做害怕的表情；"老鼠吓得不敢动"：重音为"不敢动"；"我在床上偷偷笑"：捂嘴偷笑。

幼儿教师要先探讨朗读技巧的处理，如停连、重音、语速、语调等，才能更好地表现出儿歌内容中幼儿学猫叫、吓老鼠的天真活泼以及幼儿的"稚"与"拙"，展现幼儿的纯真心灵。

（四）朗读技能巩固

（1）标出儿歌《会叫的鞋子》的节奏，理解儿歌的内容，朗读儿歌时注意停连和重音，特别注意"叽叽叫"和"喵喵喵"的节奏处理。

会叫的鞋子

圣野

我的鞋子真好笑，
走起路来叽叽叫，
小猫把我当老鼠，
跟在后面喵喵喵。

（2）试读儿歌《比尾巴》，标出重音以及升调和降调，再根据体态语表演朗读。

比尾巴

谁的尾巴长？
谁的尾巴短？
谁的尾巴好像一把伞？

猴子的尾巴长。
兔子的尾巴短。
松鼠的尾巴好像一把伞。

谁的尾巴弯？
谁的尾巴扁？
谁的尾巴最好看？

公鸡的尾巴弯。
鸭子的尾巴扁。
孔雀的尾巴最好看。

（3）读一读下面的儿歌，你能把"太阳"和"月亮"这两位调皮的小朋友读得生动可爱吗？朗读时要注意节奏。

太阳和月亮

太阳月亮两娃娃，
打开妈妈化妆匣，
太阳拿起胭脂抹，
月亮抓到香粉擦，

抹呀抹，擦呀擦，
一个抹成红脸蛋，
一个擦成白脸巴。

二、儿童诗朗读训练

儿童诗是幼儿文学中文学性较强的种类之一。它是指为幼儿创作的、适合幼儿的心理特点、适合幼儿阅读欣赏的一种诗歌形式。儿童诗符合幼儿的心理和审美特点，表现幼儿的情感、性灵和体验，透露幼儿活泼的天性、丰富的想象和成长中的各种情绪。儿童诗的句式不要求像儿歌那样整齐，在韵律方面也不要求像儿歌那样严格，但要求有节奏感和音乐性，要适于朗读。

（一）儿童诗的特点

儿童诗不受句式、押韵、长短的限制，适合年龄稍大的幼儿欣赏诵读，有如下特点：
（1）抒发幼儿自然率真的情感。
（2）形象鲜明动感。
（3）想象奇妙，天真烂漫。
（4）构思巧妙，富有情趣。
（5）语言优美，音韵流畅。

（二）儿童诗朗读的方法和要求

儿童诗根据表现手法不同，可分为儿童抒情诗和儿童叙事诗。朗读时要根据不同的表现手法做到声情并茂。

（1）朗读儿童抒情诗时，要将自己的情感与作者所要表达的情感融为一体，并注意通过富有节奏感的诗的语言展现童心之纯、生活之真、自然之美。

（2）朗读儿童叙事诗时则要准确把握人物性格，掌握叙事的层次，通过不同的语调、节奏等朗读技巧，塑造不同的人物形象，表现情节中的童趣。

（3）读出诗的节奏和韵律。节奏是诗歌的生命，富于音韵美的诗的语言节奏是由舒展的音节、恰当的停连、变化多姿的语气共同构成的，把握节奏就是要对诗行中的音节进行恰当的划分，以充满变化的语调表现丰富、具体的感情色彩。

在朗读儿童诗时，既要展开丰富的想象，又要善于揣摩儿童诗的语言，这样才能准确表达儿童诗中的情感，营造出儿童诗中的意境。

（三）朗读技能训练

1. 朗读儿童诗《鞋》

鞋

林武宪

我回家，把鞋脱下，

妈妈回家，把鞋脱下，
哥哥、爸爸回家，
也都把鞋脱下。

大大小小的鞋，
像是一家人，
依偎在一起，
说着一天的见闻。

大大小小的鞋，
就像大大小小的船，
回到温馨的港湾，
享受家的温暖。

【朗读提示】这首儿童诗的主题是表现家的温暖。诗的第二节，诗人将大大小小的鞋子拟人化，如"大大小小的鞋，像是一家人，依偎在一起，说着一天的见闻"。诗的第三节，诗人又把"鞋"比喻成"大大小小的船"，回到温馨的港湾。此时，鞋子主人的家庭何尝不是一个温暖家庭，幸福之感油然而生。

朗读这样的诗句，目的是引导幼儿体会"爱"的美丽和家庭的温暖。诗句情调温馨，语气自然也应该是温柔和缓的，借助于朗读的语音，在轻轻的浅吟低唱中，展开悠远的意境，引导幼儿体会生活的甜美与舒畅。

2. 朗读儿童诗《如果我是一片雪花》

如果我是一片雪花

金波

如果我是一片雪花，
你猜，我会飘落到
什么地方去呢？

我不愿飘到小河里，
变成一滴水，
和小鱼小虾游戏。

我不愿飘到广场上，
堆个胖雪人，
望着你笑眯眯。

我愿飘落在妈妈的脸上，
亲亲她，亲亲她，
然后就快乐地融化。

【朗读提示】朗读这首诗时，要用轻快的语调表达幼儿天真的想象。第一小节用一个"猜"字表现幼儿式的调皮、得意；第二、三小节用两个"不愿"制造了悬念，让人不禁会好奇：有那么好玩的游戏为何都不能让"我"飘落呢？这两节要形成一个完整的语势，从而为最后一节做好铺垫；最后一小节要语调轻柔，"妈妈的脸上""亲亲她""融化"等语言，表现出无限美好的爱意。

朗读时，注意在轻快的节奏中把握情感的变化，即"猜—不愿—愿"的过程，最后将爱的情感自然而美好地流露出来。

3. 朗读儿童诗《绿色的孩子》

绿色的孩子
胡木仁

树儿，
绿色的扫帚，
把天空，
扫得湛蓝湛蓝。

树儿，
绿色的掸子，
把云朵，
掸得洁白洁白。

树儿，
绿色的抹布，
把星星，
擦得闪亮闪亮……

树儿，
绿色的孩子，
把地球，
打扮得多漂亮！

【朗读提示】第一小节：语气甜美，节奏轻快，指向天空，语调深沉，表达对自然的深情；第二小节：语气甜美，节奏更轻快，深情而明朗；第三小节：轻快，更为深情；第四小节：情绪渐进高潮，流露赞美的情感。

这首意境优美的儿童抒情诗,由四个小节组成,运用精当的比喻,把树分别比喻成绿色的扫帚、绿色的掸子、绿色的抹布、绿色的孩子,在美丽的画面中渗透着对树儿的赞美、感激之情。朗读时,要注意四个小节情感的细微变化,通过重音、节奏的变化将作品朗读得情真、景美,从而激发幼儿热爱地球母亲的美好情感。

(四) 朗读技能巩固

(1) 朗读儿童诗《欢迎小雨点》,朗读时注意表现出生机盎然、欢乐向上的精神风貌。

欢迎小雨点
圣野

来一点,
不要太多。

来一点,
不要太少。

来一点,
泥土咧开了嘴巴等。

来一点,
小菌们撑着小伞等。

来一点,
小荷叶站出水面来等。

小水塘笑了,
一点一个笑窝。

小野菊笑了,
一点敬一个礼。

(2) 说一说指导幼儿朗读《雨是云的娃娃》这首诗的方法和要点,并声情并茂地朗读这首诗。

雨是云的娃娃
黎焕颐

雨,是云的娃娃,

蹦蹦跳跳自天而下。

走到大海,
大海笑起浪花。

走到沙漠,
沙漠张开嘴巴。

走到森林,
森林沙沙。

走到屋檐,
屋檐哗哗哗。

听,雨在讲话:
"我来啦!我来啦!"

于是,大地上,
小树、小草、小花,
还有小苗苗,小豆荚,
满山遍野出来迎接它。

三、幼儿散文朗读训练

幼儿散文是为幼儿创作,适合他们欣赏的篇幅短小、知识性强、写法自由、文情并茂的一类文章。

(一) 幼儿散文的特点

幼儿散文以优美的语言感染幼儿,以温馨、真诚的情感打动幼儿,给幼儿带来愉悦和美感。幼儿散文的语言既生活化、口语化,又有不少生动形象、规范优美的书面语,可以给幼儿更多的语言熏陶。幼儿散文的特点主要是童心童趣、美。

(二) 幼儿散文的分类

幼儿散文可分为叙事散文、抒情散文、写景散文、知识散文。

(三) 幼儿散文朗读的方法和要求

幼儿散文的欣赏对象主要是大班的幼儿。为了让幼儿更好地欣赏幼儿散文,幼儿教师必须朗读好幼儿散文,只有这样才能将幼儿散文的丰富多彩和神奇魅力传递给幼儿。

(1) 朗读幼儿散文时要进入童心童趣的意境,特别注意用幼儿的心灵去感受,使情感流露真切、自然。

（2）朗读幼儿散文时，既要读出富于声响和色彩变化的语言，更要字字含情，让幼儿在欣赏中获得美感，从而拓宽幼儿的视野，丰富幼儿的想象。

（3）为了更好地创设欣赏的情境，在朗读幼儿散文时，可以借助画面、配乐等方式，让幼儿先入境，继而动情，收获美感。

幼儿散文教学在幼儿园的语言教学中是难点，而听在幼儿散文教学活动中尤为重要，因此幼儿教师对幼儿散文的朗读至关重要。

（四）朗读技能训练

1. 朗读幼儿散文《春雨的色彩》

春雨的色彩

楼飞甫

春雨，像春姑娘纺出的线，轻轻地落到地上，沙沙沙，沙沙沙……

田野里，一群小鸟在屋檐下躲雨，他们在争论一个有趣的问题：春雨到底是什么颜色的？

小白鸽说："春雨是无色的。你们伸手接几滴瞧瞧吧。"

小燕子说："不对，春雨是绿色的。你们瞧！春雨落到草地上，草就绿了！春雨淋在柳树上，柳枝儿也绿了……"

麻雀说："不不！春雨是红色的。你们瞧！春雨洒在桃树上，桃花红了！春雨滴在杜鹃丛中，杜鹃花也红了……"

小黄莺说："不对，不对，春雨是黄色的。你们瞧！春雨落在油菜地里，油菜花黄了；春雨落在蒲公英上，蒲公英的花儿也黄了……"

春雨听了大家的争论，下的更欢了，沙沙沙，沙沙沙……它好像在说：亲爱的小鸟们，你们的话都对，但都没说全面。我本身是无色的，但能给春天的大地带来万紫千红……

【朗读提示】围绕"春雨到底是什么颜色的？"这个有趣的话题，一群小鸟展开了争论。朗读时要注意区别人物的对话，宜用轻松、活泼的语气。

第一段，要拖长字音，突出春雨绵绵的特点。"沙沙沙，沙沙沙……"要读得轻快，有节奏感。

中间几段，小鸟们的对话，要读出情趣。小白鸽的话，语速中等，语气平和。小燕子的话中，"不对"要加重语气，"你们瞧"语调上扬，两个"绿"字读成重音。读麻雀的话时要语速快、声音尖细，表现出它的特点。"红色"两字重读，"你们瞧"延长字音，"洒""滴"两字，要读出动态感，两个"红了"加重语气。小黄莺听了它们的话，非常着急，争着发表自己的见解。"不对，不对"，语调下降，第二个比第一个读得重。"黄色"加重语气，显示小黄莺自以为正确。"落""黄""也"都读重音。

结尾一段，拟声词"沙沙沙"要读得欢快、喜悦，与前面略有区别。读"万紫千红"

时提高音量，拖长字音，展现出春雨滋润大地、百花盛开、生机勃勃的美好景象。

2. 朗读幼儿散文《一朵会说会笑的山菊花》

一朵会说会笑的山菊花
滕毓旭

孩子和妈妈在树林里捉迷藏。

两只粉红色的蝴蝶从妈妈身边飞走，追着扑棱棱的小辫儿，飘进花丛里不见了。

"妈妈，你找呀，看我藏在哪？"

妈妈故意不往花丛那边看，却向一棵大树走去。树儿轻轻摇，发出哗啦啦啦、哗啦啦的响声，一簇簇小蘑菇，擎着伞站树下。

"妈妈，别在大树后面找，那里有小鸟，别吓飞了它！"

妈妈停住了，还是不往花丛那边望，却故意用手拨开草丛。一只大肚蝈蝈被惊动了，一个蹦高儿到草尖上，悠悠打起了秋千。

"妈妈，别到草丛里找，那里有小兔，别吓跑了它！"

这时，妈妈踮起脚尖儿，一步步向花丛走去。孩子闭着眼，咯咯笑着。突然，妈妈一下把孩子抱住了。

孩子仰着脸儿，不明白地问："妈妈，你怎么知道我藏在花里呀？"

妈妈甜甜地说："我的小妞妞，是朵会说会笑的山菊花！"

【朗读提示】《一朵会说会笑的山菊花》描绘了一幅母女捉迷藏的动人画面，温馨而充满爱意。朗读时要表现出小妞妞的天真可爱与妈妈的童心未泯相映成趣，作品中孩子对小动物的关爱透着孩子纯真美好的情思，"会说会笑的山菊花"是妈妈对小妞妞的比拟，透露着妈妈的爱与欣慰。

3. 朗读幼儿散文《微笑》

微　笑

小鸟说："我愿意为朋友们唱歌，让他们高兴。"

大象说："我愿意为朋友们干活，让他们高兴。"

小兔说："我愿意为朋友们送信，让他们高兴。"

小蜗牛好着急，他能为朋友们做什么呢？

一群小蚂蚁正在忙着搬东西，他们从小蜗牛身边走过时，小蜗牛向他们友好地微笑。

小蜗牛想：对呀，我可以把微笑送给朋友们，让他们高兴呀！小蜗牛就画了好多张图片，上面有一只小虫在甜甜地微笑。朋友们看到这张图片，也高兴地笑了。

【朗读提示】这篇小散文通过简练优美的语言向我们展示了一个互助友爱的童话世界，表现了小蜗牛美好的心灵。"我愿意为朋友们……，让他们高兴"的句型反复出现，充分表现了小动物们助人为乐的美德。作品字里行间始终洋溢着欢快热烈的气氛，让幼儿充分领略到小动物之间纯洁的友情。朗读时，应该使用活泼、轻快的语气，主要使用轻快型节奏。

（五）朗读技能巩固

（1）请运用丰富的音色和语气生动地朗读幼儿散文《小河》。

小　河

叮咚的小河悦耳动听，美妙的声音总是奔流不息，穿过了故乡那片古老的森林，为那些林中歌唱的鸟儿们伴奏出音乐；走过了林边那片拖拉机歌唱的田园，勾画出春耕忙碌的景象。然后又向那茫茫的原野进发。

随着小河歌声的飘荡，引来了徐徐春风，吹拂着已经绽放的报春花，小小的花朵摇曳美丽身姿，不知是想邀约我和它一起跳舞，还是在告诉我春天还在前头。于是，我跟着小河在茫茫的原野上走啊走，可不知小河究竟还要流向何处？

困极的我被小河抛下了，待我在温暖的阳光下小憩过后，小河已流到原野的尽头。

我渴求知道小河的归宿，刻意来到原野上牧羊的老人身旁，牧羊老人告诉我："小河已经流进了诗人的笔筒，小河还流进了画家的颜料盒……"

（2）发挥想象，声情并茂地朗读《小月亮，笑眯眯》，体味作品运用比喻、拟人、排比等手法，绘声绘色地描述顽皮的"我"与小月亮捉迷藏的有趣情景，并思考以下问题：这篇散文的基调是什么？整体的节奏如何？在语调、重音、语速等方面应如何表现"我"的顽皮和小月亮的调皮？第二段的排比句该如何读出层次和节奏？结尾处该怎么处理才能表现幼儿美好的想象？

小月亮，笑眯眯
屠再华

小月亮，真美丽！她捂着脸，笑呀笑眯眯。

我走到树荫下，她在树杈里；走到池塘边，她在池塘里；走到家里面，她在院场里；走到房间里，她在镜子里。

我"沙啦"一下，拉拢窗帘儿，小月亮一晃不见了。咦！是不是把她吓跑了？

我呼噜呼噜睡着了，小月亮悄悄地找到我梦里来；她带我到天上去玩儿。天上有一条大银河，我坐她的金船摇起来。

四、幼儿童话朗读训练

幼儿童话是童话的重要组成部分，是幼儿文学中深受幼儿喜欢的一种文学样式，通过丰富的想象、幻想、夸张、象征的手段来塑造形象、反映生活、对幼儿进行思想教育。其语言通俗生动，故事情节往往曲折离奇，引人入胜。

（一）幼儿童话的特点

1. 融进符合幼儿心理特点的艺术幻想

幻想是幼儿童话的基本特征。幼儿童话幻想内容的特殊形态在于它与现实生活中幼儿特殊的心理、特殊的情感和思维方式是一致和相互协调的。

2. 切合幼儿审美情趣的表现手法

童话的艺术幻想主要通过夸张、拟人和象征等表现手法来实现。以拟人为主体的童话形象，是幼儿童话中使用最多的表现手法，拟人形象也是幼儿童话中最常见的艺术形象。

3. 类型化的人物性格

类型化人物实际上就是脸谱化人物，就像京剧中的各种脸谱，让人一看就知是"好人"还是"坏人"，恰恰适应与满足了幼儿的认识水平与理解能力。

4. 单纯明快的叙事方式

幼儿童话的叙事方式，一般都十分简洁、明快和富有趣味，故事中涉及的人物、情节和背景，都是较为单纯的，多采用三段式、对照式和循环式等方式。

（二）幼儿童话的分类

童话的样式很多，根据作品来源不同，可分为民间童话和文学童话；根据人物形象类型不同，可分为超人体童话、拟人体童话和常人体童话；根据体裁不同，可分为童话故事、童话诗和童话剧。

（三）幼儿童话朗读的方法和要求

1. 理解童心，充满童趣

童话是用幼儿的眼光来看待世界，用幼儿的口吻来记录故事，童话中的生活异于我们的日常生活。童话对社会和自然生活的表现方式与幼儿的心理状态相适应，符合幼儿的兴趣和接受习惯。童话中的形象具有象征性，代表了一定的现实意义，也就是说，幼儿会通过欣赏童话了解他们所生活的环境和环境中的其他关系。朗读时，我们要从幼儿的接受和理解心理出发，用幼儿的眼光来看待童话中发生的一切，相信童话中发生的一切都是真实可信的。要与童话中的"人物"同欢乐、共患难。

2. 运用声音造型夸张形象个性

童话作品赞颂真、善、美，鞭挞假、丑、恶，它的情感倾向比较鲜明，而且表达也比较直露，因此，在朗读时，我们要表达鲜明的爱憎感情，并适度地把这种情感进行夸张，以刻画人物形象、表现故事情节。

分角色朗读是处理人物语言时常用的一种方法。朗读时根据人物形象的个性特征和思想感情，通过不同的音色、语气、语调、语速进行声音造型，使幼儿通过声音直接而形象地感知和把握童话中的具体形象。声音造型以表现人物性格和思想为目的，要采用适度的夸张。夸张不求形似，不能因夸张过度而使朗读变成戏剧表演，做作虚假的声音造型将使童话失去其真实的色彩。

3. 灵活处理反复

反复是童话中常用的表现手法。在童话中，完全相同或基本相同的语句往往在童话的一定位置反复多次出现，成为构成童话的线索，刻画人物的性格，推动故事情节循环往复地向前发展。需要注意的是，故事中反复的语句是出现在不同的语境中的，同样一句话，朗读时应区别它们不同的语气和语调，而不能简单地重复。

(四) 朗读技能训练

1. **朗读安徒生童话《丑小鸭》（节选）**

《丑小鸭》（节选）
安徒生

小鸭觉得自己可以有不同的看法，但是他的这种态度，母鸡却忍受不了。
"<u>你能够生蛋吗？</u>"她问。
"<u>不能！</u>"
"<u>那么就请你不要发表意见。</u>"
于是雄猫说："<u>你能拱起背，发出咪咪的叫声和迸出火花吗？</u>"
"<u>不能！</u>"
"<u>那么，当有理智的人在讲话的时候，你就没有发表意见的必要！</u>"

小鸭坐在一个墙角里，心情非常不好。这时他想起了新鲜空气和太阳光。他觉得有一种奇怪的渴望：他想到水里去游泳。最后他实在忍不住了，就不得不把心事对母鸡说出来。

【朗读提示】在上面几段内容中，画横线的为人物语言，未画线的是叙述语言。叙述语言要读得平稳清晰，而人物语言要读出个性，虽然不要求表现得如同演员一般，但一定要抓住人物个性，力求神似。叙述语言还要稍慢一点，语调稍低一点，而人物语言的调子可以略提高一些，语速则根据人物的特点灵活调节。不同的人物可以变换不同的音色来读，如：可怜的小鸭可以学童音，骄傲的雄猫可以将声音变粗显得霸道些，爱管闲事的母鸡可以使用稍尖一点的声音。

2. **朗读幼儿童话《萝卜回来了》**

萝卜回来了
方轶群

雪这么大，天气这么冷，地里、山上都盖满了雪。小白兔没有东西吃了，饿得很。他跑出门去找。

小白兔一面找一面想："雪这么大，天气这么冷，小猴在家里，一定也很饿。我找到了东西，去和他一起吃。"

小白兔扒开雪，嘿，雪底下有两个萝卜。他多高兴呀！

小白兔抱着萝卜，跑到小猴家，敲敲门，没人答应。小白兔把门推开，屋里一个人没有。原来小猴不在家，也去找东西吃了。

小白兔就吃掉了小萝卜，把大萝卜放在桌子上。

这时候，小猴在雪地里找呀找，他一面找一面想："雪这么大，天气这么冷，小鹿在家里，一定也很饿。我找到了东西，去和他一起吃。"

小猴扒开雪，嘿，雪底下有几颗花生。他多高兴呀！

小猴带着花生，向小鹿家跑去，跑过自己的家，看见门开着。他想："谁来过啦？"

他走进屋子，看见萝卜，很奇怪，说："这是哪来的？"他想了想，知道是好朋友送来的，就说："把萝卜也带去，和小鹿一起吃！"

小猴跑到小鹿家，门关得紧紧的。他跳上窗台一看，屋子里一个人也没有。原来小鹿不在家，也去找东西吃了。

小猴就把萝卜放在窗台上。

这时候，小鹿在雪地里找呀找，他一面找一面想："雪这么大，天气这么冷，小熊在家里，一定也很饿。我找到了东西，去和他一起吃。"

小鹿扒开雪，嘿，雪底下有一棵青菜。他多高兴呀！

小鹿提着青菜，向小熊家跑去；跑过自己的家，看见雪地上有许多脚印，他想："谁来过啦？"

他走近屋子，看见窗台上有个萝卜，很奇怪，说："这是从哪来的？"他想了想，知道是好朋友送来给他吃的，就说："把萝卜也带去，和小熊一起吃！"

小鹿跑到小熊家，在门外叫："开门！开门！"屋子里没有人答应。原来小熊不在家，也去找东西吃了。

小鹿就把萝卜放在门口。

这时候，小熊在雪地里找呀找，他一面找一面想："雪这么大，天气这么冷，小白兔在家里，一定也很饿。我找到了东西，去和他一起吃。"

小熊扒开雪，嘿，雪底下有一只白薯。他多高兴呀！

小熊拿着白薯，向小白兔家跑去；跑过自己的家，看见门口有个萝卜，他很奇怪，说："这是从哪来的？"他想了想，知道是好朋友送来给他吃的，就说："把萝卜也带去，和小白兔一起吃！"

小熊跑到小白兔家，轻轻推开门。这时候，小白兔吃饱了，睡得正甜哩。小熊不愿吵醒他，把萝卜轻轻放在小白兔的床边。

小白兔醒来，睁开眼睛一看："咦！萝卜回来了！"他想了想，说："我知道了，是好朋友送来给我吃的。"

【朗读提示】 这是一篇讲述小动物们相互关心的童话故事，采用了循环式结构形式，作品中小兔子送出的萝卜，在好朋友小猴、小鹿、小熊那里转了一圈，最后又回到了自己这里，好朋友们自己舍不得吃，都想着小伙伴。教师要朗读出好朋友之间深厚的友谊，表现出只有为别人着想，才能收获真正的友谊的主题。故事情节不复杂，但充满了童趣，可以让幼儿透过童话本身体验在帮助别人的同时自己也能收获快乐。

(五) 朗读技能巩固

尝试变化音色，模拟各个角色的声音和语气，朗读幼儿童话《春天的电话》。

春天的电话
野军

"轰隆隆!"打雷了……

睡了一个冬天的小黑熊被惊醒了,揉揉眼睛,打开窗户,往外一看:"啊,原来是春天来了!"他连忙拿起电话,得儿得儿拨电话号码——1,2,3,4,5,"喂,小松鼠吗?春天来了,树上的雪融化了,快出来玩玩吧!"

小松鼠听了电话,也得儿得儿拨电话号码——2,3,4,5,1,"喂,小白兔吗?春天来了,山坡上的草绿了,快出来吃草吧!"

小白兔听了电话,也得儿得儿拨电话号码——3,4,5,1,2,"喂,小花蛇吗?春天来了,河里的冰融化了,快出来游泳吧!"

小花蛇听了电话,也得儿得儿拨电话号码——4,5,1,2,3,"喂,小狐狸吗?春天来了,地上的虫子出来了,快出来捉虫子吧!"

小狐狸听了电话,也得儿得儿拨电话号码——5,1,2,3,4,"喂,小黑熊吗?春天来了,山上的花开了,快出来采花吧!"

小黑熊听了电话,高高兴兴地来到外边,看见大伙全出来了。他碰见了小狐狸,说"谢谢你给我打电话,告诉我春天来了。"小狐狸指指小花蛇,小花蛇指指小白兔,小白兔指指小松鼠,都说:"是它先打电话给我的,应该谢谢它。"小松鼠指着小黑熊说:"我们应该谢谢小黑熊,是他第一个打电话给我的!"

小黑熊听了,连忙用两只大手捂住脸,连声说:"不用谢,不用谢!"

五、寓言朗读训练

寓言是幼儿非常喜闻乐见的一种文学样式,它通过一个个生动有趣的故事来阐发哲理、寄托道德训诫,旨在引导幼儿辨善恶、明是非、知廉耻。世界上最早的寓言集是《伊索寓言》,我国也有许多著名的寓言故事,如《自相矛盾》《掩耳盗铃》《拔苗助长》《亡羊补牢》《守株待兔》《刻舟求剑》《画蛇添足》等。

朗读寓言要注意既要有讲故事的投入,又要有说道理的冷静。故事部分语调要张扬,通过夸张表现形象的个性,充分展现情节的戏剧性,但注意不能把寓言只当作故事来读,要抓住寓言中鲜明的形象来表现本质。

(一) 寓言的特点

寓言最突出的特点就是以简短的故事寄托鲜明的哲理。

寓言大多篇幅短小,故事简单,但情节有趣、寓意深刻、富于哲理,往往带有比喻性或讽刺性。主人公可以是人,但更多的是人格化的动物、植物或自然界的其他东西和现象,采用借古寓今、借此喻彼、借小喻大等手法,在简短的故事中体现出一些深刻的道理,使人受到教育,得到启发。

（二）寓言的朗读方法和技巧

1. 明确揭示寓意

寓意是指隐含在故事里的意思、观点和道理。寓言的特点之一是借事喻理，每一篇寓言的寓意都是不同的。有的反映人们对生活的看法，有的是对某种社会现象的批评，有的是对某一阶层或某一类人物的讽刺，或提供某种生活的教训，或进行某种劝诫。总之，教师应弄清寓言的寓意是什么，然后抓住关键所在，用最适当的语气语调来表现。

2. 生动刻画形象

寓言的形象一般不是人，是人格化的形象，代表着现实中不同性格、不同思想的人，而且寄寓了作者强烈而鲜明的情感色彩。一般来说，寓言中人物的个性心理是通过故事中人物的言行表现出来的，寓言的哲理则是通过故事中角色的愚行窘态表现出来的。朗读时，教师要在研究作品的基础上，深刻理解作者刻画形象的意图，体会形象的个性特点及形象所具有的代表性，在把握寓意和情感色彩的前提下处理语气和语调。

3. 准确把握节奏

寓言假托一个故事来说明道理，因此它由故事和寓意两部分构成。一些寓言的寓意由作者在作品的开头或结尾处插入议论直接阐明或帮助点明。这类寓言在朗读时要注意全文节奏的处理，故事叙述和描写部分可以处理得生动活泼一些；议论部分节奏沉稳，速度适中，含而不露，引而不发，语调平而不板，从容有力，给人留下哲理思考的空间。也有一些寓意隐含在字里行间的寓言，这类寓言和前面那类寓言的故事部分的节奏处理方法大致相同。这些故事有生动的情节，朗读时要把情节的发展变化、经过、结果交代清楚。朗读者要根据作品的内容进行节奏的处理，通过轻重缓急、高低停连的节奏变化来表现情节的张弛，从而使故事引人入胜。

4. 适度运用夸张

寓言经常采用夸张的手法以达到讽刺批评的目的，寓言的主人公是粗线条的、写意式的，甚至是漫画式的虚构的人物形象，情节的设置也是虚构的。因此，我们在朗读时，可以在人物动作、语言、心理刻画时采用夸张的手法进行表现，可以在技巧的运用中表现得稍稍"过火"一些，使人物性格中的可笑愚蠢之处得到渲染，让听众在哑然失笑中捕捉到深刻的寓意。

（三）朗读技能训练

1. 朗读寓言《会摇尾巴的狼》

会摇尾巴的狼

一只狼掉到陷阱里去了，怎么跳也跳不出来。后来，一只老山羊慢慢走过来了，狼连忙向老山羊打招呼："好朋友！帮帮我，带我出去吧！"

老山羊问："你是谁？为什么跑到猎人安下的陷阱里去了？"

狼立刻装出一副又老实又可怜的模样，说："你不认识我吗？一只又忠诚又驯良的狗啊，为了救一只掉到这里的小鸡，我不顾一切，一下跳了进来。可是小鸡出去了，我却再也出不去了。唉！可怜可怜我这只善良的狗吧！"

老山羊看了他几眼，有些不相信，说："你真的是狗么？为什么你那样像狼，为什么你用狼一样的神气看着我？"

狼连忙半闭了眼睛说："我是狼……狼……狼狗啊，所以有些像狼。但是，请你相信，我的的确确是狗。我的性情很温和。我还会摇尾巴，不信你瞧，我的尾巴摇得多好。"

狼为了证明自己的话，就拖着那条硬尾巴摇了几下。"扑扑，扑！"它的尾巴把陷阱里的一些土块都敲打下来了。

老山羊慌忙后退了一步，说："是的，你会摇尾巴。可是会摇尾巴的不一定都是狗。你说，你真是一只狼狗吗？"

狼有些不耐烦了："没错，没错！我可以发誓。快点吧，快点吧！只要你伸下一条腿来，我马上就可以得救了。我一出来马上就报答你。比方，我可以给你舔舔毛、帮你咬咬虱子。真的，我是非常喜欢羊，特别是山羊。"

老山羊还是有点犹豫，又往后退了一步："不成，我得考虑考虑。"

这时候，狼忍耐不住了，突然爆发起来。他咧开嘴，露着牙齿，对老山羊咆哮："你这老家伙！还不快一点过来拉我出去！"

老山羊冷静地看了它一眼，慢吞吞地回答说："我才不过来。因为你是狼。我看见你的尖牙齿了。去年冬天你咬我一口，差点没把我咬死。我一辈子也忘不了。你再会摇尾巴也骗不了我了，再见吧！"

【朗读提示】 这篇寓言揭露了狼的凶残本性、丑恶面目。狼的狡猾、奸诈、凶恶表现在求救、欺骗、狡辩、假惺惺地许愿以及最后凶相毕露等一系列情节中。

第一段要用中速朗读叙述语言，并且带着童音，重读"怎么"，以表现狼在陷阱里无可奈何、接近绝望的心情。狼的话要用迫不及待的语气读，"好朋友"是狼对羊的讨好，可适当拉长尾字的读音，以表现狼的伪善。

"狼为了证明自己的话，就拖着那条硬尾巴摇了几下。"这里的"硬"字要重读，因为尾巴"硬"是狼与狗的本质区别，老山羊也是从"硬"尾巴才真正认出它是狼而不是狗的。

"老山羊还是有点犹豫，又往后退了一步：'不成，我得考虑考虑。'"朗读这一段速度要慢，引导幼儿模拟老人口吻，以表现出老山羊的慎重考虑。

"这时候，狼忍耐不住了，突然爆发起来。他咧开嘴，露着牙齿，对老山羊咆哮：'你这老家伙！还不快一点过来拉我出去！'"这一段狼终于撕破了脸面，还原本来面目。朗读狼的话时可提高音量，加快语速，一改前面的请求语气为命令语气，这个时候可引导幼儿表现出"奸诈""狡猾"的神情来辅助朗读效果。

朗读时的语言要从幼儿那幼稚的是非观念出发，从一颗童心的角度读出狼的狡猾与老山羊的睿智。

2. 朗读寓言《狐假虎威》

狐假虎威

在茂密的森林里，有一只老虎正在寻找食物。一只狐狸从老虎身边窜过。老虎扑过去，把狐狸逮住了。

狐狸眼珠子骨碌一转，扯着嗓子问老虎："你敢吃我？"

"为什么不敢？"老虎一愣。

"老天爷派我来管你们百兽，你吃了我，就是违抗了老天爷的命令。我看你有多大的胆子！"

老虎被蒙住了，松开了爪子。

狐狸摇了摇尾巴，说："我带你到百兽面前走一趟，让你看看我的威风。"

老虎跟着狐狸朝森林深处走去。狐狸神气活现，摇头摆尾；老虎半信半疑，东张西望。

森林里的野猪啦，小鹿啦，兔子啦，看见狐狸大摇大摆地走过来，跟往常很不一样，都很纳闷。再往狐狸身后一看，呀，一只大老虎！大大小小的野兽吓得撒腿就跑。

老虎信以为真。其实他受骗了。原来，狐狸是借着老虎的威风把百兽吓跑的。

【朗读提示】老虎本是森林中的百兽之王，地位高，权势大，但是它受到狐狸的欺骗后，对狐狸的身份半信半疑，任由狐狸摆布，是一个有勇无谋的形象。所以它的语言处理既要突出蔑视百兽的王者风度，又要突出它疑疑惑惑、拿不定主意的被骗者的糊涂，可用低而平的语调，缓慢的语速。而故事中的另一个形象——狐狸，是一个没有本事但却能狡猾地借助别人的威势来吓唬人的一个反面小丑。正常情况下，狐狸根本不是老虎的对手，但它居然骗了威猛强大的老虎，自不量力的心理暂时得到满足的同时内心仍然摆脱不了害怕，整个过程也是心惊胆战的，表面威风，内心恐惧。所以读狐狸被逮、求生、心虚而"气壮"的语言时，可以适当根据狐狸的个性，语调油腔滑调一些，但也要表现出狐狸表面沉稳、内心空虚的特点。在读"老天爷派我来管理你们百兽……"时，语调可以上扬，并在"老天爷"后做适当的停顿。"我带你到百兽面前走一趟，让你看看我的威风"，狐狸又挟老虎以吓百兽，语气中可以带有得寸进尺的味道。

朗读时既要考虑老虎"王"的特点，又要兼顾它是一个受骗者的特点；既要表现狐狸狡诈的一面，又要突出它心虚害怕的一面，这些都要通过语速的快慢、语调的上扬或下抑、语气的变化、停顿时间的长短等方法，将角色的性格特点、生理特点体现出来。在寓言故事的朗读中真正做到了使角色各具特色，活灵活现，真实可信。

(四) 朗读技能巩固

朗读寓言《狼和小羊》，注意读出狼的蛮横不讲理和小羊的单纯无辜。

狼和小羊

狼来到小溪边，看见小羊正在那儿喝水。

狼很想吃掉小羊，但是狼转念一想："我要是就这么把小羊吃了，万一让别的动物看见了。容易说我的闲话，我得找一个合理的借口吃掉小羊，这样既能饱餐一顿，又不被别的动物说闲话。"于是狼就故意找碴儿，说："小东西，你把我喝的水弄脏了！害我喝不到干净的水了，你安的什么心？"小羊以前从来没见过狼，不知道狼要吃它。就对狼说："狼先生，这条河是大家的，不是你一个人的。况且我怎么可能会把您喝的水弄脏呢？您站在上游，我站在下游。水是从您那儿流到我这儿来的，不是从我这儿流到您那儿去的。"

　　狼见这个借口行不通，又换一个借口。说："就算是这样吧，你总是个坏家伙！我听别的动物说，你去年在背地里说我的坏话，凭这点我就可以吃掉你！"

　　小羊听了更着急了，它喊起来："啊！狼先生！那怎么可能呢？去年我还没有出生呢！而且我和你无冤无仇，我为什么要骂你呢？"

　　狼知道自己难不倒小羊，就对小羊说："即使你很能辩解，但是今天我还是要吃掉你！"说着，就往小羊身上扑去。

　　小羊绝望地喊道："你这个狡猾的坏家伙！你找那么多荒唐的借口，不过是想把我吃掉罢了！"

　　可是狼已经听不到这些了，它心里想的是终于可以饱餐一顿了。

　　单纯的小羊哪里知道，狼无论找多少个借口，最终的目的都是要把它当成一顿美餐吃掉，所以我们要学会保护自己，不和陌生人说话。

第五章 幼儿故事讲述训练

知识目标

1. 掌握幼儿故事的特点及讲述的基本要求。
2. 掌握幼儿故事讲述的技巧。

技能目标

能按讲故事的要求讲述幼儿故事。

第一节 幼儿故事讲述概说

故事是最受幼儿喜欢的文学形式之一，蕴涵着丰富的认知、情感、审美、道德等方面的价值。幼儿故事讲述就是让幼儿故事通过言语技巧和体态语技巧调动幼儿的听觉和视觉，驱动幼儿的形象思维，使幼儿如闻其声、如见其形、如临其境，从而受到感染和教育。

幼儿天生喜欢听故事，故事能给幼儿创造出丰富多彩的精神世界，在熏陶和感染中获得各方面的发展；有"故事爷爷"之称的儿童教育家孙敬修曾说："一个生动故事的教育作用，要比单纯的要求、命令、说教效果好得多。"

故事是幼儿教育的重要内容，也是幼儿园教育活动中最基本的教育手段。幼儿教师一定要学会选择适合幼儿的优秀故事，学会讲故事的基本技巧。因此，会讲故事是幼儿教师必须掌握的一项基本技能，也是幼儿教育职业的基本要求。

一、幼儿故事的特点

幼儿故事是故事的一个分支，它具有故事的一般特征，如注重故事性、讲究情节的连贯性、形象鲜明、以叙述为主的表现手法等。但由于读者对象年龄特征上的差异，幼儿故事也独具特点。

（一）主题单纯

幼儿故事的主题鲜明，并且往往比较单一，易于幼儿理解、接受。例如《没有牙齿的大老虎》的主题故事，就是告诉幼儿如果不刷牙就会牙疼的道理。

情节生动、富于悬念，幼儿故事这一特点尤为突出。幼儿的心理特点主要是无意注意占优势，注意力容易分散和转移。平淡无味的故事难以引起他们的注意，更难以把他们引入故事的特定情景之中。所以，幼儿故事一定要具有动人心弦的情节。例如《龟兔赛跑》，慢吞吞的乌龟最终居然跑赢了健步如飞的兔子，多么让人意外，正是这种意想不到的情节，深深吸引了幼儿。

（三）形象鲜明

幼儿故事中的形象一般都很鲜明生动，并且都是类型化的形象。例如善良美丽的公主、英俊的王子、聪明可爱的小白兔、凶狠的大灰狼、狡猾的狐狸、愚笨的猪等。故事鲜明的形象常常给幼儿留下深刻的印象，例如人鱼公主、小矮人等。

（四）语言口语化

幼儿故事的语言浅显易懂、句式短小、生活化，易于幼儿理解。但是口语化生活化的语言并不意味着它不美了，因为幼儿故事是要表达真善美的，对幼儿起着陶冶情操、启迪心智的作用。

（五）篇幅短小

幼儿故事的篇幅一般比较短小，可读性、可讲性都比较强。

二、幼儿故事讲述的基本要求

（一）题材的选择

故事题材要根据幼儿的特点，选择既具有教育意义，又新颖曲折、深浅适度的故事。应结合讲故事的目的及讲述者的特点来选择故事。

（二）语言的运用

讲故事的语言要生动、形象、口语化，要有动感和画面感。要运用生动活泼、生活化的语言对故事进行生动形象的讲述。注意运用重音、停顿、句调等技巧，使讲述更能传情达意。

（三）节奏的把握

故事的节奏就是对抑、扬、顿、挫的控制，讲述时要掌握好轻、重、缓、急。例如，《龟兔赛跑》讲到"兔子悠闲地在树底下睡觉"这一段时，节奏要慢，而讲到"等醒来的兔子发现乌龟已经在终点时，急得奋起直追"这一段，节奏则要快。快慢结合，才能凸显故事的层次，突出故事的重点。

（四）角色的塑造

通过动作、表情等体态语的设计，塑造鲜活的故事角色，突出人物特点。体态语的设计自然大方，合乎角色特点。

三、幼儿故事讲述对幼儿发展的影响

（一）有利于对幼儿实施良好的品德教育

幼儿正处于成长时期，由于知识和经验有限，要培养他们良好的道德品质和良好的行为习惯，只依靠口头说教是难以达到的。而故事是集中、典型地反映现实生活的，幼儿在听故事的同时，往往会为正义和善良而快乐和欢呼，为小主人公悲惨的遭遇而流出感伤的眼泪，为故事中人物的机智而点头或对愚笨摇头。幼儿听过某些故事后，对待事物的态度也往往会有所改变，如：知道关心别人了，爱清洁了，不是那么爱哭了。例如有幼儿乱扔垃圾，给他们讲了《西瓜皮的故事》后，幼儿就知道乱扔垃圾会给别人和自己都带来麻烦。这些都从一个侧面反映了幼儿故事讲述在幼儿思想品德教育中的积极作用。

（二）有利于提高幼儿的能力

1. 利于提高幼儿的语言表达能力

幼儿正处在语言发展阶段，词汇贫乏，有时表达的句子还不符合语法结构，因此，故事就可以成为幼儿的"语言教师"。通过故事读物和视听资料等进行语言教学，往往比针对个别语法要点进行练习更有趣，也更有效。故事能帮助幼儿学习把话说得清楚并富有表现力。

2. 利于提高幼儿的记忆能力

每个故事里都有鲜明的人物形象，都有起因、经过、结果，都有优美的词语、经典的句子。当教师讲述一个趣味盎然的故事时，幼儿的注意力相对集中，他们的听力在听故事的时候不知不觉地得到了训练。幼儿在记忆故事、复述故事的过程中，记忆能力也得到提高。

3. 利于培养幼儿的模仿能力与表现力

教师在讲述故事时用夸张的语音语调、神态表情、手形手势来渲染故事，不仅能吸引幼儿的注意力，让幼儿在倾听故事时有身临其境的感觉，同时也给了幼儿提供了模仿的榜样。如在故事《小兔乖乖》中，幼儿知道大灰狼的声音是粗声粗气的，兔妈妈的声音是温柔好听的。在生动形象的复述训练中，幼儿提高了模仿能力与语言表现力，为将来绘声绘色地表达语言奠定了基础。

4. 利于培养幼儿的想象力与创造力

故事虚拟、夸张的特点，正好迎合了幼儿充满想象的心理特征。当幼儿听到故事中的人物遇到困难时，他们迫切地想知道如何解决，结果怎样。这时教师通过提问，让幼儿展开想象，思考解决的办法，通过语言引导，让幼儿说出正确的答案。故事能给幼儿无限的想象空间，只要教师把握好时机，就能让幼儿在故事中充分发挥想象力和创造力。

（三）有利于丰富幼儿的知识

丰富幼儿知识，启迪幼儿智慧，是幼儿故事教学的重要功能。幼儿正处在人生的早期

阶段，他们知识贫乏，认识能力有限，因此常常向成人提出"是什么"和"为什么"等问题。为了满足幼儿的求知欲望和好奇心理，教师给幼儿讲述故事，生动地告诉他们"是什么"和"为什么"，从而为幼儿打开知识的窗口。在丰富知识的同时，幼儿故事讲述还可以提高幼儿的认知能力。幼儿在听故事时，会在感性认识和形象思维的基础上，进行思考和评价。虽然这样的思考是初步的，结论甚至是幼稚的，但对于提高幼儿的认知能力却是有意义的。

（四）有利于教师开展教学

幼儿故事讲述是幼儿喜闻乐见的一种教学形式，教师通过讲解、分析、讲述，让幼儿积累一定词汇，提高讲述能力。在其他门类的教学中故事更是一种催化剂，催化着各类教学活动达到良好的教学效果。在音乐活动中，适当的故事讲解能让幼儿易于理解、记忆歌词；在美术活动中，简单的故事讲述能激发幼儿的创作欲望，引导幼儿丰富画面；在健康活动中，能让复杂抽象的内容变得清晰而具体，让幼儿的记忆特别深刻。幼儿园的所有活动中都能看到故事的踪迹。

总之，幼儿故事讲述就是以幼儿为主体，以兴趣为中心，遵循幼儿身心发展的规律，创设愉快的学习氛围，让幼儿在倾听、理解、表达中得到发展。"兴趣是最好的老师"，幼儿对故事本身有了兴趣，就能积极参与教学活动，让教师的教学和幼儿的学习都能轻松地完成。

第二节 幼儿故事的选择

一、幼儿故事内容的选择

（一）应选择符合幼儿的心理需求，又有教育性的故事

故事的选择与幼儿的发展和年龄的关系非常紧密。3~4岁的小班幼儿，年龄尚小，认知水平较低，宜选择内容单纯、情节简单形象生动带有重复内容的故事；4~5岁的中班幼儿理解水平逐步提高，可以选择与幼儿生活联系紧密的幼儿生活故事、情节稍曲折的中外经典童话故事；5~6岁的大班幼儿，自我控制能力增强，想象力丰富，可选择情节生动篇幅较长的童话故事、神话故事、寓言故事，还可以适当增加一些科普故事。

幼儿故事应选择思想观点正确，内容新鲜健康，符合幼儿身心发展要求的故事作品。故事的选择特别应注重对幼儿内心世界的重塑。如针对内向性格的幼儿，多讲英雄探险的故事，多讲团队合作制胜的故事，潜移默化地告诉幼儿集体的好处，鼓励幼儿与外界接触；再如体弱多病的幼儿更容易心生胆怯、畏惧，可以通过讲英雄类故事激发幼儿的勇敢精神，让他们不怕疾病，树立战胜疾病的勇气；等等。

（二）应选择情节有趣、形象生动，能吸引幼儿注意力的故事

幼儿的学习在很大程度上是由好奇心与兴趣诱发的。只要是适合幼儿的故事，他们肯

定会兴趣盎然、聚精会神地去听，从而使其形象思维与创造性联想得到充分的调动。特别是在幼儿教育中，更应选择情节围绕中心展开、思想健康、艺术性强、具体生动、饶有情趣，又符合幼儿年龄特征和生活实际的，幼儿易于接受的故事。

幼儿喜欢拟人，会把小动物、植物甚至日用品等都想象成故事中的"人物"，同时又对虚幻与真实缺乏辨别能力。故事中的小动物对话、日用品会走路等，幼儿往往把它们当作真人真事，听得津津有味，感到其乐无穷；对大一点的幼儿，要选择有些悬念的故事，那些一猜就着、听了开头就知道结尾的故事，他们一般不感兴趣。因此故事的趣味性是选择故事的重要标准。

二、幼儿故事语言的选择

（一）要选择叙事方式和表现手法符合幼儿的思维特点的故事

故事的语言既充分考虑幼儿的语言水平，又要包含新的知识点。如果幼儿不能理解大部分故事内容，再精彩的故事幼儿也不会喜欢。幼儿思维能力有限，选择故事的语言应符合幼儿形象思维的特点，使用儿童化的语言。

儿童化的语言是指适合幼儿、强调童趣的语言。幼儿年龄小、理解能力较弱，因此就必须挑选那些语言简洁，词汇涉及范围较小，句法结构较短的故事。

（二）要选择语言浅显、生动，朗朗上口，适合幼儿接受的故事

好的故事语言会偏向儿童化，口语多，句子结构简短，好坏分明，幼儿易于接受，乐于模仿。选择的故事语言要遵循"以浅代深"的原则，多用表示具体概念，表现色彩、形态、动作的词，多用叠音词、感叹词、语气词。句子要更短小一些、更简单一些，附加成分尽量少，适当重复。

语言整体风格应做到生动准确、亲切形象、自然有趣。讲故事是一种单向口语表述，但如果选择的故事有较多的人物对话则可以增强双向交流，可以使幼儿对故事的参与度更高，促使幼儿敞开心灵、发挥想象。同时，还可以促进幼儿语言能力的发展。另外，讲述幼儿故事时增加恰当的表情动作等态势则会使得讲述更富童趣。

三、幼儿故事篇幅的选择

由于幼儿能够集中注意力的时间很短，因此太长的故事会使他们疲倦，不愿意听下去。所以最好先选一些短的简单的故事，这样幼儿就比较容易坚持。因为幼儿每天玩的内容不能太单一，也不能一个内容持续时间太长，否则幼儿就没兴趣了，注意力也不集中了。幼儿教师故事讲述活动的时间要控制在3~4分钟，篇幅宜短不宜长，字数在500字左右为宜。如《白雪公主》这一故事就较长，虽然内容生动有趣，但就不适合作为故事讲述活动的素材。

考虑到每个阶段幼儿的年龄特点，年龄越小，他们保持注意力集中的时间越短，越要选择篇幅短小，内容简单的故事。幼儿在两三岁时，往往对动物特别感兴趣，因为他们在幼儿园中认识了许多动物，教师就可给幼儿讲一些动物童话方面的故事，可以先选择内容

简短、情节简单的，如《龟兔赛跑》，再到内容稍多、情节稍复杂的如《鸭妈妈找蛋》。到幼儿三四岁时，则可讲些动物童话故事，内容就更长了，情节也更复杂了，如《谁给猫儿系铃铛》等。

另外，还要尽可能选择重复率高且朗朗上口、富有韵律感的内容。绘本故事《肥皂泡泡》恰恰就体现了上面所提到的几点：故事很短，围绕小猪和朋友们洗澡的简单情节展开，是幼儿所熟悉的生活情境的再现，里面的句子富有韵律且具有重复性。

一个好的幼儿故事，不仅可以丰富幼儿的知识，而且可以为幼儿的行为、品德提供榜样。

第三节　幼儿故事讲述技巧

一、故事的再创造

（一）根据对象选择作品、确定语言

幼儿的发展与年龄的关系非常紧密，不同年龄段的幼儿思维有很大差异，我们要根据不同年龄的特点选择作品、确定语言：针对3～4岁的小班幼儿，应该选择内容单纯、情节简单、形象生动的故事，使用儿童化、拟人化的语言，多使用体态语，语速放慢，重点语句可以适当重复。针对4～5岁的中班幼儿，选择的作品可以是中外经典童话故事等，并注意在阅读中增进与幼儿的交流，促进幼儿语言运用能力的发展，语言可以相对丰富。针对5～6岁的大班幼儿，故事的选择要丰富得多，可以适当增加一些科普故事，讲述时强调语言要简洁，适当使用抽象词语和复句。总之，幼儿思维能力有限，讲述故事时使用的语言应符合幼儿形象思维的特点，使用"儿童化"的语言。

儿童化，不是指向儿童不成熟的表达靠拢的"儿童语言"，而是指适合儿童、强调童趣的语言。幼儿年龄小、理解能力较弱，这就决定了教师在使用语言时应当避繁就简，使用词汇涉及范围较小、句法结构较短的语句，不使用让幼儿感到理解困难的专有名词、抽象词语和长句、复合句等。具体特点是：

1. 词语运用的儿童化

选择词语要遵循"以浅代深"的原则，说话时要多用表示具体概念、表现色彩、形态、动作的词，多用叠音词、感叹词、语气词。如故事中提到一锅腊八粥，可以说是"红红的枣、黄黄的豆、白白的米、胖胖的花生"，这样的表述会更生动。

2. 句式运用的儿童化

句子要更短小一些、更简单一些，附加成分尽量少，适当重复。如《动物做鞋》：小猴开鞋店，大家来做鞋。仙鹤说："请你给我做一双鞋。"小马说："请你给我做两双鞋。"蜻蜓说："请你给我做三双鞋。"大虾说："请你给我做五双鞋。"螃蟹说，"请你给我做六双鞋。"最后，蜈蚣也要做鞋，小猴急了："你要做二十一双鞋，什么时候才能做完啊？"

这个故事中不断重复的句子不仅可以加深幼儿印象，还具有回环跌宕的韵律感，正是典型的儿童化的句式。

3. 语情语境的儿童化

对幼儿说话要多注入一些情感因素，节奏较慢，语音和谐悦耳，声调愉快柔和。语气委婉坚定，节奏鲜明匀称，富于音乐美，语气"柔"一点，语调"甜"一点。

另外，语言不妨有趣些，多使用修辞手法，使口语生动活泼。如形容天热，可以说是"天真热，能热死四百头大象"，这样饶有风趣的叙述更能吸引幼儿，寓教于乐。

（二）故事的加工和创造

选择的故事还要从幼儿的视角出发，对表达内容进行加工，注入幼儿所喜爱的趣味因素，以趣促学，寓教于乐。因此，在讲述故事之前，应对其语言设计和价值倾向进行仔细认真地研读与审视，根据幼儿发展需要与身心特点对作品进行再创造。如经典童话故事《丑小鸭》是非常受幼儿喜爱的作品，但如果照着叶君健先生翻译的安徒生原著来讲的话，恐怕大多数幼儿会无法欣赏。如故事的结尾原著是这样写的：

当太阳又开始温暖地照着的时候，他正躺在沼泽地的芦苇里。百灵鸟唱起歌来了，这是一个美丽的春天。忽然间他举起翅膀，翅膀拍起来比以前有力得多，马上就把他托起来飞走了。他不知不觉地已经飞进了一座大花园。这儿苹果树正开着花，紫丁香在散发着香气，它又长又绿的枝条垂到弯弯曲曲的溪流上。啊，这儿美丽极了！充满了春天的气息！三只美丽的白天鹅从树荫里一直游到他面前来。他们轻飘飘地浮在水上，翅膀发出飕飕的响声。小鸭认出这些美丽的动物，于是心里感到一种说不出的难过。

"我要飞向它们，飞向这些高贵的鸟儿！可是他们会把我弄死的，因为我是这样丑，居然敢接近他们。不过这没有什么关系！被他们杀死，要比被鸭子咬、被鸡群啄、被看管养鸡场的那个女佣踢和在冬天受苦好得多！"于是他飞到水里，向这些美丽的天鹅游去。这些动物看到它，马上就竖起羽毛向他游来。"请你们弄死我吧！"这只可怜的动物说。他把头低低地垂到水上，只等待着死。但是他在这清澈的水上看到了什么呢？他看到了自己的倒影。但那不再是一只粗笨的、深灰色的、又丑又令人讨厌的鸭子，却是一只天鹅。

鞠萍姐姐讲述这个故事时则改为以下简单几句：

冬天过去了，春天来到了。丑小鸭经历了种种的磨难和考验，他长得高大结实，竟然能够展翅飞翔了。他看到花园里有三只天鹅，想游过去，可是又担心他们会啄死他。忽然，他头一低，看到了自己的倒影。啊！我再也不是丑小鸭了，而是一只美丽的天鹅。

原著多用描述性语言，从景物描写到心理描写都是文笔出色、情感真挚的句子。但是对于幼儿来说这些语言就太复杂了，远远超出了幼儿的理解水平和知识储备。这时就需要教师根据作品内容进行修改，减少描述性的句子，删掉句子中大量的修饰语，把长句改为短句，以适应幼儿的语言接受能力。

二、角色形象的塑造

故事中的角色往往给幼儿留下极深刻的印象。好的故事会让幼儿沉浸在故事的情景氛围中,为角色形象的命运变化而牵肠挂肚,随着角色的喜怒哀乐而心情起伏。因此,讲述故事时幼儿教师要根据不同年龄、不同对象的差异,通过富于性格特点的语速、语调及重音、音色等来表现故事中不同角色的个性,揭示其复杂细微、丰富多彩的心理活动,做到"闻其声如见其人",以帮助幼儿了解角色的特点和个性,从而更好地领会故事的意义,获得更愉悦的审美享受。

角色塑造的原则就是要把握和揣摩角色的性格,如果是以动物为主角的故事就要把动物拟人化。如在讲述《小蝌蚪找妈妈》这个故事之前,幼儿教师首先要熟悉故事,然后对其中的角色形象进行分析、设计。

小蝌蚪找妈妈

池塘里有一群小蝌蚪,大大的脑袋,黑灰色的身子,甩着长长的尾巴,快活地游来游去。

小蝌蚪游哇游,过了几天,长出了两条后腿。他们看见鲤鱼妈妈在教小鲤鱼捕食,就迎上去,问:"鲤鱼阿姨,我们的妈妈在哪里?"鲤鱼妈妈说:"你们的妈妈有四条腿,宽嘴巴。你们到那边去找吧!"

小蝌蚪游哇游,过了几天,长出了两条前腿。他们看见一只乌龟摆动着四条腿在水里游,连忙追上去,叫着:"妈妈,妈妈!"乌龟笑着说:"我不是你们的妈妈。你们的妈妈头顶上有两只大眼睛,披着绿衣裳。你们到那边去找吧!"

小蝌蚪游哇游,过了几天,尾巴变短了。他们游到荷花旁边,看见荷叶上蹲着一只大青蛙,披着碧绿的衣裳,露着雪白的肚皮,鼓着一对大眼睛。

小蝌蚪游过去,叫着:"妈妈,妈妈!"青蛙妈妈低头一看,笑着说:"好孩子,你们已经长成青蛙了,快跳上来吧!"他们后腿一蹬,向前一跳,蹦到了荷叶上。

不知什么时候,小青蛙的尾巴已经不见了。他们跟着妈妈,天天去捉害虫。

故事中总共出现小蝌蚪、鸭妈妈、大鱼、乌龟、青蛙这几种动物,小蝌蚪可以看成单纯冲动的孩子,鸭妈妈可以看成直爽的大妈,大鱼可以看成温柔的女性,乌龟可以看成稳重的长者,青蛙可以看成热情、有活力的年轻妈妈。经过这样的形象塑造后,故事里的每个角色都有了自己的定位和性格,讲述时会更生动形象。并且这样的角色塑造可以帮助幼儿了解社会、了解人性。有时还可以联系幼儿的性格特点,如在讲述《两只羊过桥》时,可以把小白羊和小黑羊分别对应不同性格的幼儿,小白羊对应的是娇惯的小女孩,小黑羊对应的是霸道的小男孩。这样处理故事更容易把握角色形象,故事也更有针对性、教育性。

在确定角色性格之后,就要选择适当的声音来表现,也就是声音的"造型"。声音的造型要求清晰准确、绘声绘色、形象生动,略带夸张,富有趣味性。故事中的人物在年龄、性别、身份、性格等方面各不相同,讲述故事时要把他们区分开来。例如:小孩说话声音高而细,吐字靠前,语速较快;老人说话声音低而粗,吐字靠后,语速较缓;刚直豪爽的人,说话声音厚实,吐字饱满有力;善良柔弱的人,说话声音半虚半实,吐字轻缓。

如故事《谢谢小猴子》中的重复句:"小弟弟,你为什么哭呀?"由大象说出时音色低沉、浑厚,语速较慢;长颈鹿则用中等速度、亲切、好听的语调来演绎;小猴子说话速度较快、语调活泼。

同时,还应依据情节的起伏调整角色的语速、语调。如故事《小螃蟹找工作》中,当小螃蟹来到小猫理发店并爱上第一份工作时,它心情喜悦、自信地想:"这个工作倒适合我,我的大螯就像两把灵活的剪刀……"讲述时语速轻快上扬、语气坚定而明朗;而当坚硬的钳子把小狗弄伤后,小螃蟹很难过,心想:"看来,我不太适合这份工作,再去找找别的工作吧……"这时,为表现其沮丧、失落之状,语势降低、音量稍小,声音黯淡低沉。

幼儿故事口语中的声音造型区分度要鲜明,可以略带夸张,但不必追求逼真,更不必拿腔捏调,贵在神似。另外还可以使用一些特殊的声音,比如用又粗又涩的声音扮演鸭爸爸,用恶狠狠的腔调演绎大灰狼,用尖细做作的嗓音塑造狐狸,用阴郁沉闷的怪声表现老巫婆,等等。这样,一个个活生生、有个性、有魅力的声音形象就出现了,这些声音会把幼儿带入多彩的童话世界,之后的交流、教学也会进行得顺利且充满活力。

为了让幼儿熟悉故事中角色的特点,教师可以在讲故事前简单交代故事情节,提出听故事的要求,如:"今天我和小朋友们一起听的这个故事是小蝌蚪找妈妈的经历。故事中会出现蝌蚪、鱼、乌龟、青蛙等动物,请小朋友们好好听故事,然后告诉大家,故事中的这些动物有什么特点。"在此基础上,当教师把故事作品呈现给幼儿时,幼儿往往就会表现出极大的兴趣,也可以更深刻地认识角色、理解故事。

三、语言风格的营造

幼儿故事讲述的语言整体风格应做到生动准确、亲切形象、自然有趣。可以从以下几方面入手。

(一) 适当增加对话

讲故事是一种单向口语表述,但在讲述时可以适当加入一些双向口语交际的要素,适时引导幼儿加入,让幼儿补充情节、设计结尾、评论故事,这样可以使幼儿对故事的参与度更高,促使幼儿敞开心灵、发挥想象。同时,还可以促进幼儿语言能力的发展。

对于幼儿不熟悉的故事,教师可以在开始或结束时问一些与故事内容相关的小问题,如讲述《猴子捞月》时,鞠萍姐姐是这样提问的:"那水中的月亮为什么捞不起来啊?那水中的月亮是什么呀?"幼儿一般都能回答出这两个问题,会因此获得一种成就感。对于幼儿有一定了解的故事可以问:"小朋友,你们知道怎么了吗?""下面会发生怎样的故事呢?"幼儿回答后教师要及时评价:"对了,你们太聪明了,事情的确是这样。""你们想不想听听老师的故事是怎么讲的呢?"

对话体的运用也要循序渐进、适可而止,开放性的问题不宜多,以教师讲述为主。同时还要注意慎重评价幼儿的回答,既不要强迫幼儿遵循既定的故事,也不能任由幼儿天马行空地发挥想象,教师应运用自己的教育智慧,把握尺度。

（二）书面语转化为口语

一般而言，讲述幼儿故事有一个书面语到口语的转换过程。具体表现为词汇口语化、长句变短句、整句变散句、多使用"了""啊"等语气词、少用关联词。如孙敬修爷爷在讲故事时会把"因为天下雨，所以带把雨伞"改为"啊，天哗哗地下雨了。怎么办呢？带把伞吧"。短句的运用使这个语言显得特别口语化。再以《两只羊过桥》为例："两只羊都走到桥的中间来了。可这小桥特别窄呀，白羊站在这儿，黑羊站在那儿，谁也过不去啦。"从这两句可以看出，孙爷爷所使用的语言口语化特点非常明显，其中"呀""啦"为语气词，"这儿""那儿"为口语词汇，"白羊站在这儿，黑羊站在那儿"为短句，这使故事显得朴素单纯、自然亲切、饶有兴味。

（三）多用拟声词

讲故事有时需要模拟自然界中的各种声音，如风雨声、雷电声、流水声、汽笛声、机器声及各种动物的叫声等，这叫作"拟声"。在孙敬修爷爷讲的故事中，乌鸦说话是"呱呱"，小河说话是"哗哗"，驴子是"嗯啊嗯啊"地叫，大杨树叶子唱歌时是"哗啦啦，哗啦啦"，破窗户纸被风吹得"扑棱扑棱"地响，啄木鸟"笃笃笃"地敲打树木，小鱼儿"扑噜，扑噜"地从水里钻出头来，又"鼓儿，鼓儿"地钻到水里去。"拟声"的恰当运用可以增加故事的真实感、形象性，使人如闻其声、如临其境；可以渲染出某种气氛，牵动听者的心弦。这些都会使故事的讲述更加绘声绘色、生动传神、富有趣味，更具吸引力。当然，这种"拟声"模拟得要巧妙，不要刻意求逼真，只要有标志性、有辨识度即可。

（四）用丰富的体态语

任何口语表达都伴随着表情和动作，这就是体态语。要想讲好故事，恰如其分的体态语必不可少。幼儿故事讲述时的体态语基本要求是恰当和童趣。讲述故事时运用的表情动作应和故事内容相吻合，形象、鲜明地表现故事的内容，以引起幼儿联想，帮助幼儿更好地理解故事内容。例如，讲到情况紧急时，脸部表情要紧张、身体回缩，讲到欢乐的场面，脸上眉开眼笑、手舞足蹈，羞愧时眼睛朝下，难过时神情悲伤，生气时小嘴紧撅等等，惟妙惟肖的神情和动作模仿才能使幼儿感到真实可信。具体要点如下：

1. 表情自然、真实

如故事《小螃蟹找工作》中，小螃蟹告别了妈妈，出门去找工作了。他边走边想："我应该做点什么呢？（思考的表情，嘟嘴的动作）不知道啊，我还没想好呢！不过，没关系，我肯定能找到我喜欢的工作的！呵呵呵（脸上带着自信的笑容）。"

又如故事《没有牙齿的大老虎》中，老虎拿着狐狸送来的糖说："糖是什么？"（满脸疑惑地看了看）接着，他吃了一粒奶油糖，"啊哈，好吃极了！"（露出微笑，闭眼享受状）

2. 动作手势恰当、适度

如讲述故事《没有牙齿的大老虎》中"小猴伸着舌头说：'嚄，比柱子还粗的树，大老虎只要用尖牙一啃就断，真怕人哪！"一句时，先模仿小猴伸出舌头，接着为了显示老虎的凶猛、突出老虎牙齿的厉害，要用动作做出"比柱子还粗"及用力咬物之状；讲述"'……大老虎嚼起铁杆来，跟吃面条一样……'小兔说着，害怕得缩起了脑袋"一句时，双手抱臂，表现出害怕、颤抖状。"可小狐狸却说：'你们怕大老虎的牙齿，我就不怕！我还要把它的牙齿全部拔掉呢！'"模仿狐狸说话状，下巴稍往上抬，左手掌拍拍胸脯，右手臂往上挥动，加粗嗓门，突出其大胆、勇敢和自信的性格特点。"老虎歪着嘴，一边哼哼，一边说：'唉，只要不痛，拔……就拔吧……'"要捂着脸颊，歪着嘴，做疼痛状。

又如故事《猴子捞月亮》，讲到猴子们"抬头一看"时要随之抬头；讲到"月亮掉到井里了"时可以瞪眼张嘴、握紧双手、举在胸前，表示紧张；最后"什么也没捞着"时要摇一摇头，脸上流露出失望的表情。

这些体态语都可以增强故事感染力，吸引幼儿的注意，引发他们对故事情节的兴趣。同时还要做到情绪饱满、态度亲切、面带微笑，形成活泼轻松、欢悦和谐的氛围。

培养幼儿故事的表达策略非一日之功，不仅需要不断学习理论知识，还需要进行实践训练。可以从以下四个方面着手，培养幼儿故事讲述的语言技巧。

第一，加强普通话和口语交际能力的训练。平时要多听、多练。经常开展口语训练和竞赛，提升个人口语能力。

第二，多听如孙敬修爷爷、鞠萍姐姐、燕子姐姐等名师讲的优秀的幼儿故事，学习其艺术手法。

第三，开展讲故事比赛和童话剧演出。幼教口语与其他教师口语相比，特色非常鲜明，所以训练要结合幼教特色开展，多进行讲故事比赛和童话剧演出。

第四，提高文学修养和思维能力，要做到熟悉自然、掌握科学、体察人性、了解社会，这样才能深入理解作品、准确演绎故事。

四、技能训练与巩固

（一）技能训练

（1）根据文中要求，讲述《猴子捞月亮》（片段）。

猴子捞月亮（片段）

小猴子吓得喊了起来："哎呀，不好了！月亮给我抓破了！"（哭腔）

猴子高兴地喊："好了，好了，月亮又圆了！"（笑声）

老猴子听了，生气地说："唉，这么点儿小事都干不好！月亮抓破了，可怎么办呢？"（叹息声）

小猴子吓得撒腿就跑，一边大声叫喊："月亮掉到井里了！"（强声呼喊）

（2）根据提示，试试讲述故事《月亮为什么不穿衣服》。

月亮为什么不穿衣服

月亮决定给自己做一件衣裳。

裁缝师傅替他量了尺寸,动手干活儿。(平和,音高、音强以及语速均中等,宜用平调)到约定的日子,月亮来试穿了。(开心,音高、音强加强,语速可保持中等,也可稍稍加快,可用升调,"穿"字扬起)谁知道,这件衣裳又窄又短。(稍带急、怨之气,语速加快,音高、音强增强,宜用曲调)"看来,我量错了。"裁缝师傅说。(表现惊疑的升调)

他动手重新做了一件。到约定的日子,月亮又来试穿了。衣裳还是太小。

"看来,这回我又——量错了——"裁缝师傅说。(表现惊疑的升调,而且后一句的惊疑比第一句更强烈)

于是他再重新裁剪、缝制。月亮第三次来找裁缝师傅。裁缝师傅看到,一个圆圆胖胖的月亮在天空走过来,身子比他给做好的衣裳大了两倍。这下裁缝师傅怎么办呢?他撒腿就逃。月亮找他,找哇找哇,可总没找着。

就这样,月亮仍旧没有衣服穿。

(3) 同样是猴,怎样区分四只猴的声音?请根据提示,处理好《猴吃西瓜》中四只猴说话的声音,并练习试讲故事。

猴吃西瓜

一天,猴王找到了一个大西瓜,可是,怎么吃呢?这只猴啊,是从来也没有吃过西瓜。忽然,他想出了一条妙计,于是,把所有的猴都召集来了。

他清了清嗓子:"今天,我找到了一个大西瓜。至于这西瓜的吃法嘛,我当然……当然是知道的。不过,我要考验一下大伙的智慧,看看谁能说出这西瓜的吃法。如果说对了,我可以多赏他一块。如果说错了,我可要惩罚他!"

大伙你看看我,我看看你,可是谁也没有吃过西瓜。

小毛猴眨巴眨巴眼睛,挠了挠腮说:"我知道,吃西瓜是吃瓤!"

"不对!小毛猴说得不对!"短尾巴猴跳了起来:"我小的时候跟我妈去姥姥家,吃过甜瓜,吃甜瓜就是吃皮。我想,这甜瓜也是瓜,西瓜也是瓜,吃西瓜嘛,当然也是吃皮啦。"

这时候,大伙争执起来,有的说:"吃西瓜吃皮!"有的说:"吃西瓜吃瓤!"可争了半天,也没争出个结果,于是都不由地把目光集中到一只老猴的身上……

这老猴认为出头露面的机会来了,他捋了捋胡子,清了清嗓子说:"这吃西瓜嘛,当然……当然是吃皮啦。我从小就爱吃西瓜,而且……而且一直都是吃皮的。我想,我之所以老而不死,就是因为吃了这西瓜皮的缘故……"

大伙都欢呼起来:"对!吃西瓜吃皮!""吃西瓜吃皮!"……

猴王认为找到了正确答案,他站起身来,上前一步,开言道:"对!大伙说得对!吃西瓜是吃皮。哼！就小毛猴崽子说吃西瓜吃瓤，那就让他自己吃吧！咱们大伙，都吃西瓜皮！"

西瓜一刀两半，小毛猴吃瓤，大伙共分西瓜皮……

有只猴吃了两口，就捅了捅旁边的说："哎，我说这可不是滋味啊！""咳，老弟，我常吃西瓜，西瓜嘛，就是这味儿……"

【训练提示】故事主要形象有——猴王，年轻力壮、聪明机智、有一定的威望，但是，好胜好强；小毛猴心直口快，天真可爱；短尾巴猴，憨厚、认真，敢于发表意见，但思考方式呆板；老猴，年老体衰、要面子，不懂装懂。给这些形象定位后就可以设定声音了——猴王声音洪亮，语调沉稳，语气坚定，发声利用胸腔共鸣，表现出果断和自信；小毛猴声音清亮，语言流畅，语速稍快；短尾巴猴的声音比小毛猴略低，语速稍慢，气息急促，吐字靠前，语气稚嫩；老猴则语气缓慢，声音低沉，发音时，束紧喉头，挤压成声。

（二）技能巩固

（1）根据提示要求，设计下列故事角色的声音，模拟角色说话，讲述下面幼儿故事。

鸭妈妈找蛋

鸭妈妈生鸭蛋，那鸭蛋像姑娘的脸蛋。谁见了都说："啊，多么可爱的鸭蛋！"鸭妈妈听了，乐得"嘎，嘎，嘎"地叫："嗯，这是我生的蛋啊！"

可是，鸭妈妈有个毛病：不在窝里生蛋，她走到哪里，要生蛋了，就生在那里，所以她常常找不到自己生的蛋。

有一天傍晚，鸭妈妈又忘了在哪儿生的蛋了，她在院子里跑来跑去，怎么也找不到，就问母鸡："鸡大姐，您看见我的蛋了吗？您拾过我的蛋吗？"母鸡说："我没看见呀！"

鸭妈妈赶紧跑出院子去，正碰上老山羊带着小山羊回来了。鸭妈妈忙问老山羊："羊大叔，您看见我的蛋了吗？您拾过我的蛋吗？"老山羊说："我没拾过你的蛋呀！你到池塘边去找找看。"

鸭妈妈奔到池塘边，找了好一阵子，还是没找着，只好回到院子里。她看见黄牛回来了，就问："牛大伯，您看见我的蛋了吗？您拾过我的蛋吗？"黄牛说："我可没见过你的蛋，也没拾过你的蛋。你老是丢三落四的，这可不好啊！"

鸭妈妈叹了一口气说："唉！我忙得很哪，要游水，要捉小鱼小虾，还要下蛋……一忙，就记不清蛋生在哪儿了。"

黄牛说："你说你忙，我呢？耕地，拉车，磨面，可不像你那样丢三落四的。"

母鸡说："我也生蛋呀，我都生在窝里，可不像你天天要找蛋。"

山羊说："你呀，做事不用脑子！"

鸭妈妈拍了拍脑袋，说："啊，啊，不是我不用脑子，一定是我的脑子有毛病！"

山羊、黄牛和母鸡一起劝鸭妈妈："你别着急，好好儿想一想：你今天到过哪些地方？到底在哪里生了蛋？"

鸭妈妈低下头，从大清早出窝想起——池塘边吗？没生过蛋；草地上吗？也没生过蛋；小树林里吗？根本没去玩过。

"啊，啊！"鸭妈妈想起来了，她很难为情地说："今天，今天，我还没生过蛋呢！"

【训练提示】这篇童话塑造了鸭妈妈、母鸡、老山羊、黄牛的形象。在设计角色叫声和模拟角色说话时，应把握角色的生理特征、年龄特征、性格特征，以及在故事中情绪心理的变化。模拟这些动物角色说话时，要与该种角色的叫声相近。通过这样的声音设计，赋予角色活力，使故事栩栩如生，富有感染力。

鸭妈妈的声音设计，根据其生理特征，可用鼻音加沙哑的特征来表现；根据其粗心大意、丢三落四，同时爱高声谈论的形象，声音应该高而扁，有一些"嗲"，在处理几个重复的对话时，要根据情节仔细体会她在不同阶段的内心活动，通过音色、语气、语调、音量、速度等的明显变化，表现出鸭妈妈的心理状态。母鸡的声音柔和细腻，平和真诚；老山羊的声音颤抖，直率坦诚，语速较快，可以加上咳嗽声；黄牛的声音要粗拙低沉，缓慢有力，鼻音浓重。

（2）找出以下故事中的角色进行模拟，并讲述故事。

倒　影

下雨了，下雨了，母鸡、公鸡回家了。淅沥淅沥，小土坑里积水了。

雨停了，雨停了，太阳公公露出了笑脸，小动物们都来到草地上，母鸡走到土坑边，往里面一瞧，看见里面有一只母鸡。"哎呀，不好了！一只母鸡掉到土坑去了，咕咕嗒，咕咕嗒……"母鸡赶快跑去告诉公鸡，叫公鸡来救土坑里的母鸡。

公鸡走来一瞧，土坑里哪有母鸡呀？只看见一只公鸡。"哎呀，不好了！一只公鸡掉到土坑里去了。喔喔喔，喔喔喔……"公鸡赶快跑去告诉小山羊，叫小山羊来救土坑里的公鸡。

小山羊走来一瞧，土坑里哪有公鸡呀，只看见一只小山羊。"哎呀，不好了！一只小山羊掉到土坑里去了。咩咩咩，咩咩咩……"小山羊赶快跑去告诉大肥猪，叫大肥猪来搭救土坑里的小山羊。

大肥猪走来一瞧，土坑里哪有小山羊呀，只看见一头大肥猪。"哎呀，不好了！一头大肥猪掉到土坑里去了，哼哼哼，哼哼哼……"大肥猪赶快跑去告诉老黄牛，叫老黄牛来搭救土坑里的大肥猪。

老黄牛走来一瞧，土坑里哪有大肥猪呀，只看见一头老黄牛。"哎呀，不好了！一头老黄牛掉到土坑里去了。大家快来救救它，哞哞哞，哞哞哞……"

大伙都来了，往土坑里一瞧，不得了，土坑里有一头老黄牛，一头大肥猪，一只小山羊，一只公鸡，还有一只母鸡。那么多动物一起掉到土坑里去了。大家真着急，东奔西跑，去找朋友们来救它们。

后来，水渐渐渗进泥沙里，又渐渐被太阳晒干了。老黄牛、小山羊、大肥猪、公鸡和母鸡把它们的朋友们都请来了。它们往土坑里一瞧，什么也没有呀！母鸡说："一定是它们自己从土坑里爬出来了！"

小朋友，你们说，母鸡说得对吗？

没有牙齿的大老虎

在大森林里，谁都知道老虎的牙齿厉害。

小猴伸着舌头说："嗬，比柱子还粗的树，大老虎只要用尖牙一啃就断，真怕人哪！"

"大老虎嚼起铁杆来，跟吃面条一样……"小兔说着，害怕得缩起了脑袋。

可小狐狸却说："你们怕大老虎的牙齿，我就不怕！我还要把它的牙齿全部拔掉呢！"

哈哈哈，哈哈哈，谁相信小狐狸的话呢？

"吹牛！吹牛！""没羞！没羞！"小猴和小兔一个劲儿地笑小狐狸。

"不信，你们就瞧着吧！"小狐狸拍拍胸脯走了。

嗬，狐狸真的去找大老虎了，他带了一大包礼物："啊，尊敬的大王，我给你带来了世界上最好吃的东西——糖。"

"糖是什么？"老虎从来没尝过，他吃了一粒奶油糖，"啊哈，好吃极了！"

狐狸以后就常常给老虎送糖来。老虎吃了一粒又一粒，连睡觉的时候，糖还含在嘴里呢。

这时，大老虎的好朋友狮子忙来劝他："哎哟哟，糖吃得太多，又不刷牙，牙齿会蛀掉的。狐狸最狡猾，你可别上他的当呀。"

"嗯。"大老虎答应着，他正要刷牙，狐狸来了："啊，你把牙齿上的糖全刷掉了，多可惜呀。"

"可听狮子说，糖吃多了会坏牙的。"

"唉唉，别人的牙怕糖，你大老虎的牙这么厉害，铁条都能咬断，还会怕糖！"

"谢谢，谢谢。"老虎捂着嘴巴说。

狐狸一看老虎的嘴巴就叫了起来："哎哟哟，你的牙全得拔掉！"

"啊！"老虎歪着嘴，一边哼哼，一边说："唉，只要不痛，拔……就拔吧……"

嘿哟，嘿哟，狐狸拔呀拔，拔了一颗又一颗……最后一颗牙，狐狸再也拔不动了。

嘿，有办法了！狐狸拿着一根线，一头拴住大老虎的牙，一头拴在大树上。然后他拿个鞭炮放在老虎耳朵边，一点火，呼——啪！"哎哟！"老虎吓得摔了个大跟头。最后一颗牙齿也掉下来了！

哈哈，哈哈……这只没有了牙齿的大老虎成了瘪嘴老虎啦！他还用漏风的声音，对狐狸说："还是你最好，又送我糖吃，又替我拔牙，谢谢，谢谢！"

两只笨狗熊

狗熊妈妈有两个孩子，一个叫大黑，一个叫小黑，他们长得挺胖，可是都很笨，是两只笨狗熊。

有一天，天气真好，哥儿俩手拉手一起出去玩儿。他们走着，走着，忽然看见路边有一块干面包，捡起来闻闻，嘿，香喷喷的。可是只有一块干面包，两只小狗熊怎么吃呢？大黑怕小黑多吃一点，小黑也怕大黑多吃一点，这可不好办呀！

大黑说:"咱们分了吃,可要分得公平,我的不能比你的小。"

小黑说:"对,要分得公平,你的不能比我的大。"

哥儿俩正闹着呢,狐狸大婶来了,她看见干面包,眼珠骨碌碌一转,说:"噢,你们是怕分得不公平吧,让大婶来帮你们分。"哥儿俩说:"好,好,咱们让狐狸大婶分吧。"

狐狸大婶接过干面包,恨不得一口吞下去,可是她没有这样做,她把干面包分成两块,哥儿俩一看,连忙叫起来:"不行!不行!一块大,一块小。"

狐狸大婶说:"你们别着急,瞧,这一块大一点吧,我咬它一口。"狐狸大婶张开大嘴巴,啊呜咬了一口,哥儿俩一看,又叫起来了:"不行,不行,这块大的被你咬了一口,又变成小的了。"

狐狸大婶说:"你们急什么呀,那块大了我再咬它一口吧。"狐狸大婶张开大嘴巴又啊呜咬了一口,哥儿俩一看,急得叫起来:"那块大的被你咬一口,又变成小的了。"狐狸大婶就这样这块咬一口,那块咬一口,干面包只剩下小手指头那么一点儿了。她把一丁点大的干面包分给大黑和小黑,说:"现在两块干面包都一样大小了,吃吧,吃得饱饱的。"

大黑和小黑你看看我,我看看你,一句话也说不出来。小朋友说说看,他们是不是两只笨狗熊?

第四节 幼儿故事讲述训练

一、故事开头和结尾的处理技巧训练

为使故事讲述更富于幼儿情趣,更口语化,有时可以在故事之前加个巧妙的楔子,或开门见山突出矛盾,或提出问题发人深思,激起幼儿听讲的欲望;有时在讲述的过程中,可以边讲边问,帮助幼儿理解内容、丰富词汇;临近结束时,可以暂停一会儿,让幼儿自己猜想故事的结果,允许幼儿猜出多种不同的结果,这样可以使幼儿的想象力得到发展;故事结束时,要引导幼儿对故事进行概括提炼,使幼儿明辨是非,并鼓励幼儿把听过的故事再讲给别人听。好的开头和好的结尾能够增强故事讲述的教育效果。

(一)故事开头的设计

讲述幼儿故事,开头一定要有吸引力,能够引起幼儿倾听的欲望。所以,给故事设计一个好的开头,是讲好故事的重要技巧之一。当然,设计开头应根据故事的内容来进行。故事的开头有以下几种设计方式。

1. 提问式开头

提问式开头是给幼儿讲故事时采用得最多的方式,这样可以吸引幼儿的注意力,听讲的效果自然更好。具体方法是先提一个使幼儿感兴趣的问题,引起幼儿的思考。提问时,语调上扬,停顿时间稍长。如:小朋友,你们知道孙悟空吗?孙悟空手里使用的兵器叫金箍棒。你们知道他的金箍棒是从哪儿来的吗?现在我就给你们讲个《孙悟空大闹水晶宫》的故事,大家想听吗?

2. 讨论式开头

为达到教育目的，教师在讲故事的开头会设置一个让幼儿讨论的问题，这样既能引起幼儿兴趣，又便于更好地发挥讲故事的作用。如：大家都知道西瓜是吃瓤，不是吃皮儿。可是猴子是不是也知道呢？（幼儿争论）下面，我就给大家讲一个《猴吃西瓜》的故事。

3. 介绍式开头

这种方法适合讲节选的故事，或者根据某一个故事续编的故事，即先介绍故事的起因，然后把前后连贯起来，使幼儿有一个完整的印象。例如，格林童话节选故事《小红帽》的开头：小朋友们，昨天我们讲到狼假装祖母，骗小红帽上当，吃了小红帽。就在这时候，猎人正好经过祖母的房前，猎人心想："老奶奶怎么这样打鼾，我得进去看看……"大家猜猜会发生什么。

4. 悬念式开头

悬念式开头法，就是在文章的开头设置扣人心弦的悬念，充分激发幼儿的兴趣，令其怀寻幽探胜之情愉快听完全文的一种开头方法。如故事《老虎拔牙》的开头：老虎的牙齿疼得更厉害了，"哎哟，哎哟哟，谁把我的痛牙拔掉，我就让它做……做大王"咦，老虎要拔牙！这是怎么回事呢？

（二）故事结尾的方式

对于幼儿来说，故事的结尾必须能够让他们有所思索，富有意味，同时故事的结束不能太突兀，所以必须根据故事的内容对原结尾进行加工处理，以便取得更好的效果。

处理故事结尾的方法，可视故事长短而定，长故事一次讲不完，可用突然刹车的方式，在关键的地方停下来，给幼儿留下悬念，也可以采用提问式结尾、总结性结尾、尾声式结尾等。短故事收尾，主要有以下几种方式。

1. 高潮处结尾

讲到故事的高潮处突然收尾，意犹未尽，让幼儿思考，猜测故事结局。如故事《猴吃西瓜》的结尾：有只猴吃了两口，就捅了捅旁边的说："哎，我说这可不是滋味啊！""咳，老弟，我常吃西瓜，西瓜嘛，就是这味儿……"这样结尾让人感到既好笑又耐人寻味。

2. 提问式结尾

在故事的结尾处提出问题，启发幼儿思考故事中的思想意义。如故事《小土坑》的结尾："小朋友，你们说，母鸡的话对吗？"又如故事《白头翁的故事》的结尾："小朋友，你们知道那只鸟的教训到底是什么呢？"

3. 总结性结尾

在故事讲完后，总结故事的意义，直接告诉幼儿故事的教育作用。如故事《乌鸦和狐狸》的总结性结尾："不动脑筋的乌鸦上当了。"又如故事《狼和小羊》的总结性收尾："强者要想欺负弱者，总是能找到借口的。"

4. 尾声式结尾

在故事结尾时，对原故事的情节和结局做适当的扩展，以满足幼儿的心理要求。如故事《等猪八戒换脑袋》的结尾:"等猪八戒醒来,他已经变成一个非常聪明的新猪八戒啦!"

(三)技能训练与巩固

1. **技能训练**

根据训练提示,用两种以上开头和结尾的处理技巧练习故事《萤火虫找朋友》,并试讲完整故事。

萤火虫找朋友
孙幼军

夏天的晚上,萤火虫提着蓝色的小灯笼,在草丛里飞来飞去。

他在干吗呀?

他在找朋友。

是呀,大家都有朋友,有好多朋友。可是,萤火虫连一个朋友都没有。跟好多朋友在一起玩儿,多快活呀!萤火虫也想要朋友。他就提着小灯笼,到处找。

萤火虫飞呀飞,听到草里有响声。他用小灯笼一照,看见一只小蚂蚱。小蚂蚱急急忙忙,一直往前跳。萤火虫就叫:"小蚂蚱,小蚂蚱!"

小蚂蚱问:"干吗呀?"

萤火虫说:"你愿意做我的好朋友吗?"

小蚂蚱说:"我愿意。"

萤火虫高兴地说:"那你就跟我一起玩儿吧!"

小蚂蚱说:"好的,一会儿我就跟你玩儿。现在,我要去找小弟弟。小弟弟真淘气,不知跳到哪儿去了,天黑了还不回家。妈妈很着急,让我去找他。你来得正好,帮我照照路吧!"

萤火虫说:"我不能给你照路,我要去找朋友!"

萤火虫就提着小灯笼,飞走了。

萤火虫飞呀飞,听到草里有响声。他用小灯笼一照,看见一只小蚂蚁。小蚂蚁背着一个大口袋,一直往前跑。萤火虫就叫:"小蚂蚁,小蚂蚁!"

小蚂蚁问:"干吗呀?"

萤火虫说:"你愿意做我的好朋友吗?"

小蚂蚁说:"我愿意。"

萤火虫高兴地说:"那你就跟我一起玩儿吧!"

小蚂蚁说:"好的,一会儿我就跟你玩儿。现在,我要把东西送回家去。我迷路了,你来得正好,帮我照照路吧!"

萤火虫说:"我不能给你照路,我要去找朋友!"

萤火虫就提着小灯笼,飞走了。

夏天的晚上,萤火虫提着蓝色的小灯笼,在草丛里飞来飞去。

他在干吗?

他在找朋友。

还没有找到吗?

还没有找到。

聪明的小朋友,你们都知道怎样才能找到朋友,你们快教给萤火虫吧!要不,他老是提着灯笼飞来飞去,多累呀!

【训练提示】 这篇故事通过萤火虫找朋友的经历,告诉幼儿一个道理:与人相处不要只考虑自己,也要为他人着想,特别是当对方遇到困难时,要热情地去帮助他,这样才能找到真正的朋友。基于这样的目的,开头就可以直截了当地提问:"小朋友们,你们有朋友吗?当你的朋友遇到困难时,你是怎么做的?我们一起来看看萤火虫是怎样找朋友的?找到了没有?"而结尾可以用这样的问题引起幼儿的思索:"萤火虫为什么没有找到朋友呢?如果换了你该怎样去做呢?""谁能告诉我们萤火虫怎样才能找到朋友呢?"

2. 技能巩固

请为下列故事设计开头和结尾,并试讲故事。

白头翁的故事

从前有一只美丽的小鸟,很想学一套不平凡的本领。但是,什么是不平凡的本领呢?连它自己也不知道。

一天,它看见喜鹊在大树上造房子,非常羡慕,觉得造房子很有意思,一心想学这一行。它开始学得很认真,但是没过多久就厌倦了。有一天,它说:"天天衔树枝。太平凡了!"于是,它就不再学造房子了。

那一夜,它满腹心事,翻来覆去睡不着,忽然听到外边黄莺唱得很动听。它想,"这样婉转的歌声多不平凡哪!跟黄莺学唱歌去吧!"第二天,它真的去学了。它开始学得还很认真,但是没过多久就觉得太辛苦了。有一天,它说:"学唱歌得天天吊嗓子,我可受不了。"于是,它就不再学唱歌了。

后来,它又学飞行,学打猎,也都是虎头蛇尾,没有坚持下去。直到头发白了,它还没有学到"一套不平凡的本领"。

为了让后代永远记住这个教训,它就把一头白发传给它的子孙。它的子孙都顶着一头白发,人们管它们叫"白头翁"。

大皮鞋船
胡木仁

吱吱!吱吱!几只小老鼠在河边玩耍。一只小老鼠说:"要是有只小船,我坐着划划,多好玩呀!"小老鼠一听,都说主意不错,大家围在一起,商量起来。

"啊,有了!我们去偷只大皮鞋。"一只小老鼠说。"太妙了!"小老鼠悄悄地溜进一间屋子。嗨哟!嗨哟!他们抬来了一只大皮鞋。

大皮鞋放进小河里，小老鼠你挤我，我挤你，把大皮鞋挤得满满的。大皮鞋像一只小船，随着河水，向前漂去。小老鼠高兴得大喊大叫："真好玩！真好玩！"大皮鞋漂呀漂呀，漂了很远很远。

小老鼠很久没有吃东西了，肚子饿得咕咕直叫。有只小老鼠忍不住了，偷偷地啃了一口皮鞋："好吃！好吃！"小老鼠一听，全都乐了，想不到大皮鞋又好玩又好吃。你啃一口，他啃一口……一下子，皮鞋被啃了一个大洞！哗！哗！

大皮鞋进水了！白花花的水直往里涌。小老鼠慌了，东窜西窜。大皮鞋翻了，底儿朝天。小老鼠被大皮鞋扣在水里。咕隆隆！咕隆隆！水面上，冒出一个个水泡泡……

小小猪救狐狸

"救命呀，救命呀！"一只狐狸在求救。小小猪正在喝果汁，听到狐狸的声音，想去救狐狸。

一只乌鸦飞过来："别去，别去，狐狸上个月骗走了我的汉堡包。"

"救命呀，救命呀！"狐狸的求救声又响起来了，小小猪坐不住了，想去救狐狸。

一只兔子蹦过来："别去，别去，狐狸上周骗走了我的小花帽。"

"救命呀，救命呀！"狐狸的求救声又传来了，小小猪坐不住了，想去救狐狸。

一只小鸭走过来："别去，别去！狐狸前天抢走了我的小水枪。"

"救命呀，救命呀！"狐狸的求救声又飘来了，小小猪坐不住了，想去救狐狸。

一条小蛇爬过来："别去，别去！狐狸昨天骗走了我的棒棒糖。"

"救命呀，救命呀！"狐狸的声音越来越小了，小小猪坐不住了，端着果汁冲过去。

"狐狸，狐狸，赶紧喝口果汁润润嗓子，让我看看你怎么啦！"

"我发现小石洞里有闪光的东西，伸手去拿，不小心被卡住了。"

狐狸一边喝着果汁，一边说，"你赶快拿铁锹来帮帮我。"

小小猪急匆匆地拿来铁锹，帮狐狸把手从石洞里掏出来。

"这个，送给你！"狐狸把他刚刚在石洞里发现的那枚闪亮的小奖章，轻轻地挂在了小小猪的胸前。

二、故事口语化改造训练

一般来说，讲述故事所选择的大都是书面故事材料，而不少书面故事适合阅读，却不一定适合讲述。因此讲故事时，必须对书面故事进行适当的口语化改造。把故事中的书面语言变成讲起来上口，幼儿一听就明白，易于记忆的口语。口语化的语言会让故事充满灵性和生气。

（一）什么是故事口语化

故事口语化就是故事要具备适合口语表达的要素，一般来说，要用简短的句子来叙述故事，不要使用生僻字词和书面用语，语言要简单明白，少用成语和典故。

（二）故事口语化改造的技巧

1. 语言儿童化

幼儿的思维能力有限，讲述故事时使用的语言应符合幼儿形象思维的特点，即使用"儿童化"的语言。

（1）词语运用儿童化。多用些表现具体概念，表现色彩、形态、动作的词，多用叠词、感叹词、语气词、拟声词等。例如，故事提到一锅腊八粥时，用"红红的枣、黄黄的豆、白白的米、胖胖的花生"这样的表述更生动。再比如，"这纯属无稽之谈"，幼儿一听，奇怪了，乌鸡是什么鸡？黑色的鸡吗？能吐痰吗？不如改成"胡说八道""说得没有一点儿道理"。

（2）句式运用儿童化。句子要短小简单，减少附加成分，变长句为短句，可以适当重复。例如《爱唱歌的小鸟》："小鸟往下飞，看见小猴子问：'小猴子，是你不要我唱歌的吗？'小猴子说：'不是不是，是下面的朋友不要你唱。'小鸟又往下飞，看见小蝴蝶问：'小蝴蝶，是你不要我唱歌的吗？'小蝴蝶说：'是的。是我叫你不要唱的。'"故事中不断重复的句子不仅加深了幼儿的印象，还具有回环跌宕的韵律感，正是典型的儿童化的句子。

（3）音色富于变化。变换音色模拟各种年龄、性别、性格的人或其他动物的腔调，表现热情、快乐、紧张、悲伤等语气或模仿其他声响。通过音色的变换，可以达到拟声的效果，使幼儿听起来有身临其境的感觉，激发他们的学习兴趣和积极性。例如："吱吱吱"，来了一只小老鼠，他钻进被窝里，高兴地说："真暖和呀！""嘎嘎嘎，"小鸭子来了，"好舒服的床，让我也睡一睡吧！"

2. 改单音节词语为双音节词语

单音节词语声音短促，稍纵即逝，幼儿不容易听清楚听明白，有时也不好理解，甚至会产生歧义；而双音节词语声音存留时间相对较长，说起来响亮上口，留给幼儿的印象就会较深。因此，在熟悉故事、修改故事语言的过程中，要尽可能地将单音节词语改成双音节词语，这才符合故事口语化的要求。如"虽"改成"虽然"，"并"改成"并且"等。又如"喜鹊又取些短枝，放在泥饼的周围"，其中的"取""些"这样的单音节词语可以换成双音节词语"取来""一些"等。

3. 改长句为短句

要想使故事口语化，就应该把修饰成分和连带成分多的长句转化成言简意赅的短句，讲起来清楚明白，听起来也不令人费解。例如，故事《蜘蛛的腰》中有一句话："人们正在炖煮着甘薯和土豆以及带着花生香味的酱汁鸡肉。"这个句子较长，若讲述时停顿不恰当，幼儿就不容易理解，如果把它换成短句，"大家正在忙着煮甘薯、煮土豆，还有带花生香味的酱汁鸡肉"，这样简单的短句较口语化，符合幼儿的语言接受能力和思维特点，幼儿就很容易听懂，自然也容易记住。

4. 调整语序，更换词语

有的书面故事的语言只适合阅读，阅读文字时易于理解，但讲起来却不符合日常口语习惯，比较拗口，听起来也别扭。如果更换一下词语或者调整一下顺序，讲起来就能顺当、流畅，幼儿也容易听明白。例如："'啊，有了！我们去偷只大皮鞋。'一只小老鼠说。"这不符合人们日常口语的表达习惯，应把语序倒过来，改为："一只小老鼠说：'啊，有了！我们去偷一只大皮鞋。'"这样就符合我们日常口语习惯的语序了。（有时角色对话较多，可以去掉"某某说"，只需变换站位直接模拟角色说话，幼儿就知道是谁在说话，同时故事也显得更简洁。如果"某某说"太多，故事讲述会显得断断续续，特别是在紧急、急迫的情节中）又如"那是一个大清早，他闻到了一股异常令人愉快的气味"。可以把"一股异常令人愉快的气味"改为"特别好闻的香味儿"，既鲜活生动又口语化，更符合幼儿的认知特点和思维习惯。

5. 改书面语为口语

有的故事内容很好，但可能有些词句过于书面化，讲述时如果照本宣科，幼儿不易理解。这时就需要教师对故事中的书面语言进行适当的修改和替换。例如：

（1）有只猫生活在城里，他熟悉城里的一切。

改为：有只猫住在城里，城里的什么事儿他都知道。

（2）"那是什么呀？"乡下的猫指着一座高耸入云的铁架子问。

改为："那是什么呀？"乡下的猫指着一座很高很高的铁架子问。

（三）技能训练与巩固

1. 技能训练

（1）语言儿童化改造。

①第二天是蛤蟆的生日，当青蛙把一块手绢送给蛤蟆的时候，他难过得差点儿掉下眼泪。

②小猪走着走着，看见前面有一只长耳朵、短尾巴、红眼睛的小白兔，就高兴地喊道……

（2）单音节词语改为双音节词语。

①小朋友们团坐着，在干什么呀？

②古时候，吴国的孙权送曹操一头大象。

（3）长句改为短句。

①森林里住着一只长着一双铜铃般眼睛的大老虎。

②时间一天天过去了，经过不懈地努力，坚固而又漂亮的房子终于在一个风和日丽的早晨盖好了！

(4) 调整语序或更换词语。

①"这蘑菇很漂亮。"狐狸说,"大概没毒吧!""怎么能说大概呢?"胖熊说:"小刺猬,我帮你请小兔看看,他最熟悉蘑菇。"

②国王大叫:"我给你最后一次机会,去把你的王冠从金鱼池里捞上来。""我才不要!"伊拉贝莎喊道,"我更愿意在猪圈里帮忙!"

(5) 将书面语改为口语。

①大公鸡在树枝上,趾高气扬地唱着歌,突然一不小心从树上落到了树下的小河里。

②早晨,湖边寂静无声。三只小兔快活地扑蝴蝶。

2. 技能巩固

比较下面故事的口语化改造,看看修改了哪些,好在哪里,并试讲故事。

乌龟与兔

乌龟与兔为他们俩谁跑得快而争论不休。于是,他们定好了比赛的时间和地点。比赛一开始,兔觉得自己是天生的飞毛腿,跑得快,对比赛掉以轻心,躺在路旁睡着了。乌龟深知自己走得慢,毫不气馁,不停地朝前奔跑。结果,乌龟超过了睡熟了的兔子,夺得了胜利的奖品。

龟兔赛跑

兔子长了四条腿,一蹦一跳,跑得可快啦。乌龟也长了四条腿,爬呀,爬呀,爬得真慢。有一天,兔子碰见乌龟,笑眯眯地说:"乌龟,乌龟,咱们来赛跑,好吗?"乌龟知道兔子在开他玩笑,瞪着一双小眼睛,不理也不睬。兔子知道乌龟不敢跟他赛跑,乐得摆着耳朵直蹦跳,还编了一支山歌笑话他:

乌龟,乌龟,爬爬,
一早出门采花;
乌龟,乌龟,走走,
傍晚还在门口。

乌龟生气了,说:"兔子,兔子,你别神气活现的,咱们就来赛跑。"

"什么,什么?乌龟,你说什么?"

"咱们这就来赛跑。"

兔子一听,差点笑破了肚子:"乌龟,你真敢跟我赛跑?那好,咱们从这儿跑起,看谁先跑到那边山脚下的大树下。预备!一、二、三,——"

兔子撒开腿就跑,跑得真快,一会儿就跑得很远了。他回头一看,乌龟才爬了一小段路呢,心想:乌龟敢跟我赛跑,真是天大的笑话!我呀,在这儿睡上一大觉,让他爬到这儿,不,让他爬到前面去吧,我三蹦二跳的就追上他了。"啦啦啦,啦啦啦,胜利准是我的嘛！"兔子把身子往地上一歪，合上眼皮，真的睡着了。

再说乌龟，爬得也真慢，可是他一个劲儿地爬，爬呀，爬呀，爬，等他爬到兔子身边，已经累坏了。兔子还在睡觉，乌龟也想休息一会儿，可他知道兔子跑得比他快，只有坚持爬下去才有可能赢。于是，他不停地往前爬呀爬。离大树越来越近了，只差几十步了，十几步了，几步了……终于到了。

兔子呢？他还在睡觉呢！兔子醒来后往后一看，咦，乌龟怎么不见了？再往前一看，哎呀，不得了了！乌龟已经爬到大树底下了。兔子一看可急了，急忙赶上去，可已经晚了，乌龟已经赢了，乌龟胜利了。

兔子跑得快，乌龟跑得慢，为什么这次比赛乌龟反而赢了呢？

【训练提示】《龟兔赛跑》是我们熟知的寓言故事。原文只有梗概，没有具体的情节，人物形象未施笔墨，因此也谈不上生动。改编后，增加了很多情节，还增加了人物的心理描写、动作描写和对话描写等，尤其是口语化改造——儿童化、长句改为短句、书面语改为口语等，使故事的情节生动起来，使人物变得栩栩如生。在称呼人物时，模拟小动物的口吻。采用连呼两声的方式："乌龟，乌龟，爬爬，一早出门采花；乌龟，乌龟，走走，傍晚还在门口。"节奏感强，便于幼儿理解和模仿。在讲述这个故事时，要把双方的对话和心理活动运用恰当的语气、语调加以表现，同时运用体态语辅佐，把故事讲述得逼真传神。

三、绘本故事讲述训练

绘本是一种以图画为主、文字为辅，甚至可以完全没有文字而全是图画的，比较适合低龄幼儿阅读的书籍。绘本一般借助文字和图画共同讲述一个完整的故事，内容贴近幼儿生活，兼具艺术性、文学性、文字与绘画和谐共处等特点。它符合幼儿的年龄特征，能唤起幼儿阅读的欲望，对幼儿的成长有着独特的、不可替代的教育价值。

绘本故事讲述就是把图画展示与故事讲述有机结合在一起，让幼儿从视觉与听觉两个方面来理清故事的整个信息框架，最终完成自己对故事的整体认知。此外，绘本故事讲述与传统讲故事的技巧表达方式也不一样的，它要求幼儿教师具备扎实的绘本故事讲述基本功，通过提问、游戏、角色扮演等多种方式启发幼儿的思维发展，从而让幼儿可以更快更好地理解故事内容。

（一）绘本的组成结构

一般来说，绘本的完整结构包括封面、环衬、扉页、正文和封底。

1. 封面

封面是一本绘本的外观，上面注有书名、作者和出版社等信息。绘本的封面通常是一幅和内容相关的图画，但是也有绘本的封面和封底共同构成了一幅图画，需要把二者联系起来看。佩里·诺德曼和梅维丝·雷默在《儿童文学的乐趣》中开门见山地说："在开始阅读一本书之前，封面是影响读者期待的最重要的因素。封面或护封上的图画通常涵盖了故事中最关键的要素。"

2．环衬

翻开封面之后，有一张紧连着封面和内文的衬纸，内文之后还有一半和封底相连，这就是前后环衬，书前的衬纸称为前环衬，书后的衬纸称为后环衬。由于环衬通常一半粘在封面的背后，一半是活动的，而且以两页相连的形式被使用，犹如蝴蝶的一对翅膀，所以环衬又被称为"蝴蝶页"。通常情况下，环衬是最容易被漏看的一页。但其实环衬都是经过精心设计的，它们的颜色往往与讲述的故事十分吻合，内容与正文故事息息相关。前后环衬相呼应，有时还会升华主题，甚至说出故事之外的另一个结尾。环衬有时也会起到"幕布"的作用，有时则为故事营造氛围，提供暗示。

3．扉页

扉页又叫主书名页，通常在环衬之后、书芯之前，简单写着这本书的书名、著作责任者（作者和译者等）、出版社名称等信息。除了文字信息之外，扉页上还会有图画，这些图画有时会告诉读者这本绘本的主人公，有时会设置一些悬念，要读完绘本才能明白作者的良苦用心。

4．正文

扉页之后就进入正文了。正文即绘本的主体，不光包括文字，也包括图画，一般篇幅不长。

5．封底

合上一本绘本时，绘本的故事就已经讲完了吗？有时是这样，有时却不是这样。有些绘本把故事的结尾延续到了封底。

（二）绘本故事讲述的基本环节

发挥绘本故事的教育价值需要一定的步骤。一般而言，包含读图、品文和图文结合三个基本环节。

1．读图——体会画面语言

讲述绘本故事，先要认真研读图画。绘本故事是用连续的画面来讲述故事的，它有特定的画面语言。其画面语言具有叙述性和连贯性，能展示故事的主题和细节，并体现出一定的叙述逻辑。因此，讲述前要先看图，注意图画中画了什么，画面前后的关联，画面细节与整体的关联。

2．品文——挖掘文本内涵

读懂图以后，再看文字。一般来说，绘本故事的文字都很精练、准确。读文字时，需把握前后图画之间的关联词，厘清人物的关系和故事发展的来龙去脉。同时，要把握文字中隐藏的情感内涵，确立讲述时的情感基调，比如：《猜猜我有多爱你》是柔情蜜意的，《巫婆的孩子》是幽默风趣的，《阿宝的耳朵》是强烈讽刺的。

3. 图文结合——整体感知绘本故事

读图、品文之后，再进行图文结合。绘本故事的画面能够显示出文字不易表达的意境、韵味和美感。如《母鸡萝丝去散步》，单看文字，故事单调，若结合图画来欣赏，就会丰富、生动很多。绘本故事的文字能清楚地讲出图画不能表现的对白、心理活动、时空变化。如《猜猜我有多爱你》的文字优美，饱含深情，再结合生动的画面，更丰富多彩。

（三）绘本故事讲述的具体策略

绘本故事的讲述策略，一般可以从讲述语言的设计、表达技巧的运用、互动环节的配合等几个方面进行分析。

1. 精心设计讲述语言

无文绘本故事仅有画面而没有文字，有文绘本故事有简洁的文字，一般是像故事梗概一样寥寥数语。为吸引幼儿倾听的兴趣，教师必须进行语言的设计。一般做法如下：

（1）理解图文要表现的内容；
（2）适当添加情节或细节，增强故事的生动性；
（3）适当添加拟声词来渲染气氛；
（4）使用一些浅显、生动的口语。

例如，安东尼·布朗《我爸爸》里有一段文字："我爸爸什么也不怕，连坏蛋大野狼也不怕。"在讲述时可以这样设计：我爸爸胆子很大，他什么都不怕。有一天，家里来了一只大野狼，只见爸爸瞪着眼睛，指着大野狼说："大坏蛋，快出去！"大野狼吓坏了，赶紧夹着尾巴逃走了。

2. 巧妙运用表达技巧

讲述绘本故事时还要根据不同的风格和基调，运用不同的表达技巧，提高讲述的感染力。

（1）区分两种不同语言。绘本故事中有叙述语言，用于交代前因后果，较客观；还有角色语言，主要表达思想感情，较主观。讲述时，叙述语言的语气、节奏尽量稳定一些，不必夸张；角色语言则要把不同角色的性格特点表现出来，需通过音色变化、语速、语调变化来体现角色特点。如：《逃家小兔》中大兔子的声音使用胸腔共鸣，发音靠后一些；小兔子的声音使用头腔共鸣，发音靠前一些。

（2）生动传达故事情感。绘本故事通过高超的画面语言和精彩的文字语言来描绘世界、表达情感。如《巫婆的孩子》里，小美被巫婆的孩子变成了青蛙，可以跳下水去救小船时，开心地说："真好玩。"讲述时要用轻快的语气，语调上扬，语流轻快活泼。如《鳄梨宝宝》中，哈太太边哭边说："不管我做的是什么，宝宝都不喜欢吃，你们看，他越来越瘦了。"讲述时语气沉缓，语调压抑。需要注意的是，当绘本故事中多种情感交织在一起时，讲述就需要配合绘本故事本身的节奏，从整体把握节奏。

（3）引导观察发现细节。讲述绘本故事时，翻看每一页图画都要慢一些，要让幼儿有时间去观察画面中的情景和细节。如讲述《我妈妈》时，可以引导幼儿发现：表示妈妈的爱的红心布满了每一个画面，妈妈的睡衣上、蛋糕上、宇航服上都有，远处高楼上也升起了爱心避雷针；描述妈妈是航天员时，画面造型模仿的是美国首次登上月球的宇航员阿姆斯特朗；描述妈妈是个神奇的画家时，画面呈现的却是妈妈在化妆，在没涂上口红之前，嘴巴居然是空白的，就像画家还没有在画布上下笔一样。

3. 适当增加互动环节

互动环节是讲述者根据幼儿的理解能力适当增加一些提问，以激发幼儿听赏兴趣。

（1）根据图画进行互动。一是封面的图画。封面图画中基本都隐藏了一些故事内容，此时的互动可以让幼儿寻找到故事中的主人公和相关事件的背景线索。比如，讲述故事《大卫惹麻烦》时，可以发问："图上的孩子是谁啊，他坐在哪儿啊，他的眼睛又看着哪里啊？""哦，原来他惹麻烦了，惹了什么麻烦呢？"幼儿产生疑问，会引起听赏兴趣。二是故事中的图画。正文图画往往在翻页的地方设置悬念，比如《爷爷一定有办法》中有一句"爷爷说，这块料子还够做……"然后就翻页了。这时教师可以发问："你们认为还能做成什么呢？"这样的互动可以激发幼儿的想象力，帮助幼儿理解故事内容。三是封底的图画。比如，讲述《一只小猪和一百只狼》时，笨狼让小猪回家再带一百只小猪来，小猪高兴地回到家……这时，呈现出封底的图片，幼儿会开心地说："小猪再也不回来了，他已经美美地大觉啦！"这是一种"留白式"的互动，它要取决于幼儿对绘本故事的认知和理解程度。

（2）根据内容进行互动。一是单纯的文本内容，如《母鸡萝丝去散步》中："狐狸扑向了母鸡萝丝，母鸡有没有被吃掉呢？"；又如《逃家小兔》中："假如你是小兔子，你能想到什么办法逃出家门？如果你是兔妈妈，你又有什么办法让小兔子不再逃走，乖乖地回家呢？"这些互动可以有效地避免幼儿被动地了解故事，有利于培养幼儿的观察力和思考力。二是故事的叙事逻辑。比如"图上有些什么，在什么地方，发生了什么事情，后来怎么解决"，按照人物、事件、结果的顺序，有助于厘清故事思路，帮助幼儿实现创造性叙事表达。

（四）绘本故事讲述的教育意义

1. 有助于幼儿养成良好的倾听习惯

倾听是幼儿感知和理解语言行为的前提，是其语言能力发展的前提。讲述绘本故事可以培养幼儿良好的倾听习惯。首先，绘本故事的文本语言本身，使用的词汇和句式要符合幼儿的兴趣爱好和理解水平。一些绘本故事会采用反复句式，如《鼠小弟的小背心》《鳄鱼怕怕，牙医怕怕》；一些绘本故事具有强烈的画面感和动感；一些绘本故事文字生动，富有节奏感，采用了儿歌的形式，如《虾儿跳跳》《老鼠嫁女》；等等。其次，讲述者认真研读、精心设计讲述语言给幼儿讲述故事时，既能满足幼儿倾听的体验，也能让其集中注意力感受语言带来的愉悦和美好。

2. 有助于幼儿获取更多的情感体验

喜悦、悲伤、幽默、着急等作为静态的文本，不能带给幼儿任何情感体验。只有在讲述时，讲述者确定感情基调、声音状态和情感状态，绘声绘色地讲述，才能给幼儿更多的情绪情感体验。当然，讲述过程本身也是和幼儿进行情感沟通的过程，幼儿能够深切感受到来自教师、长辈的爱。讲述还能让幼儿学会控制情绪，如《生气汤》中讲述霍斯小朋友遇到了一箩筐不如意的事情时，通过表现霍斯小朋友前后情绪的变化，幼儿可以发现这些情绪都是正常的，也是可以通过合理的形式进行化解的。

3. 有助于激发幼儿的想象与语言表达

绘本故事的图画自身就具有叙事性，讲述者和听赏者依据图画也能进行大胆的猜测和想象。讲述时设计的一些互动环节，如开头部分的悬念、讲述中依据翻页特点进行的提问以及"留白式"悬念的设置，都能给幼儿思考和想象的空间，进而激发其产生语言创造性表达的欲望。

（五）技能训练与巩固

1. 技能训练

根据训练提示讲述绘本故事《猜猜我有多爱你》。

猜猜我有多爱你[①]

山姆·麦克布雷尼

小栗色兔子要上床睡觉了，可是他紧紧抓着大栗色兔子的长耳朵不放。他要大兔子好好听他说。"猜猜我有多爱你。"他说。

大兔子说："喔，我大概猜不出来。""这么多。"小兔子说，他把手臂张开，开得不能再开。

大兔子的手臂要长得多，他说："我爱你有这么多。"

嗯，这真的是很多，小兔子想。"我的手举得有多高我就有多爱你。"小兔子说。

"我的手举得有多高我就有多爱你。"大兔子说。

这可真高，小兔子想。我要是有那么长的手臂就好了。

小兔子又有了一个好主意。他倒立起来，把脚撑在树干上。"我爱你一直到我的脚趾头。"他说。

大兔子把小兔子抱起来，甩过自己的头顶："我爱你，一直到你的脚趾头。""我跳得有多高就有多爱你！"小兔子笑着跳上跳下。

"我跳得有多高就有多爱你。"大兔子也笑着跳起来，他跳得这么高，耳朵都碰到树枝了。

[①] 麦克布雷尼. 猜猜我有多爱你 [M]. 婕朗, 图. 梅子涵, 译. 北京：明天出版社, 2013.

这真是跳得太棒了,小兔子想,我要是能跳这么高就好了。

"我爱你,像这条小路伸到小河那么远。"小兔子喊起来。

"我爱你,远到跨过小河,再翻过山丘。"大兔子说。这可真远,小兔子想。他太困了,他想不出更多的东西来了。他望着灌木丛那边的夜空,没有什么比黑沉沉的天空更远了。"我爱你,一直到月亮那里。"说完,小兔子闭上了眼睛。

"哦!这真是很远,"大兔子说,"非常非常远。"

大兔子把小兔子放到用叶子铺成的床上,他低下头来,亲了亲小兔子,对他说晚安。然后他躺在小兔子的旁边,微笑着轻声地说:"我爱你一直到月亮那里,再从月亮上回到这里来。"

【训练提示】教师在讲述过程中,可以穿插提问,对幼儿提出3~5个问题,启发幼儿思考和想象。对于幼儿的回答,教师宜多鼓励多元答案和正面积极评价,不宜局限于看似合理、正确的标准答案。讲述时针对年龄不同的幼儿,应调整语速。另外,绘本讲述语言要生动形象,要有感染力、亲和力,表情要丰富,辅以恰当的体态语。尤其要以语言表达技巧为基础,如停连、重音、语气、语调、语速、节奏等。

总体上说,叙述语言部分的语速应该稍慢。角色语言上,大兔子的语速宜慢,才能更好地体现他长者的慈祥和爱意;小兔子的语速稍快,表现出他天真、活泼、调皮的个性。语调方面,应该根据大兔子和小兔子的不同心理,采用相应的升降调,例如小兔子的"猜猜我有多爱你"一句应该用升调,而大兔子的"喔,我大概猜不出来"一句应该用降调。语气方面,小兔子急迫和不服输的语气在多处都有明显体现,讲述时要生动地展现出来。另外,大兔子和小兔子强调的多处地方,要用重音突出。讲述时应该采用适当的体态语辅助讲述。

讲述时,开头可以这样设计:(左手拿书,右手指书封面)小朋友们,今天我们要讲的是什么故事呢?(《猜猜我有多爱你》)(教师介绍作者和出版社)大家瞧瞧封面上还有什么?(一只大兔子和一只小兔子)小兔子拉着大兔子的耳朵,向他说什么呢?现在我们就来看这个故事,(打开翠绿的环衬,让幼儿感到无边无际的爱)(翻开第一个扉页)你们看,上面除了书名外,还有两只兔子。他们俩同时都把头扭了过来,一双黑点似的眼睛望着你,想跟你说什么呢?(翻看扉页)我们跟着小兔跳、跳、跳进故事里吧!

2. 技能巩固

试讲小班绘本《爸爸,我要月亮》。

爸爸，我要月亮[①]

艾瑞·卡尔

小茉莉正要去睡觉，往窗外一看，看到了月亮。月亮看起来好近。小茉莉心里想：能跟月亮玩一玩该多好！就伸手去抓月亮。

但是不管她把胳膊伸得多长，就是抓不到月亮。小茉莉对爸爸说："爸爸，请你把月亮拿下来给我。"

爸爸找来一架好长好长的梯子。

他把好长好长的梯子，抬到好高好高的高山前面。

爸爸又把好长好长的梯子，架在好高好高的高山顶上。

最后，爸爸爬上了月亮，对月亮说："我女儿小茉莉想跟你玩，可是你太大了。"月亮说："我每天晚上都会变小一点，等我变得合你的心意，你就可以把我带走了。"

月亮真的越变越小，越变越小，越变越小……

月亮变得大小正合适的时候，爸爸就把它带走了。爸爸不停地往下爬，往下爬。

爸爸对小茉莉说："拿着，我帮你把月亮拿下来了。"小茉莉拿着月亮，一蹦一蹦地跳起舞来。她搂着月亮，又把月亮扔向空中。可是月亮不停地在变小，越变越小，越变越小，后来，就整个儿不见了。

有一天晚上，小茉莉又看到了薄薄的一小片月亮。

每天晚上，月亮就变大一点。

它越变越大，越变越大……

每当小茉莉睡着的时候，月亮都在一点一点地变大……

[①] 卡尔. 爸爸，我要月亮 [M]. 林良，译. 北京：明天出版社，2012.

第六章　幼儿教师体态语训练

知识目标

1. 掌握幼儿教师体态语的特点、作用及要求。
2. 掌握表情语、目光语、手势语、身姿语及服饰语的运用要求,初步养成运用体态语的习惯。

技能目标

能根据教育教学需要,正确使用表情语、目光语、手势语、身姿语和服饰语。

第一节　体态语概说

有声语言是人类最重要的交际工具,但是,人类的交际工具并不局限于有声语言,除此之外,人类还经常运用非有声语言性的交际手段辅助有声语言进行传情达意,如体态、表情、眼神、手势动作等,我们称之为体态语言(简称"体态语")。

由于幼儿的年龄特点,他们心理上和生理上尚不成熟,仅仅通过言语行为幼儿可能无法充分理解和接受教师所表达的意思,所以教师在一日生活中需要掌握一定的体态语来辅助教学活动的进行。

一、体态语的特点

（一）直观性

体态语之所以能够辅助有声语言产生形象、生动的表达效果,主要是因为它具有完全可见的表现形式,直接作用于人的视觉。例如欣赏同一个剧目或同一首歌曲,你是愿意听录音还是愿意看现场演出?显然你会选择后者。因为后者不但使用了声音语言,还会配合体态语,这就使演出生动、形象、逼真,具有极大的吸引力和感染力。毛泽东主席在十大教授法中提倡"以姿势助说话",就强调了体态语在教学中的重要作用。因此,要求教师在教学中一定要研究和运用体态语,这样才能增强教学效果。

（二）真实性

体态语并非人们日常生活中的一般动作,而是在特定条件下用表情、动作和身姿来做交流思想的工具，是表露人的内心、寄予人的情感的语言。发出体态语的一方既有可能是在做下意识的一种控制行为，又有可能是在做无意识的行为。心理学家弗洛伊德就曾说过："凡人皆无法隐藏私情，他的嘴可保持缄默，他的手却会'多嘴多舌'。"由此看来，人体语言大都发自内心深处，极难压抑和掩藏。比如，做了亏心事或偷了东西的人总显得心神不定，六神无主或鬼头鬼脑；听到好消息时，脸上总要露出笑容；听到批评时脸色总会显得很不自然；说谎时总怕看着对方的眼睛；激动时总要手舞足蹈；发怒时总要青筋暴起，或双拳紧握、咬牙切齿。这些事实不难证实体态语的真实性和可靠性都超过了有声语言。因此，若想分辨人心的真伪，应首先注意观察他人的体态信号。

（三）伴随性

体态语虽然具有直观性和真实性的优势，但它毕竟不是一种独立的语言交流系统，而仅存在于口语表达的过程之中，是对有声语言做必要的辅助和补充，用于提高说话的整体表达效果。口语交际中第一位的表达手段仍然是有声语言，只有有声语言才能最清楚、最细腻地传达各种信息。体态语只能表达一部分内容，它能补充有声语言，但不能脱离有声语言，更不能完全代替有声语言。教学中，师生现场直观教学的效果是最理想的。这主要是由于学生在直观教学中除了接受有声语言，同时还能接受体态语。如果教师在课堂上一言不发，只打手势，那学生将根本无法接受知识。所以我们既要重视体态语，又要了解它的特点，以便恰如其分地使用。口语交谈中不能没有体态语，但又不能过多。过多的体态语会使人眼花缭乱，分散对方的注意力，反而影响表达效果。

二、教师体态语的分类

教师的体态语可分为动态和静态两类。

动态的体态语是指教师用头语、手语、表情、眼神和身姿等，直接传递信息，给幼儿以直接影响。

静态的体态语是指教师的仪表风度，包括教师的容貌、服饰、打扮、举止、姿态等，是教师个体审美观念的外在表现，它通过教师的外部特征，透露出教师的外在气质，从而给幼儿潜移默化的影响。

在教学实际中，有些教师往往在教学中只重视口头语言的表达，而忽视体态语言所给予有声语言的辅佐、支持，以及能使教师与幼儿之间信息交流更准确、更形象、更感人的重要因素等。

三、教师体态语的作用

幼儿教师通过一定的手势、姿势、动作甚至眼神、容貌、体型等各种身体态势不断发出信息，这在活动中发挥着独特而重要的作用，对幼儿的身心健康成长能产生不可估量的影响。美国心理学家艾伯特·梅拉宾通过实验提出了一个这样公式：信息资料的总效果＝7%的词语＋38%的声音＋55%的人体动作、面部表情。由此可见，体态语言所起到的"无声胜有声"的作用是不可低估的。对于语言发展处于初级阶段的幼儿，在运用语言符号交流的同时，教师适当运用体态语言进行交流，可以提高师幼双方沟通的有效性。同时，因为幼儿善于模仿，他们也能够从教师身上学习到用体态语言进行沟通的技巧。

（一）增进与幼儿的感情，降低幼儿的心理防线

刚刚进入幼儿园的小班幼儿，他们刚从熟悉的家庭环境中分离出来，来到一个全新的环境，很容易产生一种不安全的感觉，这时候如果教师能够给他们一个温柔的笑容，或者安抚性地摸摸头，就会让他们比较容易感受到教师的善意，从而降低对幼儿园的抵触心理。

（二）辅助教学，使教学活动顺利进行

体态语不仅在增进教师与幼儿的感情方面有良好的效果，而且将当其恰当地运用到教学活动中时也会收到良好的效果。通过体态语的沟通，能让教学过程更顺利地进行。

首先，体态语能够辅助教师组织教学活动。体态语在组织群体性活动中发挥的作用尤为明显，可以使幼儿形成某种条件反射。教师可以和幼儿协商，约定一些具有特殊含义的动作，这样教师就可以简洁而迅速地向幼儿传达自己的指令，比如：食指放在唇边表示安静，对幼儿竖起大拇指表示赞扬，小手放在膝盖上表示坐端正，双手合并放头侧表示安静休息，等等。

其次，体态语能够帮助教师提高教学效果。比如在教授数字这节课的时候，教师可以用手指给幼儿演示各种数字的形状，使抽象的数理知识形象起来，也能够引起幼儿的兴趣。再比如在小班绘本活动《小黄鸭找妈妈》中，教师可以根据绘本中出现的不同动物，对其特点进行模仿，使幼儿对当时的情境有一个比较充分的感知，对绘本内容产生浓厚的兴趣，也更能让幼儿体会到不同动物之间的善良可爱，增添活动的趣味性，带动幼儿的积极性。

教学活动中需要丰富多彩的有声语言，也需要千姿百态的体态语，幼儿教师科学适宜地运用体态语，对提高活动有效性有事半功倍的作用。

四、体态语运用的要求

体态语必须运用得当，使其发挥应有的辅助有声语言的作用，不然就会画蛇添足，甚至弄巧成拙。准确、自然、协调和适度是体态语的基本要求。

（一）准确

体态语的使用要有目的性，一挥手、一摆头、身子前倾或后仰，都要有内在的根据，清楚的用意。过多的下意识或者无意识的姿势不但会引起听众的视觉疲劳，还有可能造成听众的费解、误解。一位美国总统在任期间参加下一届的总统竞选，在一次记者招待会上，他双手上抬招呼大家站起来，而嘴上却说："大家请坐。"另一次演讲，他手指听众，却说"我"，然后指着自己说"你们"，弄得大家莫名其妙，导致很多选民认为他老了，纷纷弃他而去。这位总统体态语用得不准确成了贻笑大方的闲话，也从一个侧面诠释了体态语的重要性。

（二）自然

体态语应是交谈者或演讲者内在思想感情的自然流露，是有声语言的有机组成部分。要顺乎自然，不要为了追求美而画蛇添足，为了追求有风度而机械模仿。体态语要与有声语言融会贯通，随内容和感情的需要而出现，强调临场性，这才会是自然的、恰当的。另外，"怯场"也是造成体态僵硬的主要因素，所以要多创造当众讲话的机会，闯过心理关，体态才会更加自然大方。

（三）协调

一方面，使用体态语时，手势、表情和身姿要协调；另一方面，体态语的运用要根据讲话内容和感情的需要，同有声语言协调一致。它的节奏要同有声语言的节奏同步，超前或滞后都会破坏交谈或演讲的整体一致性，影响有声语言的表达。动作的幅度也要随情感的强弱做出相应调整。另外，体态语的运用要针对听者的多少，会场的大小，环境条件的变化而有所区别，还要根据听众的不同而有所选择。

（四）适度

在口语交际过程中，体态语并非越多越好，一定要顺乎自然，不要刻意为之，动作的幅度、力度、频率等要适中，要能够突出口语交际的目的，否则会使人望而生厌。只有自然、适当的体态语才会让人们的沟通更加自如。

五、幼儿教师运用体态语的注意事项

尽管体态语具有种种优点，但并不意味着教师就可以无规范、无节制地滥用体态语，那样不但不会起到良好的沟通效果，甚至有可能会起到反作用，所以教师在运用体态语与幼儿沟通的时候必须遵循一定规范。

第一，体态语的运用要自然，要符合情境，顺势而为。教师动作如果过于矫揉造作必然会对幼儿产生不好的示范作用。

第二，体态语的运用必须符合一定的文明规范。比如在请幼儿回答问题的时候要用邀请的动作，而不可用手直接点指幼儿。

第三，体态语的运用不可过多，体态语只是在沟通中起到辅助作用，但并不可喧宾夺主。体态语如果过多反而可能使幼儿无法理解教师要表达的意思。

六、技能训练与巩固

1. 技能训练

根据提示用不同的体态语讲述下面故事片段，注意用不同的音色和语调演绎。

从前有一个人长得好高、好高（踮起脚尖，身体和两手尽量往上伸），他有一个朋友长得好矮、好矮（蹲下，身体缩成一团）。矮个子叫高个子（两手合拢嘴前，呈喇叭状，抬头向上叫）："喂！上面的高个子，你好吗？"高个子也叫矮个子（两手合拢嘴前，呈喇叭状，头往下叫，声音低沉）："喂！下面的矮个子，你好吗？"

……

矮个子摘下帽子（蹲下身体缩成一团，假装摘帽子）说："再见，我的高朋友！"高个子也摘下帽子（踮起脚尖，也假装摘下帽子）说："再见，我的矮朋友！"

2. 技能巩固

讲述下面的故事，注意体态语的运用。

有一只小花猫，做事可马虎了。

有一天，他往家里走的时候，看见门儿就敲一敲。"笃、笃、笃！笃、笃、笃！""汪汪汪"，小黄狗来开门了。小花猫一看："哎呀，对不起，小黄狗，我敲错门了！"小黄狗很礼貌地说："没关系，再见！"

小花猫走了，走到一座屋子跟前，又"笃、笃、笃"地敲门，"喂！开门呀！""咩——咩——咩——"，小羊来开门了，打开门一看，忙问："哎，小花猫，有什么事吗？"小花猫不好意思地说："哎呀！真是对不起，我又敲错门了。小山羊再见！"

小花猫又往前走了，看到门，又一边敲一边喊："妈妈，我是小花猫，快开门呀！"大老虎打开门，大声吼着："啊呜！啊呜！"吓得小花猫哧溜一下爬上了大树。

打这以后，小花猫再也不敢马虎了，看好门牌号码后，再敲门。笃、笃、笃！笃、笃、笃！"妈妈，我回来了，快开门呀！"

猫妈妈打开了门，高兴地说："孩子，你可回来了。"小花猫扑到妈妈的怀里："喵！喵！妈妈，我可回到家了。"

第二节　表情语训练

一、什么是表情语

表情语是通过面部肌肉、眉、唇等的变化，将说话者各种复杂变化的内心世界最迅速、最敏捷、最充分地反映出来的语言。一个人的表情远比一个人的外表更加重要。俗话说："听其言而观其色。"就是说听人说话时，一定要观察他的面部表情的变化，推测他内心的真实心态和想法。

微笑是表情语中运用最广、最具魅力的一种形式，学会在口语交际中多一些发自内心的、真诚的、温暖的微笑，有助于强化有声语言的沟通功能，有助于交际目的的实现。

二、如何正确使用表情语

从某种程度上说，表情是人的心理活动的一面镜子。表情语的使用在人与人的交往中有重要的作用。人们常说的"察言观色"就是指通过表情语来理解人的心理。

幼儿教师的表情语对幼儿的影响较大，常用的表情语可以分为两种：一种是使幼儿产生良好的心理态势，创造和谐轻松的学习氛围的常规性表情，即面部表情亲切、和蔼、热情、开朗，常常面带微笑，常规性表情是对幼儿教师面部表情的基本要求，是幼儿教师在幼儿来园、离园时应该使用的表情语。另一种是变化的表情语，教师的表情还应随着教学内容的不同、教学情境的改变、教学对象的表现而变化。在叙述的地方平静、在高兴的地方喜悦、在豪放的地方激昂、在沉重的地方悲伤、在自信的地方坚毅、在不满的地方愤怒、在美好的地方温暖，随着教学过程变化，使学生深刻地理解教学内容，使课堂充满活力和吸引力；随着教育的过程变化，或赞美，或批评，或激励，或引导，或督促，与学生发生感情共鸣，使学生受到感染和教育，并使其身心健康地成长。

幼儿教师在教学和教育过程中应注意表情要适度、自然、生动活泼，不应过于严肃、呆板，让幼儿产生心理上的畏惧情绪。

三、表情语常见类型举例

（1）表示欢乐：眉毛舒展，眼神亲切明亮，充满笑意，即我们常说的眉开眼笑。
（2）表示失望：目光呆滞，暗淡，面部肌肉凝滞。
（3）表示兴趣：眉毛微微上扬，双眼略略张大，一般口部微张，同时嘴角略上翘呈现微微的笑意，以示关心、重视，且含有鼓励、褒扬成分。
（4）表示满意：眼睛略闭，嘴角上翘浮出微笑，以示鼓励。
（5）表示亲切：双眼微眯，嘴角微翘，面露微笑。
（6）表示询问：眉毛上扬，眼睛略睁大，嘴微微张开，略带关注、疑惑之态。
（7）表示严肃：眉毛微皱，双唇较紧地抿在一起，眼睛略睁大。
（8）表示惊奇：眉毛上扬，睁大双眼，嘴圆张。
（9）表示愤怒：眉紧皱，眼圆睁，牙关紧咬致使双唇紧抿，有时伴有面色紫红或苍白。
（10）表示蔑视：眼微眯，嘴角下垂，嘴向一边撇去。
（11）表示仇恨：目光冷漠，直盯对方，面肌紧张，甚至略带抽搐。
（12）表示踌躇：目光游移不定，眉毛略皱，嘴微张。
（13）表示心虚：目光不敢正视别人，面部凝虑。

以上举例只是对常见表情的简单概括，事实上，人的表情是多种多样且复杂多变的，同时也会因人而异，或因情感强弱的程度产生细微的变化。在生活中，要学会细心观察，并结合自身体验来提高自己的对面部表情的解读能力和表现能力。

表情语示例：
（1）在讲到故事《狮子和老鼠》中：狮子正在树下睡大觉，一只老鼠的叫声惊醒了它，狮子生气地一把抓住老鼠，恶狠狠地说到"你这个小东西竟敢破坏我的美梦。看我怎么收拾你"时，教师可以做大幅度夸张的"抓"动作，面部表情是狰狞的，语气是恶狠狠的，让幼儿能够感受到狮子的凶猛；在讲到老鼠一听连喊救命"狮子大王饶命呀，我知道你是最强大的，我这么小还不够你塞牙缝，你放过我吧！我一定会报答你的大恩大德"时，教师要模拟老鼠用颤抖的声音并双手合拢做求饶状，面部表情是胆怯的，让幼儿能够感受到老鼠的弱小和害怕。

（2）在讲到故事《森林运动会》中的"运动会那天小猴和小熊参加爬杆比赛。小猴不费吹灰之力，嗖、嗖、嗖几下爬到了竿顶"，教师面部表情应该是骄傲的；而读"嗖、嗖、嗖"时要读得短而且轻快，手上则是有节奏地抓竿往上爬的动作，表现出小猴子的机灵。

（3）在讲到故事《两只笨狗熊》中的两只狗熊时，教师要用憨厚的声音和语气语调，表情应该是单纯和诚实的；在讲到狐狸大婶的时候，教师的表情要眼珠转动，表现出狡猾的样子，与此同时做出夸张猥琐的手势，让幼儿通过教师的表情和手势，理解故事，感受故事的妙趣横生。

四、技能训练与巩固

1. 技能训练

（1）训练下面句子的表情语并读出句子。

①小蝌蚪找到了青蛙妈妈，高兴地喊道："妈妈！妈妈！"（满脸笑容地喊"妈妈，妈妈"）

②小白兔得意地看着在后面爬着的乌龟。（下巴抬高，眼神朝下，嘴角微咧）

③孔雀展开屏，骄傲地走在森林里。（头抬高，下巴往上扬，眼睛半眯缝着）

（2）读下面的语句，并用恰当的表情表演出来。

①青蛙听了，"咯咯"地笑了起来："傻孩子，我就是你们的妈妈呀！"

②"谁让你说话来着？"9大声地对1说，"瞧你瘦得像根火柴棒，没头没脚的，两个你加在一块儿，也不过是个2。"

③狮子一听气炸了，说："什么什么？有这样的事？我得拿出点厉害给那个蠢东西看看！"

④大猴子边跑边喊："不得了啦，不得了啦，月亮掉到井里头啦！"

⑤小天鹅忽然发现了自己映在水里的影子："啊！我是这么漂亮，我怎么从来都没发现呀。"

⑥小兔子有气无力地说："妈呀，累死我了，哪有时间理你呀，我还要推我的白菜呢。"

⑦小天鹅听了，伤心地飞回了湖里，落下了一行行眼泪："我长得很漂亮，为什么没有人夸奖我呢？"

⑧松鼠在松树上大声喊道："小马，别过河，河水会淹死你的！"

⑨兔子得意极了，它们一面往岸上跳，一面说："哈哈，老乌龟，你上了我们的当喽。"

⑩小猪一不小心，摔了一跤，这一跤摔得小猪两眼直冒金星，疼得哭了起来："练跑步太辛苦了，我不练了，我不练了。"

2. 技能巩固

下面这首小诗表现了教师的微笑在幼儿成长过程中的巨大力量，请设计表情语并进行训练。

笑脸

我爱妈妈的笑脸，

像太阳一样温暖；

我爱老师的笑脸，

像泉水一样甘甜。

啊！亲爱的老师，

你们的笑脸我常在梦中看见。

第三节　目光语训练

一、什么是目光语

人们常说："眼睛是心灵的窗户。"这是再恰当不过的比喻。眼睛是表现人内心情感最直接、最真切、最丰富的器官。有时，有声语言无法表述出来的内心世界，却能从人的眼睛里显示出来。不论是喜怒哀乐，还是惊慌恐惧，都能用眼神来表达。人们在日常交往中，眼神也能展示出它的特殊功能。在口语交际中，人们总是根据交际的需要恰当地运用各种眼神来帮助说话。眼睛明亮，内心欣喜；目光暗淡，情绪不佳；两目圆睁，心中愤怒；双眉紧锁，正在深思；目光一扫，表示不满；目光专注，提示批评。

在与人交流的过程中，目光投向的角度不同、专注度不同都会给人留下不同的心理感受。

二、目光的角度

（1）正视：即直接地注视对方，表示认真、坦诚，或是关注对方。

（2）斜视：表示轻蔑，看不起人或不屑一顾。

（3）仰视：表示尊重对方，如和教师、长辈交谈时就应多使用仰视的方式。

（4）俯视：表示关心亲切。如教师上课或与学生课下交谈时要多使用俯视的方式，使学生感到亲切温暖。

（5）环视：即有节奏地注视不同的人或事物，它表示认真、重视。适用于同时与多人打交道，表示自己"一视同仁"。教师上课尤其要多使用环视，既能做到面向全体，又能将每个学生的反应纳入自己的视野之中。

（6）他视：即与某人交往时不注视对方，反而望着别处。表示胆怯、害羞、心虚、反感、心不在焉。

三、注视的程度

（1）凝视：是直视的一种特殊情况，即全神贯注地注视，多用于表示专注、恭敬。

(2) 盯视：即目不转睛，长时间地凝视某人的某一部位。表示出神或挑衅，故不宜多用。

(3) 虚视：是相对于凝视而言的一种直视，其特点是目光不聚焦于某处，眼神不集中。多表示胆怯、疑虑、走神、疲乏、失意或是无聊。

(4) 扫视：即视线移来移去，注视时上下左右反复打量。表示好奇、吃惊。

(5) 无视：即在人际交往中闭上双眼不看对方，又叫闭目而视，表示疲惫、反感、生气、无聊或没有兴趣。它给人的感觉往往是不大友好，甚至会被理解为厌烦、拒绝。

四、如何正确使用目光语

利用眼神与学生交流、组织教学，是教师应该学会的一项本领。幼儿教师应恰当运用各种眼神来表情达意。研究发现，教师在教学过程中，平均用44%的时间直视前方，39%的时间与他左边的学生交换目光，而光顾右边的学生的时间只有17%，这是教学过程中逻辑思维占主导地位造成的。因此，教师除了目光要保持神采，用丰富明快的眼神使口语表达更加生动传神，还要注意把目光进行合理分配。眼神甚至比语言更能起到传达信息、控制课堂气氛的重要作用。教师讲课时要扩大目光语的视区，始终把全班同学都置于自己的视野之中，并用广角度的环视表达对每个学生的关注。要用眼神的交流组织课堂教学，捕捉反馈信息，针对不同的学生使用不同的目光点视，如：对听讲认真、思维活跃的学生投去赞许的目光，对思想开小差的学生投以制止的目光，对回答问题胆怯的学生投以鼓励的目光，等等。

五、教师使用目光语应注意的事项

教师上课、说话时要注意克服不良目光语的运用：经常对幼儿瞪眼，这种目光会让幼儿产生更大的敌意；幼儿和教师交流或有事请教教师时，教师只顾自己做事，视线不与幼儿交流，从而冷落幼儿；长时间盯着幼儿不放松，这种目光会让幼儿产生压力；斜视幼儿，会给人一种漠然、轻蔑和漫不经心的感觉；做手势时，手眼不一致让人不能正确理解所讲的内容；上课说话时教师的眼神黯淡无光、飘忽不定或总盯着天花板、窗外，不正视幼儿，给人心不在焉的感觉。

六、技能训练与巩固

1. 技能训练

(1) 训练下面句子的目光语并读出句子。

①你真棒！（赞许、鼓励的眼神）

②请你不要说话了。（比较严肃的眼神）

③不要怕，你一定可以做到的。（激励的眼神）

(2) 阅读下面的材料，谈谈教师的目光语对幼儿的影响。

我们班上有一个叫子豪的小朋友，特别调皮，上课不但不认真听讲，还常搞小动作，让我们非常头疼。上课时,我总是特别注意他,一有"风吹草动",立即予以警告。

有一次,复习儿歌《我们的祖国真大》,讲解完了之后,我请小朋友们念一遍。我特别盯着子豪,他看了我一眼,赶紧低下头,一句也没念,我批评了他。他嘟哝着说:"我想念,可是你狠狠地看着我,我就不敢念了。"说完,他委屈地哭了。我的脸一下子红了,忙对大家说:"刚才有些小朋友在心里默默地念,但我们的祖国这么大、这么美,我们的小朋友应该自豪一些,再大声念给老师听。"小朋友们念完后,我请子豪念给全班小朋友听。他念得特别好,我表扬了他,他高高兴兴地坐在椅子上。此后,我改变了对子豪的教育方法,不是用提防、警告,而是用表扬、鼓励。他一天比一天乖,一天比一天能干,学期末,还获得了"优秀幼儿"的光荣称号。

对那些调皮的孩子,请别用警觉的目光盯着他。

2. **技能巩固**

请认真朗读下面的诗歌,体会诗歌的内容,说一说目光语的重要性。

老师的眼睛

老师的眼睛真美,
走路时,
我摔倒了,
老师的眼睛对我笑,
我就不疼了。

老师的眼睛真亮,
睡觉时,
我害怕了,
老师用眼睛看着我,
我就安静地睡着了。

老师的眼睛真大,
全班小朋友都装在里面。
谁的扣子掉了,
谁的辫子散了,
谁的鞋子穿反了。
老师的眼睛——
都知道……

第四节　手势语训练

一、什么是手势语

手势是人类进化历程中最早使用的、先于有声语言的交际工具。手势语是说话者运用手指、手掌、拳头和手臂等动作变化，表达思想感情和传递信息的一种体态语言。手是人体最灵活的部分，所有工作几乎都要由手来完成。在说话交流中，手势同样有着不可低估的作用。恰当运用手势，对于加强口语语势，补充口语不足，表现说话者的体态形象，增强语言的说服力和感染力都有着重要作用。有时候，一个动作，一个手势便胜过千言万语。

二、手势语的类型

手势语表达的含义非常丰富，可以大致分为四种。

（一）情感手势语

情感手势语主要是帮助教师表达情感，使教师表达的情感更加丰富、动情，对儿童有更加强烈的感染力。例如：教师要表达坚定不移的情感时右手紧握拳头，稍稍抬起，就会加强有声语言的表达效果；表示赞赏或夸奖，可以竖起大拇指；等等。

（二）指示手势语

指示手势用于指明要说的人、事物、方向等。例如，在朗读"古时候，天上有十个太阳，晒得地面上寸草不生"时，用手势分别指天上和地面，表示方向。

（三）象形手势语

象形手势主要用来描摹人或事物的形状，给幼儿一种直观的感觉。这种手势带有夸张性，例如："猴王找到一个大西瓜"，在"大"字上除了用重音处理，再加上手势动作就非常形象；用小拇指表示"一丁点儿小"；用手的食指和中指竖起来表示兔子；用双手合拢左右摆动表示大象；等等。

（四）象征手势语

象征手势主要用来表达比较抽象的概念。幼儿能够准确恰当地理解这种手势与有声语言有机结合在一起以后产生的意境，使幼儿从这种意境中产生某种联想。例如：教师做举手发言的动作，幼儿就能知道怎么做了；老师用手按在嘴唇上说"嘘"，幼儿就知道不能随便说话了；等等。

三、手势的区域

根据手的动作范围，一般将手势分为三个区域。手势在不同的区域活动，往往代表不同的情感含义。

（一）上区

上区为肩部以上的区域，多表现积极、振奋、肯定、张扬等意义。比如，幼儿教师在演讲比赛中的结束语：朋友们，老师们，让我们携起手来，共同开创学前教育事业的美好明天！在表达"美好"时用中区手势，讲到"明天"时，迅速上扬，用上区手势。用慷慨激昂的语气语调和坚定有力的上区手势，表达积极的情感态度，达到演讲的高潮。

（二）中区

中区为肩部至腰部的区域，表达坦诚、平静、和气等叙述、说明的中性意义。在进行幼儿故事讲述时，叙述性的语言经常用中区手势。例如：很久很久以前，猫并不吃老鼠，有一只猫和一只老鼠住到了一起。

（三）下区

下区为腰部以下的区域，多表现憎恶、鄙视、压抑、否定等贬义。例如：我们不和假惺惺的狐狸做朋友；但大象不喜欢雨天，因为他买不到大雨伞，所以，大象只能待在家里，真没意思。用下压的手势，强化了憎恨、否定的情感。

手势的方向和角度也可以表达不同的含义，手势向上或向下、向前或向后、向内或向外，以及手势的曲直度，都会表达出不同的含义。

四、手势的动作方式

手势的动作方式主要有三种。

1. 手指手势

手指的运用主要表示以下几种情况：①表示数目；②表示态度；③指点事物或方向；④凝聚注意力；⑤表示微小或精确。

2. 手掌手势

在现实生活与工作的交流沟通中，手掌的运用是最普及、最常见、最频繁的，它是手势语的主角和体态语的重头戏。所以，我们必须重点练习与熟练运用。手掌手势的基本要领是：拇指张开，其余四指自然并拢微曲，手臂（手臂分为三段：上臂、前臂与手）根据手掌的位置而灵活变化。

常用的手掌动作有以下几种：

（1）伸手（手心向上，前臂略直，手掌向前平伸）——表示请求、交流、许诺、谦逊、承认、赞美、希望、欢迎、诚实等。

（2）抬手（手心向上，手臂微曲，手掌与肩齐高）——表示号召、唤起、祈求、激动、愤怒、强调等。

（3）举手（五指朝天，前臂垂直，手掌举过头顶）——表示行动、肯定、激昂、动情、歌颂等。

（4）挥手（手臂向前，手掌向上挥动）——表示激励、鼓动、号召、呼吁、前进、致意等。

（5）推手（手心向前，前臂直伸）——表示坚决、制止、果断、拒绝、排斥、势不可挡等。

（6）压手（手心向下，前臂下压至下区）——表示要安静、停止、反对、压抑、悲观或气愤等。

（7）摆手（手心对外，前臂上举至中区上部）——表示反感、蔑视、否认、失望、不屑一顾等。

（8）心手（五指并拢，弯曲，自然放在胸前）——表示祝愿、愿望、希望、心情、心态等。

（9）侧手（手掌放在身体一侧，手心朝前）——表示憎恨、鄙视、神秘、气愤，指示人物和事物等。

（10）合手（两手在胸前由分而合，双手合一）——表示亲密、团结、联合、欢迎、好感、接洽、积极、同意等。

（11）分手（两手在胸前由合而分，双手打开，做另一手势状）——根据打开后手势的区域不同，分别表示空虚、沉思、消极（下区），赞同、乐观、积极（中区），兴奋、赞美、向上（上区）等。

3. 拳头手势

拳头的动作在演讲中一般表示力量、决心、奋斗、警告、斗争、愤怒、仇恨、无比激动、坚定信心、充满自豪等。注意，做拳头手势时拳头只能对上，不可将拳头对人。

五、手势语的要求

手势运用并不是越多越好，手势运用要规范适度、简洁自然、大方得体；要与有声语言、身姿语配合协调，情之所至，手随意行，眼随手到，幅度适度，恰当适时，不要繁多、杂乱、生硬、造作。手势语可以显示出一个人的修养、见识、品质和精神内涵等。

教学中要"以手势助说话"，使用手势时有以下几点要求。

（一）手势指向明确，克服随意性

手势要针对不同的教学对象、教学内容，正确选用不同含义、不同区域、不同指向的手势。例如："请这位小朋友回答一下。"手势要用中区手势，要指向明确的对象，而不能用上区或下区手势，指向其他人或其他地方。

（二）手势要正确适度

手势的适度包括规范性、速度、频度、幅度、角度等。例如："请这位小朋友回答一下。"要用大拇指分开、其他四指并拢的手掌，而不是五指分开的掌形或个别手指指点的动作,要用45°左右的角度、中等速度出掌才能体现对学生的尊重,达到要学生起来回答问题的目的。

(三) 手势要自然亲切

教育教学场合多用柔和曲线的手势,少用生硬的直线手势,营造轻松和谐的活动氛围,便于和学生拉近距离,让学生对教师产生信任感,能很快和教师配合默契。例如:"请这位小朋友回答一下。"用微曲柔和的手势比用绷直僵硬的手势更能够感染学生,取得学生的信任。

(四) 要注意克服教学中常见的不良手势

教学中常见的不良手势:抓耳挠腮;手沾唾液翻书;多用手指少用手掌,尤其是用食指对幼儿指指点点;用手指敲击课桌、书本或玩具;手持图书或教具讲课,挡住面部,幼儿看不清教师的面部表情;随便对幼儿动手动脚和指手画脚;总是把手背在背后或把手插在裤袋里;总是不停地推眼镜、拉袖子、提裤子;等等。

对幼儿教师来说,手、手臂以及身体的其他动作也能与幼儿进行沟通。比如:表示安抚和鼓励时,可以拉拉幼儿的小手,拍拍幼儿的小脸,摸摸幼儿的头或搂搂他,这些看似漫不经心的小动作,会给幼儿莫大的安慰和支持。教师正确使用手势语可以使小班幼儿很快度过分离焦虑期。

手势语示例:

(1) 在教学诗歌《吹泡泡》时,重点是让幼儿能够正确地理解事物之间包含的关系,由于幼儿的年龄较小,对于诗句"果子是果树吹的泡泡"不理解,这时,教师就要适时借助于手势语,运用食指和拇指为幼儿比画出一个小圆圈,以此表示果子,再用食指和拇指为幼儿比画出一个大圆圈,以此表示果树,这样通过手势语形象地表示出果子与果树之间的大小、包含关系,幼儿就能比较轻松地理解诗歌内容。

(2) 在教学儿歌《小白兔》时,为了让幼儿能够熟练地记住儿歌中的歌词,教师在教学儿歌时可以融入手势语,在唱"小白兔,白又白,两只耳朵竖起来"时,把两只手的食指和中指做成兔子耳朵形状放在头顶上,当教师教唱"爱吃萝卜和青菜"时,运用手势语扮演出小白兔吃萝卜和青菜时活泼可爱的形象,使小白兔生动形象地呈现在幼儿的面前。教师在教学这首儿歌时,一定要注意歌词和手势语的一致,这样幼儿才能更深刻地理解歌词内容,很快记住歌词,并配以手势动作流畅地把歌曲唱出来。

(3) 在讲《贪吃的小猪》故事时,讲到"小猪噜噜肚子饿了到处找吃的"的时候,教师应该双手摸着肚子,左边看看右边瞧瞧。在讲到"噜噜走进蛋糕店,吃了一勺金黄的甜奶油"时,教师的动作应符合幼儿的年龄特点——学着幼儿用手指头蘸蛋糕,然后用舌头去舔奶油的动作。在讲到"扑哧!扑哧!肥皂泡泡从嘴巴里冒出来了。红红的,黄黄的,蓝蓝的,还有绿绿的"时,教师应该张大嘴做连续吹泡泡状,同时双手连续做握拳放开状,面部表情应是吃惊的,此时声音应是缓缓的,这样才能更好地突出故事的童真和童趣。

六、技能训练与巩固

(一) 技能训练

(1) 按照提示的手势语朗读《0 的断想》,但是不要拘泥于手势提示,可以大胆地使用准确表现诗歌内容和情感的手势。

0 的断想

0 是谦虚者的起点,①
骄傲者的终点。②
0 的负担最轻,③
但任务最重。④
0 是一面镜子,⑤
让你认识自己。⑥
0 是一只救生圈,
让弱者随波逐流;⑦
0 是一面敲响的战鼓,
叫强者奋勇进取。⑧

【训练提示】

第①句:象征手势,可单手掌心向上,抬小臂,微伸至中区;

第②句:翻转手心,向下;

第③句:情意手势,抬臂至肩下;

第④句:握拳,拳心向内;

第⑤句:指示手势,松拳;

第⑥句:掌心向内;

第⑦句:情意手势,翻转掌心,向下,由内向外缓缓移动;

第⑧句:举起右手,带动小臂,向前向上抬,手与肩平,动作有力度。

(2) 请说一说一个手势的改变为什么能够让父子之间的关系渐渐融洽。

有一个孩子十分调皮,家长没有办法与他沟通交流。经人介绍,家长带着孩子到一位心理学家的家里去请教。刚进门,父子两人又因为一件小事争执了起来,家长指着孩子说:"这孩子没法教育了。"心理学家知道了问题的症结所在,于是建议家长把食指换成拇指,就能产生良好的效果。经过一段时间的坚持,父子之间关系渐渐融洽起来,你知道奥秘在哪里吗?

(二) 技能巩固

为下面的诗歌设计手势语,准确表现诗歌内容和情感。

小熊过桥

小竹桥，摇摇摇，
有只小熊要过桥。
立不稳，站不牢，
走到桥上心乱跳。

桥下流水哗哗笑。
"妈妈，妈妈快来呀，
快把小熊抱过桥！"

河里鲤鱼跳出水，
对着小熊高声叫：
"小熊，小熊不要怕，
眼睛向着前边瞧！"

一二一，
小熊过桥回头笑，
鲤鱼乐得尾巴摇。

第五节　身姿语训练

身姿语是指通过身体的姿势、动作来表达情感、传递信息的体态语。

在口语交际中身姿是一个人文化修养、性格爱好、生活情趣等综合素养的侧面体现，它用微妙的作用和效果完成着有声语言难以完成的任务。例如：站立时自然立正，表明了庄重、严肃的态度；身体稍前倾或躬身则表示谦虚恭敬；抬头挺胸表现人的自信豁达；弯腰曲背则说明颓丧消极；挺胸鼓肚表示傲慢；左右摇摆、双脚乱动则给人焦躁轻浮之感；落座时，深坐者给人老成持重之感，浅坐者则显得谨慎谦恭或局促不安；走路时，大步快走表明精神愉快、自信乐观，步缓沉重则说明身体欠佳或精神萎靡；等等。

俗话说："坐如钟、站如松、行如风。"这是对人的坐姿、站姿和走姿的基本要求，同样也是对教师的要求，良好的身姿是教师基本素质的体现。著名教育家马卡连柯说过："高等师范学校应当用其他方法来培养我们的教师们。如怎样站、怎样坐、怎样从桌子旁边的椅子上站起来、怎样提高声调、怎样笑和怎样看等'细枝末节'，在实际工作中，这些技巧对于我和你们这些有许多经验的教师一样，是具有决定意义的……如果没有这些技巧，就不能成为一个好老师。"所以，我们要恰当地运用身姿语，增加个人魅力，增强交际能力。

身姿主要包括坐姿、站姿和走姿三种。

一、坐姿

坐姿是言语交流时常见的一种基本身姿。不同的坐姿反映不同的心理状态，如：抬头仰身靠在座位上，反映了倨傲不恭的心理；上身略为前倾，头部侧向说话者，是洗耳恭听的态势；欠身或侧身坐在椅子的一角，是谦恭或拘谨的反映；等等。

（一）坐姿的要求

在公众场合正确的坐姿是：端庄、大方、自然。

坐时上身自然挺直，不要弯腰驼背；腿的姿势要配合得当，一般不能跷二郎腿，不可交叉地伸向前方或腿一前一后伸出，也不能使双腿呈内"八"字或外"八"字状；双脚自然垂地，双膝自然靠拢；两腿可以一前一后靠拢，双手可以掌心向下或掌心向上相叠或两手相握，放于膝盖之上，自然舒服即可。坐着谈话时上身与两腿应同时转向对方，双目正视说话者。坐时不可前贴桌边后靠椅背，上身与桌、椅均应保持一拳左右的距离。入座时要轻而缓，女士穿裙装入座一定要先理顺裙子静静入座；无论什么坐具入座时都不要坐得太满，应该坐在椅子三分之二处，表现出稳健、自信、得体、大方的感觉。幼儿教师在集体活动中，有时要围圈坐着教学，所以更要注意以良好的坐姿面对幼儿。

（二）坐姿的禁忌

为保证坐姿的正确和优美，应注意以下四点：

一是落座后，两腿不要分得太开，若女性坐时，两腿分得太开尤为不雅。

二是当两腿交叠而坐时，悬空的脚尖要向下，切忌脚尖向上，并上下抖动。

三是交谈时，勿将上身向前倾并以手支撑着下巴。

四是落座后不要左右晃动，扭来扭去，给人一种不安分的感觉。

二、站姿

站立是人们在生活中的一种基本举止，站姿是通过站立的姿态传递信息的语言。站姿不仅仅是一种外在的显性的姿势，同时，也传达了教师的教育理念，反映出教师是否关注学生、是否尊重学生、是否和学生建立了平等的师生关系。"请这位小朋友来讲一个故事好吗？"面对学生，用微微前倾的姿势，面带微笑，加上正确的手势动作，营造出一个宽松的心理氛围，使学生愿意表达、敢于表达、乐于表达。

（一）站姿的要求

站姿的要求是稳健、挺立、大方，显现出一种自然美。

双腿稍微分开，与肩齐，两手自然垂直于身体两侧；抬头挺胸，双眼平视前方；精神饱满，面带微笑，给人一种自信的感觉。

（二）站姿的禁忌

站立时，两脚并拢、昂首挺胸，很有精神，却显呆板，不能给人自然美；两脚叉开，不能给人谦虚的感觉；呈"稍息"姿态后，一只脚还在不停地抖动，给人不严肃、不稳重的印象；摆弄衣角、纽扣，低头不面向听众，给人胆怯之感；双手插入口袋或双手叉腰，给人懒散的感觉；耸肩或不停地晃动身体、扭腰；等等，这些都是站姿的禁忌。

教师讲课时站累了，可将身体重心轮换放在一条腿上，但身体不能松懈；不能斜靠在教室门边或讲台上，不能把另一条腿伸得太远或下意识地抖动；不要长时间用双手撑着讲台或将上身俯在讲台上，显得无精打采、漫不经心。不雅的站姿给人以慵懒、萎靡、轻薄、乏力、不健康的印象，幼儿教师一定要克服。对幼儿教师来说，还要以幼儿为本，不要让幼儿仰视你，根据活动内容的需要和教学对象的特点，要经常采用身体前倾、半蹲和俯身的姿势，近距离与幼儿平起平坐，让幼儿感到更安全、更贴心。

三、走姿

走姿是生活中常用的一种姿态，是通过行走的步态传递信息的语言。

（一）走姿的要求

走姿的一般要求是自然、轻盈、敏捷、矫健。

行走时挺胸收腹，身体重心稍向前倾，双臂前后摆动，步伐稳健，步履自然，两眼平视前方，精神饱满，面带微笑。教师是育人的职业，教师的走姿既是教育教学的需要，同时又给学生起到了示范的作用。男教师行走时脚步要大方、稳重、有力，显示出阳刚之气；女教师行走时要端庄、自如、轻柔、大方，显示出女性之美。

（二）走姿的禁忌

在公众场合，走姿忌弯腰曲背、步履蹒跚、面无表情、东张西望，在教学场所走动不要过频过急，否则会分散学生注意力。行走时步伐应尽量避免太大或太小，步子太大，不雅观，步子太小显得拘谨。身体不要左右摆动得太厉害，给人不雅之感，不要将双手插入裤袋或反背于背后，边走边教育学生，易引起学生的反感。

在口语交际过程中，听、说双方都要注意观察对方身姿的变换，推测其心理状态，以此做出相应的调整。

四、技能训练与巩固

（一）技能训练

（1）"请这位小朋友来讲一个故事好吗？"应用什么样的站姿？为什么？

（2）请仿说下面一段教学活动导入语，要注意运用正确合适的坐姿。

小朋友们，你们看，这是谁呀？（出示老虎和黑熊的图片）

你们都认识它们。你们知道老虎和黑熊谁的力气大吗？现在，老师要给大家讲一个故事，故事的名字叫《老虎和黑熊》，听完故事你们就知道了。

（二）技能巩固

请设计下面一段教学活动的身姿语，特别要正确使用走姿语。

组织幼儿观察讨论叶子的多样性：请你们把采集的叶子放在桌上，仔细看看、摸摸，告诉大家：你找到的是什么叶子？它是什么样的？（引导幼儿说出叶子的名称，叶子正面、背面、边缘的特征，颜色和形状的特点）请你再闻一闻、比一比，这些叶子有什么不一样？（从叶子的颜色、形状、大小、厚薄、光滑、粗糙等方面进行比较）

第六节　服饰语训练

一、什么是服饰语

人们常说"人靠衣裳马靠鞍"，由此可见服饰在一个人整体形象中的重要性。人们可以从一个人的穿着打扮，看出他的审美水平、文化修养以及综合素质。所以一个人穿着讲究，不仅是个人文明的表现，也是社会文明的表现；不仅是个人文化修养的体现，也是社会发展和自我发展的要求，是一个人内在美的外在体现。

如果在校园之外，尽可按自己的喜好去打扮或根本不打扮。可是，当教师走进校园的时候，当教师登上讲台的时候，就扮演着一个"授业、传道、解惑"的尊长的角色，幼儿教师是幼儿的合作者、支持者、引导者。教师需要以身示范，教师的服饰要传达的信息是尊严而不是刻板，是美丽而不是妖艳，是自信而不是寒碜，是高雅而不是富贵，是大方而不是怪异。教师服饰最大的功能不是把自己打扮得潇洒、漂亮，而是提高教师的自身魅力，增强对学生的影响力和感染力。

二、幼儿教师服饰搭配的要求

一个人的穿着打扮必须考虑时间、地点和目的这三个重要因素，努力使着装与这三个要素保持协调一致。

教师要通过服装款式、色彩的搭配，显现教师的性格、修养、气质、品位和精神风貌。整体来说，幼儿教师的服饰应自然大方、干净整洁、色彩明丽、便于活动，表现出大方得体、和蔼可亲、活泼开朗、积极乐观的精神风貌，既显示出个性特征，还要符合幼儿的审美特点。不要穿奇装异服，不能打扮夸张；服装色彩也不应过于灰暗、沉闷。可以说，幼儿教师穿着整洁得体、大方，能在一定程度上提高教师在幼儿和家长心目中的地位。

三、技能训练与巩固

1. 技能训练

（1）设想你第一次登上讲台时的服饰，并说明你希望向你的学生传递什么信息。

（2）一位幼儿教师穿高跟鞋上游戏活动课，请对这样的服饰进行评价。

2. 技能巩固

一位幼儿教师将参加师德演讲比赛，请为她搭配一套比赛服饰。

附录　普通话水平测试朗读作品

作品 1 号

　　那是力争上游的一种树,笔直的干,笔直的枝。它的干呢,通常是丈把高,像是加以人工似的,一丈以内,绝无旁枝;它所有的桠枝呢,一律向上,而且紧紧靠拢,也像是加以人工似的,成为一束,绝无横斜逸出;它的宽大的叶子也是片片向上,几乎没有斜生的,更不用说倒垂了;它的皮,光滑而有银色的晕圈,微微泛出淡青色。这是虽在北方的风雪的压迫下却保持着倔强挺立的一种树!哪怕只有碗来粗细吧,它却努力向上发展,高到丈许,两丈,参天耸立,不折不挠,对抗着西北风。

　　这就是白杨树,西北极普通的一种树,然而决不是平凡的树!

　　它没有婆娑的姿态,没有屈曲盘旋的虬枝,也许你要说它不美丽,——如果美是专指"婆娑"或"横斜逸出"之类而言,那么,白杨树算不得树中的好女子;但是它却是伟岸,正直,朴质,严肃也不缺乏温和,更不用提它的坚强不屈与挺拔,它是树中的伟丈夫!当你在积雪初融的高原上走过,看见平坦的大地上傲然挺立这么一株或一排白杨树,难道你就只觉得树只是树,难道你就不想到它的朴质,严肃,坚强不屈,至少也象征了北方的农民;难道你竟一点儿也不联想到,在敌后的广大土//地上，到处有坚强不屈，就像这白杨树一样傲然挺立的守卫他们家乡的哨兵！难道你又不更远一点想到这样枝枝叶叶靠紧团结，力求上进的白杨树，宛然象征了今天在华北平原纵横决荡用血写出新中国历史的那种精神和意志。

节选自茅盾《白杨礼赞》

作品 2 号

两个同龄的年轻人同时受雇于一家店铺，并且拿同样的薪水。

可是一段时间后，叫阿诺德的那个小伙子青云直上，而那个叫布鲁诺的小伙子却仍在原地踏步。布鲁诺很不满意老板的不公正的待遇。终于有一天他到老板那儿发牢骚了。老板一边耐心地听着他的抱怨，一边在心里盘算着怎样向他解释清楚他和阿诺德之间的差别。

"布鲁诺先生，"老板开口说话了，"您现在到集市上去一下，看看今天早上有什么卖的。"

布鲁诺从集市上回来向老板汇报说，今早集市上只有一个农民拉了一车土豆在卖。

"有多少？"老板问。

布鲁诺赶快戴上帽子又跑到集上，然后回来告诉老板一共四十袋土豆。

"价格是多少？"

布鲁诺又第三次跑到集上问来了价格。

225

"好吧，"老板对他说，"现在请您坐到这把椅子上一句话也不要说，看看阿诺德怎么说。"

阿诺德很快就从集市上回来了。向老板汇报说到现在为止只有一个农民在卖土豆，一共四十口袋，价格是多少多少；土豆质量很不错，他带回来一个让老板看看。这个农民一个钟头以后还会弄来几箱西红柿，据他看价格非常公道。昨天他们铺子的西红柿卖得很快，库存已经不//多了。他想这么便宜的西红柿，老板肯定会要进一些的，所以他不仅带回了一个西红柿做样品，而且把那个农民也带来了，他现在正在外面等回话呢。

此时老板转向了布鲁诺，说："现在您肯定知道为什么阿诺德的薪水比您高了吧!"

节选自张健鹏、胡足青主编《故事时代》中《差别》

作品 3 号

我常常遗憾我家门前那块丑石：它黑黝黝地卧在那里，牛似的模样；谁也不知道是什么时候在这里的，谁也不去理会它。只是麦收时节，门前摊了麦子，奶奶总是说：这块丑石，多占地面呀，抽空把它搬走吧。

它不像汉白玉那样的细腻，可以刻字雕花，也不像大青石那样的光滑，可以供来浣纱捶布。它静静地卧在那里，院边的槐阴没有庇覆它，花儿也不再在它身边生长。荒草便繁衍出来，枝蔓上下，慢慢地，它竟锈上了绿苔、黑斑。我们这些做孩子的，也讨厌起它来，曾合伙要搬走它，但力气又不足；虽时时咒骂它，嫌弃它，也无可奈何，只好任它留在那里了。

终有一日，村子里来了一个天文学家。他在我家门前路过，突然发现了这块石头，眼光立即就拉直了。他再没有离开，就住了下来；以后又来了好些人，都说这是一块陨石，从天上落下来已经有二三百年了，是一件了不起的东西。不久便来了车，小心翼翼地将它运走了。

这使我们都很惊奇，这又怪又丑的石头，原来是天上的啊！它补过天，在天上发过热、闪过光，我们的先祖或许仰望过它，它给了他们光明、向往、憧憬；而它落下来了，在污土里，荒草里，一躺就//是几百年了！

我感到自己的无知，也感到了丑石的伟大，我甚至怨恨它这么多年竟会默默地忍受着这一切！而我又立即深深地感到它那种不屈于误解、寂寞的生存的伟大。

节选自贾平凹《丑石》

作品 4 号

在达瑞八岁的时候，有一天他想去看电影。因为没有钱，他想是向爸妈要钱，还是自己挣钱。最后他选择了后者。他自己调制了一种汽水，向过路的行人出售。可那时正是寒冷的冬天，没有人买，只有两个人例外——他的爸爸和妈妈。

他偶然有一个和非常成功的商人谈话的机会。当他对商人讲述了自己的"破产史"后，商人给了他两个重要的建议：一是尝试为别人解决一个难题；二是把精力集中在你知道的、你会的和你拥有的东西上。

这两个建议很关键。因为对于一个八岁的孩子而言，他不会做的事情很多。于是他穿过大街小巷，不停地思考：人们会有什么难题，他又如何利用这个机会？

一天，吃早饭时父亲让达瑞去取报纸。美国的送报员总是把报纸从花园篱笆的一个特制的管子里塞进来。假如你想穿着睡衣舒舒服服地吃早饭和看报纸，就必须离开温暖的房间，冒着寒风，到花园去取。虽然路短，但十分麻烦。

当达瑞为父亲取报纸的时候，一个主意诞生了。当天他就按响邻居的门铃，对他们说，每个月只需付给他一美元，他就每天早上把报纸塞到他们的房门底下。大多数人都同意了，很快他有了七十多个顾客。一个月后，当他拿到自己赚的钱时，觉得自己简直是飞上了天。

很快他又有了新的机会，他让他的顾客每天把垃圾袋放在门前，然后由他早上运到垃圾桶里，每个月加一美元。之后他还想出了许多孩子赚钱的办法，并把它集结成书，书名为《儿童挣钱的二百五十个主意》。为此，达瑞十二岁时就成了畅销书作家，十五岁有了自己的谈话节目，十七岁就拥有了几百万美元。

节选自［德］博多·舍费尔《达瑞的故事》，刘志明 译

作品 5 号

这是入冬以来,胶东半岛上第一场雪。

雪纷纷扬扬,下得很大。开始还伴着一阵儿小雨,不久就只见大片大片的雪花,从彤云密布的天空中飘落下来。地面上一会儿就白了。冬天的山村,到了夜里就万籁俱寂,只听得雪花簌簌地不断往下落,树木的枯枝被雪压断了,偶尔咯吱一声响。

大雪整整下了一夜。今天早晨,天放晴了,太阳出来了。推开门一看,嗬!好大的雪啊!山川、河流、树木、房屋,全都罩上了一层厚厚的雪,万里江山,变成了粉妆玉砌的世界。落光了叶子的柳树上挂满了毛茸茸亮晶晶的银条儿;而那些冬夏常青的松树和柏树上,则挂满了蓬松松沉甸甸的雪球儿。一阵风吹来,树枝轻轻地摇晃,美丽的银条儿和雪球儿簌簌地落下来,玉屑似的雪末儿随风飘扬,映着清晨的阳光,显出一道道五光十色的彩虹。

大街上的积雪足有一尺多深,人踩上去,脚底下发出咯吱咯吱的响声。一群群孩子在雪地里堆雪人,掷雪球儿。那欢乐的叫喊声,把树枝上的雪都震落下来了。

俗话说,"瑞雪兆丰年"。这个话有充分的科学根据,并不是一句迷信的成语。寒冬大雪,可以冻死一部分越冬的害虫;融化了的水渗进土层深处,又能供应 // 庄稼生长的需要。我相信这一场十分及时的大雪,一定会促进明年春季作物,尤其是小麦的丰收。有经验的老农把雪比做是"麦子的棉被"。冬天"棉被"盖得越厚,明春麦子就长得越好,所以又有这样一句谚语:"冬天麦盖三层被,来年

枕着 馒头 睡"。

我想，这就是人们为什么把及时的大雪称为"瑞雪"的道理吧。

节选自峻青《第一场雪》

作品 6 号

我常想读书人是世间幸福人，因为他除了拥有现实的世界之外，还拥有另一个更为浩瀚也更为丰富的世界。现实的世界是人人都有的，而后一个世界却为读书人所独有。由此我想，那些失去或不能阅读的人是多么的不幸，他们的丧失是不可补偿的。世间有诸多的不平等，财富的不平等，权力的不平等，而阅读能力的拥有或丧失却体现为精神的不平等。

一个人的一生，只能经历自己拥有的那一份欣悦，那一份苦难，也许再加上他亲自闻知的那一些关于自身以外的经历和经验。然而，人们通过阅读，却能进入不同时空的诸多他人的世界。这样，具有阅读能力的人，无形间获得了超越有限生命的无限可能性。阅读不仅使他多识了草木虫鱼之名，而且可以上溯远古下及未来，饱览存在的与非存在的奇风异俗。

更为重要的是，读书加惠于人们的不仅是知识的增广，而且还在于精神的感化与陶冶。人们从读书学做人，从那些往哲先贤以及当代才俊的著述中学得他们的人格。人们从《论语》中学得智慧的思考，从《史记》中学得严肃的历史精神，从《正气歌》中学得人格的

gāngliè, cóng Mǎkèsī xuédé rénshì // de jīqíng, cóng Lǔ Xùn xuédé pīpàn jīngshén, cóng Tuō'ěrsītài
刚烈，从 马克思 学得 人世 // 的 激情，从 鲁迅 学得 批判 精神，从 托尔斯泰
xuédé dàodé de zhízhuó. Gēdé de shījù kèxiězhe ruìzhì de rénshēng, Bàilún de shījù hūhuàn zhe fèndòu
学得 道德 的 执着。歌德 的 诗句 刻写着 睿智 的 人生，拜伦 的 诗句 呼唤 着 奋斗
de rèqíng. Yī gè dúshūrén, yī gè yǒu jī·huì yōngyǒu chāohū gèrén shēngmìng tǐyàn de xìngyùnrén rén.
的 热情。一个 读书人，一个 有 机会 拥有 超乎 个人 生命 体验 的 幸运 人。

Jiéxuǎn zì Xiè Miǎn 《Dúshūrén Shì Xìngfú Rén》
节选 自 谢 冕 《读书人 是 幸福 人》

作品 7 号
Zuòpǐn 7 Hào

Yī tiān, bàba xiàbān huídào jiā yǐ·jīng hěn wǎn le, tā hěn lèi yě yǒu diǎnr fán, tā fāxiàn wǔ suì de
一 天，爸爸 下班 回到 家 已经 很 晚 了，他 很 累 也 有 点儿 烦，他 发现 五 岁 的
érzi kào zài mén páng zhèng děngzhe tā.
儿子 靠 在 门 旁 正 等着 他。

"Bà, wǒ kěyǐ wèn nín yī gè wèntí ma?"
"爸，我 可以 问 您 一 个 问题 吗?"

"Shénme wèntí?" "Bà, nín yī xiǎoshí kěyǐ zhuàn duō·shǎo qián?" "Zhè yǔ nǐ wúguān, nǐ
"什么 问题?" "爸，您 一 小时 可以 赚 多少 钱?" "这 与 你 无关，你
wèishénme wèn zhège wèntí?" Fù·qīn shēngqì de shuō.
为什么 问 这个 问题?" 父亲 生气 地 说。

"Wǒ zhǐshì xiǎng zhī·dào, qǐng gàosu wǒ, nín yī xiǎoshí zhuàn duō·shǎo qián?" Xiǎoháir āiqiú dào.
"我 只是 想 知道，请 告诉 我，您 一 小时 赚 多少 钱?" 小孩儿 哀求 道。

"Jiǎrú nǐ yīdìng yào zhī·dào de huà, wǒ yī xiǎoshí zhuàn èrshí měijīn."
"假如 你 一定 要 知道 的 话，我 一 小时 赚 二十 美金。"

"Ò," Xiǎoháir dīxiàle tóu, jiēzhe yòu shuō, "Bà, kěyǐ jiè wǒ shí měijīn ma?" Fù·qīn fānù le:
"哦，" 小孩儿 低下了 头，接着 又 说，"爸，可以 借 我 十 美金 吗?" 父亲 发怒 了：
"Rúguǒ nǐ zhǐshì yào jiè qián qù mǎi háowú-yìyì de wánjù de huà, gěi wǒ huídào nǐ de fángjiān
"如果 你 只是 要 借 钱 去 买 毫无意义 的 玩具 的 话，给 我 回到 你 的 房间
shuìjiào·qù. Hǎohǎo xiǎngxiang wèishénme nǐ huì nàme zìsī. Wǒ měitiān xīnkǔ gōngzuò, méi shíjiān hé
睡觉去。好好 想想 为什么 你 会 那么 自私。我 每天 辛苦 工作，没 时间 和
nǐ wánr xiǎoháizi de yóuxì."
你 玩儿 小孩子 的 游戏。"

Xiǎoháir mòmò de huídào zì jǐ de fángjiān guān·shàng mén.
小孩儿 默默 地 回到 自己 的 房间 关上 门。

Fù·qīn zuò xià·lái hái zài shēngqì. Hòulái, tā píngjìng xià·lái le. Xīnxiǎng tā kěnéng duì háizi tài
父亲 坐 下来 还 在 生气。后来，他 平静 下来 了。心想 他 可能 对 孩子 太
xiōng le —— huòxǔ háizi zhēnde hěn xiǎng mǎi shénme dōngxi, zài shuō tā píngshí hěnshǎo
凶 了 —— 或许 孩子 真的 很 想 买 什么 东西，再 说 他 平时 很少
yàoguo qián.
要过 钱。

父亲走进孩子的房间："你睡了吗？""爸，还没有，我还醒着。"孩子回答。"我刚才可能对你太凶了，"父亲说，"我不应该发那么大的火儿——这是你要的十美金。""爸，谢谢您。"孩子高兴地从枕头下拿出一些被弄皱的钞票，慢慢地数着。

"为什么你已经有钱了还要？"父亲不解地问。

"因为原来不够，但现在凑够了。"孩子回答："爸，我现在有//二十美金了，我可以向您买一个小时的时间吗？明天请早一点儿回家——我想和您一起吃晚餐。"

节选自唐继柳编译《二十美金的价值》

作品 8 号

我爱月夜，但我也爱星天。从前在家乡七八月的夜晚在庭院里纳凉的时候，我最爱看天上密密麻麻的繁星。望着星天，我就会忘记一切，仿佛回到了母亲的怀里似的。

三年前在南京我住的地方有一道后门，每晚我打开后门，便看见一个静寂的夜。下面是一片菜园，上面是星群密布的蓝天。星光在我们的肉眼里虽然微小，然而它使我们觉得光明无处不在。那时候我正在读一些天文学的书，也认得一些星星，好像它们就是我的朋友，它们常常在和我谈话一样。

如今在海上，每晚和繁星相对，我把它们认得很熟了。我躺在舱面上，仰望天空。深蓝色的天空里悬着无数半明半昧的星。船在动，星也在动，它们是这样低，真是摇摇欲坠呢！渐渐地我的眼睛模糊了，我好像看见无数萤火虫在我的周围飞舞。海上的夜是柔和的，是静寂的，是梦幻的。我望着许多认识的星，我仿佛看见它们在对我眨眼，我仿佛听见它们在小声说话。这时我忘记了一切。在星的怀抱中我微笑着，我沉睡着。我觉得自己是一个小孩子，现在睡在母亲的怀里了。

有一夜，那个在哥伦波上船的英国人指给我看天上的巨人。他用手指着：// 那四颗明亮的星是头，下面的几颗是身子，这几颗是手，那几颗是腿和脚，还有三颗星算是腰带。经他这一番指点，我果然看清楚了那个天上的巨人。看，那个巨人还在跑呢！

节选自巴金《繁星》

作品 9 号

假日到河滩上转转，看见许多孩子在放风筝。一根根长长的引线，一头系在天上，一头系在地上，孩子同风筝都在天与地之间悠荡，连心也被悠荡得恍恍惚惚了，好像又回到了童年。

儿时放的风筝，大多是自己的长辈或家人编扎的，几根削得很薄的蔑，用细纱线扎成各种鸟兽的造型，糊上雪白的纸片，再用彩笔勾勒出面孔与翅膀的图案。通常扎得最多的是"老雕""美人儿""花蝴蝶"等。

我们家前院就有位叔叔，擅扎风筝，远近闻名。他扎的风筝不只体型好看，色彩艳丽，放飞得高远，还在风筝上绷一叶用蒲苇削成的膜片，经风一吹，发出"嗡嗡"的声响，仿佛是风筝的歌唱，在蓝天下播扬，给开阔的天地增添了无尽的韵味，给驰荡的童心带来几分疯狂。

我们那条胡同儿的左邻右舍的孩子们放的风筝几乎都是叔叔编扎的。他的风筝不卖钱，谁上门去要，就给谁，他乐意自己贴钱买材料。

后来，这位叔叔去了海外，放风筝也渐与孩子们远离了。不过年年叔叔给家乡写信，总不忘提起儿时的放风筝。香港回归之后，他在家信中说到，他这只被故乡放飞到海外的风筝，尽管飘荡游弋，经沐风雨，可那线头儿一直在故乡和//亲人手中牵着，如今飘得太累了，也该要回归到家乡和亲人身边来了。

是的。我想，不光是叔叔，我们每个人都是风筝，在妈妈手中牵着，从小放到大，再从家乡放到祖国最需要的地方去啊！

节选自李恒瑞《风筝畅想曲》

作品 10 号

爸不懂得怎样表达爱，使我们一家人融洽相处的是我妈。他只是每天上班下班，而妈则把我们做过的错事开列清单，然后由他来责骂我们。

有一次我偷了一块糖果，他要我把它送回去，告诉卖糖的说是我偷来的，说我愿意替他拆箱卸货作为赔偿。但妈妈却明白我只是个孩子。

我在运动场打秋千跌断了腿,在前往医院途中一直抱着我的,是我妈。爸把汽车停在急诊室门口,他们叫他驶开,说那空位是留给紧急车辆停放的。爸听了便叫嚷道:"你以为这是什么车?旅游车?"

在我生日会上,爸总是显得有些不大相称。他只是忙于吹气球,布置餐桌,做杂务。把插着蜡烛的蛋糕推过来让我吹的,是我妈。

我翻阅照相册时,人们总是问:"你爸爸是什么样子的?"天晓得!他老是忙着替别人拍照。妈和我笑容可掬地一起拍的照片,多得不可胜数。

我记得妈有一次叫他教我骑自行车。我叫他别放手,但他却说是应该放手的时候了。我摔倒之后,妈跑过来扶我,爸却挥手要她走开。我当时生气极了,决心要给他点儿颜色看。于是我马上爬上自行车,而且自己骑给他看。他只是微笑。

我念大学时,所有的家信都是妈写的。他//除了寄支票外,还寄过一封短柬给我,说因为我不在草坪上踢足球了,所以他的草坪长得很美。

每次我打电话回家,他似乎都想跟我说话,但结果总是说:"我叫你妈来接。"

我结婚时,掉眼泪的是我妈。他只是大声擤了一下鼻子,便走出房间。

我从小到大都听他说:"你到哪里去?什么时候回家?汽车有没有汽油?不,不准去。"爸完全不知道怎样表达爱。除非……

会不会是他已经表达了,而我却未能察觉?

节选自[美]艾尔玛·邦贝克《父亲的爱》

作品 11 号

一个大问题一直盘踞在我脑袋里:

世界杯怎么会有如此巨大的吸引力?除去足球本身的魅力之外,还有什么超乎其上而更伟大的东西?

近来观看世界杯,忽然从中得到了答案:是由于一种无上崇高的精神情感——国家荣誉感!

地球上的人都会有国家的概念,但未必时时都有国家的感情。往往人到异国,思念家乡,心怀故国,这国家概念就变得有血有肉,爱国之情来得非常具体。而现代社会,科技昌达,信息快捷,事事上网,世界真是太小太小,国家的界限似乎也不那么清晰了,再说足球正在快速世界化,平日里各国球员频繁转会,往来随意,致使越来越多的国家联赛都具有国际的因素。球员们不论国籍,只效力于自己的俱乐部,他们比赛时的激情中完全没有爱国主义的因子。

然而,到了世界杯大赛,天下大变。各国球员都回国效力,穿上与光荣的国旗同样色彩的服装。在每一场比赛前,还高唱国歌以宣示对自己祖国的挚爱与忠诚。一种血缘情感开始在全身的血管里燃烧起来,而且立刻热血沸腾。

在历史时代,国家间经常发生对抗,好男儿戎装卫国。国家的荣誉往往需要以自己的生命去换//取。但在和平时代，惟有这种国家之间大规模对抗性的大赛，才可以唤起那种遥远而神圣的情感，那就是：为祖国而战！

节选自冯骥才《国家荣誉感》

作品12号

夕阳落山不久，西方的天空，还燃烧着一片橘红色的晚霞。大海，也被这霞光染成了红色，而且比天空的景色更要壮观。因为它是活动的，每当一排排波浪涌起的时候，那映照在浪峰上的霞光，又红又亮，简直就像一片片霍霍燃烧着的火焰，闪烁着，消失了。而后面的一排，又闪烁着，滚动着，涌了过来。

天空的霞光渐渐地淡下去了，深红的颜色变成了绯红，绯红又变为浅红。最后，当这一切红光都消失了的时候，那突然显得高而远了的天空，则呈现出一片肃穆的神色。最早出现的启明星，在这蓝色的天幕上闪烁起来了。它是那么大，那么亮，整个广漠的天幕上只有它在那里放射着令人注目的光辉，活像一盏悬挂在高空的明灯。

夜色加浓，苍空中的"明灯"越来越多了。而城市各处的真的灯火也次第亮了起来，尤其是围绕在海港周围山坡上的那一片灯光，从半空倒映在乌蓝的海面上，随着波浪，晃动着，闪烁着，像一串流动着的珍珠，和那一片片密布在苍穹里的星斗互相辉映，煞是好看。

在这幽美的夜色中，我踏着软绵绵的沙滩，沿着海边，慢慢地向前走去。海水，轻轻地抚摸着细软的沙滩，发出温柔的 // 刷刷声。晚来的海风，清新而又凉爽。我的心里，有着说不出的兴奋和愉快。夜风轻飘飘地吹拂着，空气中飘荡着一种大海和田禾相混合的香味儿，柔软的沙滩上还残留着白天太阳炙晒的余温。那些在各个工作岗位上劳动了一天的人们，三三两两地来到这软绵绵的沙滩上，他们浴着凉爽的海风，望着那缀满了星星的夜空，尽情地说笑，尽情地休憩。

节选自峻青《海滨仲夏夜》

作品 13 号

生命在海洋里诞生绝不是偶然的，海洋的物理和化学性质，使它成为孕育原始生命的摇篮。

我们知道，水是生物的重要组成部分，许多动物组织的含水量在百分之八十以上，而一些海洋生物的含水量高达百分之九十五。水是新陈代谢的重要媒介，没有它，体内的一系列生理和生物化学反应就无法进行，生命也就停止。因此，在短时期内动物缺水要比缺少食物更加危险。水对今天的生命是如此重要，它对脆弱的原始生命，更是举足轻重了。生命在海洋里诞生，就不会有缺水之忧。

水是一种良好的溶剂。海洋中含有许多生命所必需的无机盐，如氯化钠、氯化钾、碳酸盐、磷酸盐还有溶解氧，原始生命可以毫不费力地从中吸取它所需要的元素。

水具有很高的热容量，加之海洋浩大，任凭夏季烈日曝晒，冬季寒风扫荡，它的温度变化却比较小。因此，巨大的海洋就像是天然的"温箱"，是孕育原始生命的温床。

阳光虽然为生命所必需，但是阳光中的紫外线却有扼杀原始生命的危险。水能有效地吸收紫外线，因而又为原始生命提供了天然的"屏障"。

这一切都是原始生命得以产生和发展的必要条件。//

节选自童裳亮《海洋与生命》

作品 14 号

读小学的时候，我的外祖母去世了。外祖母生前最疼爱我，我无法排除自己的忧伤，每天在学校的操场上一圈儿又一圈儿地跑着，跑得累倒在地上，扑在草坪上痛哭。

那哀痛的日子，断断续续地持续了很久，爸爸妈妈也不知道如何安慰我。他们知道与其骗我说外祖母睡着了，还不如对我说实话：外祖母永远不会回来了。

"什么是永远不会回来呢？"我问着。

"所有时间里的事物，都永远不会回来。你的昨天过去，它就永远变成昨天，你不能再回到昨天。爸爸以前也和你一样小，现在也不能回到你这么小的童年了；有一天你会长大，你会像外祖母一样老；有一天你度过了你的时间，就永远不会回来了。"爸爸说。

爸爸等于给我一个谜语，这谜语比课本上的"日历挂在墙壁，一天撕去一页，使我心里着急"和"一寸光阴一寸金，寸金难买寸光阴"还让我感到可怕；也比作文本上的"光阴似箭，日月如梭"更让我觉得有一种说不出的滋味。

时间过得那么飞快，使我的小心眼儿里不只是着急，还有悲伤。有一天我放学回家，看到太阳快落山了，就下决心说："我要比太阳更快地回家。"我狂奔回去，站在庭院前喘气的时候，看到太阳 // 还露着半边脸，我高兴地跳跃起来，那一天我跑赢了太阳。以后我就时常做那样的游戏，有时和太阳赛跑，有时和西北风比快，有时一个暑假才能做完的作业，我十天就做完了；那时我三年级，常常把哥哥五年级的作业拿来做。每一次比赛胜过时间，我就快乐得不知道怎么形容。

如果将来我有什么要教给我的孩子，我会告诉他：假若你一直和时间比赛，你就可以成功！

节选自（中国台湾）林清玄《和时间赛跑》

作品 15 号

三十年代初，胡适在北京大学任教授。讲课时他常常对白话文大加称赞，引起一些只喜欢文言文而不喜欢白话文的学生的不满。

一次，胡适正讲得得意的时候，一位姓魏的学生突然站了起来，生气地问："胡先生，难道说白话文就毫无缺点吗？"胡适微笑着回答说："没有。"那位学生更加激动了："肯定有！白话文废话太多，打电报用字多，花钱多。"胡适的目光顿时变亮了。轻声地解释说："不一定吧！前几天有位朋友给我打来电报，请我去政府部门工作，我决定不去，就回电拒绝了。复电是用白话写的，看来也很省字。请同学们根据我这个意思，用文言文写一个回电，看看究竟是白话文省字，还是文言文省字？"胡教授刚说完，同学们立刻认真地写了起来。

十五分钟过去，胡适让同学举手，报告用字的数目，然后挑了一份用字最少的文言电报稿，电文是这样写的：

"才疏学浅，恐难胜任，不堪从命。"白话文的意思是：学问不深，恐怕很难担任这个工作，不能服从安排。

胡适说，这份写得确实不错，仅用了十二个字。但我的白话电报却只用了五个字：

"干不了，谢谢！"

胡适又解释说："干不了"就有才疏学浅、恐难胜任的意思；"谢谢"既//对朋友的介绍表示感谢，又有拒绝的意思。所以，废话多不多，并不看它是文言文还是白话文，只要注意选用字词，白话文是可以比文言文更省字的。

节选自陈灼主编《实用汉语中级教程》（上）中《胡适的白话电报》

作品 16 号

很久以前,在一个漆黑的秋天的夜晚,我泛舟在西伯利亚一条阴森森的河上。船到一个转弯处,只见前面黑黢黢的山峰下面一星火光蓦地一闪。

火光又明又亮,好像就在眼前……

"好啦,谢天谢地!"我高兴的说,"马上就到过夜的地方啦!"

船夫扭头朝身后的火光望了一眼,又不以为然的划起桨来。

"远着呢!"

我不相信他的话,因为火光冲破朦胧的夜色,明明在那儿闪烁。不过船夫是对的,事实上,火光的确还远着呢。

这些黑夜的火光的特点是:驱散黑暗,闪闪发亮,近在眼前,令人神往。乍一看,再划几下就到了……其实却还远着呢!……

我们在漆黑如墨的河上又划了很久。一个个峡谷和悬崖,迎面驶来,又向后移去,仿佛消失在茫茫的远方,而火光却依然停在前头,闪闪发亮,令人神往——依然是这么近,又依然是那么远……

现在,无论是这条被悬崖峭壁的阴影笼罩的漆黑的河流,还是那一星明亮的火光,都经常浮现在我的脑际,在这以前和在这以后,曾有许多火光,似乎近在咫尺,不止使我一人心驰神往。可是生活之河却仍然在那阴森森的两岸之间流着,而火光也依旧非常遥远。因此,必须加劲划桨……

然而,火光啊……毕竟……毕竟就//在前头!……

节选自[俄]柯罗连科《火光》,张铁夫译

作品 17 号

对于一个在北平住惯的人,像我,冬天要是不刮风,便觉得是奇迹;济南的冬天是没有风声的。对于一个刚由伦敦回来的人,像我,冬天要能看得见日光,便觉得是怪事;济南的冬天是响晴的。自然,在热带的地方,日光永远是那么毒,响亮的天气,反有点儿叫人害怕。可是,在北方的冬天,而能有温晴的天气,济南真得算个宝地。

设若单单是有阳光,那也算不了出奇。请闭上眼睛想:一个老城,有山有水,全在天底下晒着阳光,暖和安适地睡着,只等春风来把它们唤醒,这是不是理想的境界?小山整把济南围了个圈儿,只有北边缺着点口儿。这一圈小山在冬天特别可爱,好像是把济南放在一个小摇篮里,它们安静不动地低声地说:"你们放心吧,这儿准保暖和。"真的,济南的人们在冬天是面上含笑的。他们一看那些小山,心中便觉得有了着落,有了依靠。他们由天上看到山上,便不知不觉地想起:明天也许就是春天了吧?这样的温暖,今天夜里山草也许就绿起来了吧?就是这点儿幻想不能一时实现,他们也并不着急,因为这样慈善的冬天,干什么还希望别的呢!

最妙的是下点儿小雪呀。看吧,山上的矮松越发的青黑,树尖儿上//顶着一髻儿白花,好像日本看护妇。山尖儿全白了,给蓝天镶上一道银边儿。山坡上,有的地方雪厚点儿,有的地方草色还露着;这样,一道儿白,一道儿暗黄,给山们穿上一件带水纹儿的花衣;看着看着,这件花衣好像被风儿吹动,叫你希望看见一点儿更美的山的肌肤。等到快日落的时候，微黄的阳光斜射在山腰上，那点儿薄雪好像忽然害羞，微微露出点儿粉色。就是下小雪吧，济南是受不住大雪的，那些小山太秀气。

节选自老舍《济南的冬天》

作品 18 号

纯朴的家乡村边有一条河，曲曲弯弯，河中架一弯石桥，弓样的小桥横跨两岸。

每天，不管是鸡鸣晓月，日丽中天，还是月华泻地，小桥都印下串串足迹，洒落串串汗珠。那是乡亲为了追求多棱的希望，兑现美好的遐想。弯弯小桥，不时荡过轻吟低唱，不时露出舒心的笑容。

因而，我稚小的心灵，曾将心声献给小桥：你是一弯银色的新月，给人间普照光辉；你是一把闪亮的镰刀，割刈着欢笑的花果；你是一根晃悠悠的扁担，挑起了彩色的明天！哦，小桥走进我的梦中。

我在飘泊他乡的岁月，心中总涌动着故乡的河水，梦中总看到弓样的小桥。当我访南疆探北国，眼帘闯进座座雄伟的长桥时，我的梦变得丰满了，增添了赤橙黄绿青蓝紫。

三十多年过去，我带着满头霜花回到故乡，第一紧要的便是去看望小桥。

啊！小桥呢？它躲起来了？河中一道长虹，浴着朝霞熠熠闪光。哦，雄浑的大桥敞开胸怀，汽车的呼啸、摩托的笛音、自行车的叮铃，合奏着进行交响乐；南来的钢筋、花布，北往的柑橙、家禽，绘出交流欢悦图……

啊！蜕变的桥，传递了家乡进步的消息，透露了家乡富裕的声音。时代的春风，美好的追求，我蓦地记起儿时唱//给小桥的歌，哦，明艳艳的太阳照耀了，芳香甜蜜的花果捧来了，五彩斑斓的岁月拉开了！

我心中涌动的河水，激荡起甜美的浪花。我仰望一碧蓝天，心底轻声呼喊：家乡的桥啊，我梦中的桥！

节选自郑莹《家乡的桥》

作品 19 号

三百多年前，建筑设计师莱伊恩受命设计了英国温泽市政府大厅。他运用工程力学的知识，依据自己多年的实践，巧妙地设计了只用一根柱子支撑的大厅天花板。一年以后，市政府权威人士进行工程验收时，却说只用一根柱子支撑天花板太危险，要求莱伊恩再多加几根柱子。莱伊恩自信只要一根坚固的根子足以保证大厅安全，他的"固执"惹恼了市政官员，险些被送上法庭。他非常苦恼，坚持自己原先的主张吧，市政官员肯定会另找人修改设计；不坚持吧，又有悖自己为人的准则。矛盾了很长一段时间，莱伊恩终于想出了一条妙计，他在大厅·里增加了四根柱子，不过这些柱子并未与天花板接触，只·不过是装装样子。

三百多年过去了，这个秘密始终没有被人发现。直到前两年，市政府准备修缮大厅的天花板，才发现莱伊恩当年的"弄虚做假"。消息传出后，世界各国的建筑专家和游客云集，当地政府对此也不加掩饰，在新世纪到来之际，特意将大厅作为一个旅游景点对外开放，旨在引导人们崇尚和相信科学。

作为一名建筑师，莱伊恩并不是最出色的。但作为一个人，他无疑非常伟大，这种//伟大表现在他始终恪守着自己的原则，给高贵的心灵一个美丽的住所，哪怕是遭遇到最大的阻力，也要想办法抵达胜利。

节选自游宇明《坚守你的高贵》

作品 20 号

自从传言有人在萨文河畔散步时无意发现了金子后，这里便常有来自四面八方的淘金者。他们都想成为富翁，于是寻遍了整个河床，还在河床上挖出很多大坑，希望借助他们找到更多的金子。的确，有一些人找到了，但另外一些人因为一无所得而只好扫兴归去。

也有不甘心落空的，便驻扎在这里，继续寻找。彼得·弗雷特就是其中一员。他在河床附近买了一块没人要的土地，一个人默默地工作。他为了找金子，已把所有的钱都压在这块土地上。他埋头苦干了几个月，直到土地全变成了坑坑洼洼，他失望了——他翻遍了整块土地，但连一丁点儿金子都没看见。

六个月后,他连买面包的钱都没有了。于是他准备离开这儿到别处去谋生。

就在他即将离去的前一个晚上,天下起了倾盆大雨,并且一下就是三天三夜。雨终于停了,彼得走出小木屋,发现眼前的土地看上去好像和以前不一样:坑坑洼洼已被大水冲刷平整,松软的土地上长出一层绿茸茸的小草。

"这里没找到金子",彼得忽有所悟地说:"但这土地很肥沃,我可以用来种花,并且拿到镇上去卖给那些富人,他们一定会买些花装扮他们华丽的客厅。// 如果真是这样的话,那么我一定会赚许多钱,有朝一日我也会成为富人……"

于是他留了下来。彼得花了不少精力培育花苗,不久田地里长满了美丽娇艳的各色鲜花。

五年以后,彼得终于实现了他的梦想——成了一个富翁。"我是唯一的一个找到真金的人!"他时常不无骄傲地告诉别人:"别人在这儿找不到金子后便远远地离开,而我的'金子'是在这块土地里,只有诚实的人用勤劳才能采集到"。

节选自陶猛译《金子》

作品 21 号

我在加拿大学习期间遇到过两次募捐,那情景至今使我难以忘怀。

一天,我在渥太华的街上被两个男孩子拦住去路。他们十来岁,穿得整整齐齐，每人头上戴着个做工精巧、色彩鲜艳的纸帽，上面写着"为帮助患小儿麻痹的伙伴募捐"。其中的一个，不由分说就坐在小凳上给我擦起皮鞋来，另一个则彬彬有礼地发问："小姐，您是哪国人？喜欢渥太华吗？""小姐，在你们国家有没有小孩儿患小儿麻痹？谁给他们医疗费？"一连串的问题，使我这个有生以来头一次在众目睽睽之下让别人擦鞋的异乡人，从近乎狼狈的窘态中解脱出来。我们像朋友一样聊起天儿来……

几个月之后也是在街上。一些十字路口处或车站坐着几位老人。他们满头银发，身穿各种老式军装，上面布满了大大小小形形色色的徽章、奖章，每人手捧一大束鲜花，有水仙、石竹、玫瑰及叫不出名字的，一色雪白。匆匆过往的行人纷纷止步，把钱投进这些老人身旁的白色木箱内，然后向他们微微鞠躬，从他们手中接过一朵花。我看了一会儿，有人投一两元，有人投几百元，还有人掏出支票填好后投进木箱。那些老军人毫不注意人们捐多少钱，一直不//停地向人们低声道谢。同行的朋友告诉我，这是为纪念二次大战中参战的勇士，募捐救济残废军人和烈士遗孀，每年一次；认捐的人可谓踊跃，而且秩序井然，气氛庄严。有些地方，人们还耐心地排着队。我想，这是因为他们都知道：正是这些老人们的流血牺牲换来了包括他们信仰自由在内的许许多多。

我两次把那微不足道的一点儿钱捧给他们，只想对他们说声"谢谢"。

节选自青白《捐诚》

作品 22 号

　　没有一片绿叶，没有一缕炊烟，没有一粒泥土，没有一丝花香，只有水的世界，云的海洋。

　　一阵台风袭过，一只孤单的小鸟无家可归，落到被卷到洋里的木板上，乘流而下，姗姗而来，近了，近了……

　　忽然，小鸟张开翅膀，在人们头顶盘旋了几圈，"噗啦"一声落到了船上。许是累了？还是发现了"新大陆"？水手撵它它不走，抓它，它乖乖地落在掌心。可爱的小鸟和善良的水手结成了朋友。

　　瞧，它多美丽，娇巧的小嘴，啄理着绿色的羽毛，鸭子样的扁脚，呈现出春草的鹅黄。水手们把它带到舱里，给它"搭铺"，让它在船上安家落户，每天，把分到的一塑料筒淡水匀给它喝，把从祖国带来的鲜美的鱼肉分给它吃，天长日久，小鸟和水手的感情日趋笃厚。清晨，当第一束阳光射进舷窗时，它便敞开美丽的歌喉，唱啊唱，嘤嘤有韵，宛如春水淙淙。人类给它以生命，它毫不悭吝地把自己的艺术青春奉献给了哺育它的人。可能都是这样？艺术家们的青春只会献给尊敬他们的人。

　　小鸟给远航生活蒙上了一层浪漫色调，返航时，人们爱不释手，恋恋不舍地想把它带到异乡。可小鸟憔悴了，给水，不喝！喂肉，不吃！油亮的羽毛失去了光泽。是啊，我//们有自己的祖国，小鸟也有它的归宿，人和动物都是一样啊，哪儿也不如故乡好！

　　慈爱的水手们决定放开它，让它回到大海的摇篮去，回到蓝色的故乡去。离别前,这个大自然的朋友与水手们留影纪念。它站在许多人的头上,肩上,掌上,胳膊上,与喂养过它的人们,一起融进那蓝色的画面……

节选自 王文杰《可爱的小鸟》

作品 23 号

纽约的冬天常有大风雪,扑面的雪花不但令人难以睁开眼睛,甚至呼吸都会吸入冰冷的雪花。有时前一天晚上还是一片晴朗,第二天拉开窗帘,却已经积雪盈尺,连门都推不开了。遇到这样的情况,公司、商店常会停止上班,学校也通过广播,宣布停课。但令人不解的是,唯有公立小学,仍然开放。只见黄色的校车,艰难地在路边接孩子,老师则一大早就口中喷着热气,铲去车子前后的积雪,小心翼翼地开车去学校。

据统计,十年来纽约的公立小学只因为超级暴风雪停过七次课。这是多么令人惊讶的事。犯得着在大人都无须上班的时候让孩子去学校吗?小学的老师也太倒霉了吧?

于是,每逢大雪而小学不停课时,都有家长打电话去骂。妙的是,每个打电话的人,反应全一样——先是怒气冲冲地责问,然后满口道歉,最后笑容满面地挂上电话。原因是,学校告诉家长:

在纽约有许多百万富翁,但也有不少贫困的家庭。后者白天开不起暖气，供不起午餐，孩子的营养全靠学校里免费的中饭，甚至可以多拿些回家当晚餐。学校停课一天，穷孩子就受一天冻，挨一天饿，所以老师们宁愿自己苦一点儿，也不能停//课。

或许有家长会说：何不让富裕的孩子在家里，让贫穷的孩子去学校享受暖气和营养午餐呢？

学校的答复是：我们不愿让那些穷苦的孩子感到他们是在接受救济，因为施舍的最高原则是保持受施者的尊严。

节选自（台湾）刘墉《课不能停》

作品 24 号

十年，在历史上不过是一瞬间。只要稍加注意，人们就会发现：在这一瞬间里，各种事物都悄悄经历了自己的千变万化。

这次重新访日，我处处感到亲切和熟悉，也在许多方面发觉了日本的变化。就拿奈良的一个角落来说吧，我重游了为之感受很深的唐招提寺，在寺内各处匆匆走了一遍，庭院依旧，但意想不到还看到了一些新的东西。其中之一，就是近几年从中国移植来的"友谊之莲"。

在存放鉴真遗像的那个院子里，几株中国莲昂然挺立，翠绿的宽大荷叶正迎风而舞，显得十分愉快。开花的季节已过，荷花朵朵已变为莲蓬累累。莲子的颜色正在由青转紫，看来已经成熟了。

我禁不住想："因"已转化为"果"。

中国的莲花开在日本，日本的樱花开在中国，这不是偶然。我希望这样一种盛况延续不衰。可能有人不欣赏花，但决不会有人欣赏落在自己面前的炮弹。

在这些日子里,我看到了不少多年不见的老朋友,又结识了一些新朋友。大家喜欢涉及的话题之一,就是古长安和古奈良。那还用得着问吗?朋友们缅怀过去,正是瞩望未来。瞩目于未来的人们必将获得未来。

我不例外,也希望一个美好的未来。

为//了中日人民之间的友谊,我将不浪费今后生命的每一瞬间。

节选自严文井《莲花和樱花》

作品 25 号

梅雨潭闪闪的绿色招引着我们,我们开始追捉她那离合的神光了。揪着草,攀着乱石,小心探身下去,又鞠躬过了一个石穹门,便到了汪汪一碧的潭边了。

瀑布在襟袖之间,但是我的心中已没有瀑布了。我的心随潭水的绿而摇荡。那醉人的绿呀!仿佛一张极大极大的荷叶铺着,满是奇异的绿呀。我想张开两臂抱住她,但这是怎样一个妄想啊!

站在水边,望到那面,居然觉着有些远呢!这平铺着、厚积着的绿,着实可爱。她松松地皱缬着,像少妇拖着的裙幅;她滑滑的明亮着,像涂了"明油"一般,有鸡蛋清那样软,那样嫩;她又不杂些尘滓,宛然一块湿润的碧玉,只清清的一色——但你却看不透她!

我曾见过北京什刹海拂地的绿杨,脱不了鹅黄的底子,似乎太淡了。我又曾见过杭州虎跑寺近旁高峻而深密的"绿壁",丛叠着无穷的碧草与绿叶的,那又似乎太浓了。其余呢,西湖的波太明了,秦淮河的也太暗了。可爱的,我将什么来比拟你呢?我怎么比拟得出呢?大约潭是很深的,故能蕴蓄着这样奇异的绿;仿佛蔚蓝的天融了一块在里面似的,这才这般的鲜润啊。

那醉人的绿呀!我若能裁你以为带,我将赠给那轻盈的//舞女,她必能临风飘举了。我若能挹你以为眼,我将赠给那善歌的盲妹,她必明眸善睐了。我舍不得你,我怎舍得你呢?我用手拍着你,抚摩着你,如同一个十二三岁的小姑娘。我又掬你入口,便是吻着她了。我送你一个名字,我从此叫你"女儿绿",好吗?

第二次到仙岩的时候,我不禁惊诧于梅雨潭的绿了。

节选自朱自清《绿》

作品 26 号

我们家的后园有半亩空地,母亲说:"让它荒着怪可惜的,你们那么爱吃花生,就开辟出来种花生吧。"我们姐弟几个都很高兴,买种,翻地,播种,浇水,没过几个月,居然收获了。

母亲说:"今晚我们过一个收获节,请你们的父亲也来尝尝我们的新花生,好不好?"我们都说好。母亲把花生做成了好几样食品,还吩咐就在后园的茅亭里过这个节。

晚上天色不太好,可是父亲也来了,实在很难得。

父亲说:"你们爱吃花生吗?"

我们争着答应:"爱!"

"谁能把花生的好处说出来?"

姐姐说:"花生的味儿美!"

哥哥说:"花生可以榨油。"

我说:"花生的价钱便宜,谁都可以买来吃,都喜欢吃。这就是它的好处。"

父亲说:"花生的好处很多,有一样最可贵:它的果实埋在地里,不像桃子、石榴、苹果那样,把鲜红嫩绿的果实高高地挂在枝头上,使人一见就生爱慕之心。你们看它矮矮地长在地上,等到成熟了,也不能立刻分辨出来它有没有果实,必须挖出来才知道。"

我们都说是,母亲也点点头。

父亲接下去说:"所以你们要像花生,它虽然不好看,可是很有用,不是外表好看而没有实用的东西。"

我说:"那么,人要做有用的人,不要做只讲体面,而对别人没有好处的人了。"//

父亲说:"对。这是我对你们的希望。"

我们谈到夜深才散,花生做的食品都吃完了,父亲的话却深深地印在我的心上。

节选自许地山《落花生》

作品 27 号

我打猎归来,沿着花园的林阴路走着。狗跑在我前边。

突然，狗放慢脚步，蹑足潜行，好像嗅到了前边有什么野物。

我顺着林阴路望去，看见了一只嘴边还带黄色、头上生着柔毛的小麻雀。风猛烈地吹打着林阴路上的白桦树，麻雀从巢里跌落下来，呆呆地伏在地上，孤立无援地张开两只羽毛还未丰满的小翅膀。

我的狗慢慢向它靠近。忽然，从附近一棵树上飞下一只黑胸脯的老麻雀，像一颗石子似的落到狗的跟前。老麻雀全身倒竖着羽毛，惊恐万状，发出绝望、凄惨的叫声，接着向露出牙齿、大张着的狗嘴扑去。

老麻雀是猛扑下来救护幼雀的。它用身体掩护着自己的幼儿……但它整个小小的身体因恐怖而战栗着，它小小的声音也变得粗暴嘶哑，它在牺牲自己！

在它看来，狗该是多么庞大的怪物啊！然而，它还是不能站在自己高高的、安全的树枝上……一种比它的理智更强烈的力量，使它从那儿扑下身来。

我的狗站住了，向后退了退……看来，它也感到了这种力量。

我赶紧唤住惊慌失措的狗，然后我怀着崇敬的心情，走开了。

是啊，请不要见笑。我崇敬那只小小的、英勇的鸟儿，我崇敬它那种爱的冲动和力量。

爱，我想，比//死和死的恐惧更强大。只有依靠它，依靠这种爱，生命才能维持下去，发展下去。

节选自[俄]屠格涅夫《麻雀》，巴金译

作品 28 号

那年我六岁。离我家仅一箭之遥的小山坡旁，有一个早已被废弃的采石场，双亲从来不准我去那儿，其实那儿风景十分迷人。

一个夏季的下午，我随着一群小伙伴偷偷上那儿去了。就在我们穿越了一条孤寂的小路后，他们却把我一个人留在原地，然后奔向"更危险地地带"了。

等他们走后，我惊慌失措的发现，再也找不到要回家的那条孤寂的小道了。像只无头的苍蝇，我到处乱钻，衣裤上挂满了芒刺。太阳已经落山，而此时此刻，家里一定开始吃晚餐了，双亲正盼着我回家……想着想着，我不由得背靠着一棵树，伤心地呜呜大哭起来……

突然，不远处传来了声声柳笛。我像找到了救星，急忙循声走去。一条小道边的树桩上坐着一位吹笛人，手里还正削着什么。走近细看，他不就是被大家称为"乡巴佬儿"的卡廷吗？

"你好，小家伙儿，"卡廷说，"看天气多美，你是出来散步的吧？"

我怯生生地点点头，答道："我要回家了。"

"请耐心等上几分钟，"卡廷说，"瞧，我正在削一支柳笛，差不多就要做好了，完工后就送给你吧！"

卡廷边削边不时把尚未成型的柳笛放在嘴里试吹一下。没过多久，一支柳笛便递到我手中。我俩在一阵阵清脆悦耳的笛音//中，踏上了归途……

当时，我心中只充满感激，而今天，当我自己也成了祖父时，却突然领悟到他用心之良苦!那天当他听到我的哭声时,便判定我一定迷了路,但他并不想在孩子面前扮演"救星"的角色,于是吹响柳笛以便让我能发现他,并跟着他走出困境!就这样,卡廷先生以乡下人的纯朴,保护了一个小男孩儿强烈的自尊。

节选自唐若水译《迷途笛音》

作品 29 号

在浩瀚无垠的沙漠里,有一片美丽的绿洲,绿洲里藏着一颗闪光的珍珠。这颗珍珠就是敦煌莫高窟。它坐落在我国甘肃省敦煌市三危山和鸣沙山的怀抱中。

鸣沙山东麓是平均高度为十七米的崖壁。在一千六百多米长的崖壁上,凿有大小洞窟七百余个,形成了规模宏伟的石窟群。其中四百九十二个洞窟中,共有彩色塑像两千一百余尊,各种壁画共四万五千多平方米。莫高窟是我国古代无数艺术匠师留给人类的珍贵文化遗产。

莫高窟的彩塑,每一尊都是一件精美的艺术品。最大的有九层楼那么高,最小的还不如一个手掌大。这些彩塑个性鲜明,神态各异。有慈眉善目的菩萨,有威风凛凛的天王,还有强壮勇猛的力士……

莫高窟壁画的内容丰富多彩,有的是描绘古代劳动人民打猎、捕鱼、耕田、收割的情景,有的是描绘人们奏乐、舞蹈、演杂技的场面,还有的是描绘大自然的美丽风光。其中最引人注目的是飞天。壁画上的飞天，有的臂挎花篮，采摘鲜花；有的反弹琵琶，轻拨银弦；有的倒悬身子，自天而降；有的彩带飘拂，漫天遨游；有的舒展着双臂，翩翩起舞。看着这些精美动人的壁画，就像走进了//灿烂辉煌的艺术殿堂。

莫高窟里还有一个面积不大的洞窟——藏经洞。洞里曾藏有我国古代的各种经卷、文书、帛画、刺绣、铜像等共六万多件。由于清朝政府腐败无能，大量珍贵的文物被外国强盗掠走。仅存的部分经卷，现在陈列于北京故宫等处。

莫高窟是举世闻名的艺术宝库。这里的每一尊彩塑、每一幅壁画、每一件文物，都是中国古代人民智慧的结晶。

节选自小学《语文》第六册中《莫高窟》

作品 30 号

其实你在很久以前并不喜欢牡丹，因为它总被人作为富贵膜拜。后来你目睹了一次牡丹的落花，你相信所有的人都会为之感动：一阵清风徐来，娇艳鲜嫩的盛期牡丹忽然整朵整朵地坠落，铺撒一地绚丽的花瓣。那花瓣落地时依然鲜艳夺目，如同一只奉上祭坛的大鸟脱落的羽毛，低吟着壮烈的悲歌离去。

牡丹没有花谢花败之时，要么烁于枝头，要么归于泥土，它跨越萎顿和衰老，由青春而死亡，由美丽而消遁。它虽美却不吝惜生命，即使告别也要展示给人最后一次的惊心动魄。

所以在这阴冷的四月里,奇迹不会发生。任凭游人扫兴和诅咒,牡丹依然安之若素。它不苟且、不俯就、不妥协、不媚俗,甘愿自己冷落自己。它遵循自己的花期自己的规律,它有权利为自己选择每年一度的盛大节日。它为什么不拒绝寒冷?

天南海北的看花人,依然络绎不绝地涌入洛阳城。人们不会因牡丹的拒绝而拒绝它的美。如果它再被贬谪十次,也许它就会繁衍出十个洛阳牡丹城。

于是你在无言的遗憾中感悟到,富贵与高贵只是一字之差。同人一样,花儿也是有灵性的,更有品位之高低。品位这东西为气为魂为//筋骨为神韵,只可意会。你叹服牡丹卓而不群之姿,方知品位是多么容易被世人忽略或是漠视的美。

节选自张抗抗《牡丹的拒绝》

作品 31 号

森林涵养水源,保持水土,防止水旱灾害的作用非常大。据专家测算,一片十万亩面积的森林,相当于一个两百万立方米的水库,这正如农谚所说:"山上多栽树,等于修水库。雨多它能吞,雨少它能吐。"

说起森林的功劳,那还多得很。它除了为人类提供木材及许多种生产、生活的原料之外,在维护生态环境方面也是功劳卓著,它用另一种"能吞能吐"的特殊功能孕育了人类。因为地球在形成之初,大气中的二氧化碳含量很高,氧气很少,气温也高,生物是难以生存的。大约在四亿年之前，陆地才产生了森林。森林慢慢将大气中的二氧化碳吸收，同时吐出新鲜氧气，调节气温：这才具备了人类生存的条件，地球上才最终有了人类。

森林，是地球生态系统的主体，是大自然的总调度室，是地球的绿色之肺。森林维护地球生态环境的这种"能吞能吐"的特殊功能是其他任何物体都不能取代的。然而，由于地球上的燃烧物增多，二氧化碳的排放量急剧增加，使得地球生态环境急剧恶化，主要表现为全球气候变暖，水分蒸发加快，改变了气流的循环，使气候变化加剧，从而引发热浪、飓风、暴雨、洪涝及干旱。

为了//使地球的这个"能吞能吐"的绿色之肺恢复健壮，以改善生态环境，抑制全球变暖，减少水旱等自然灾害，我们应该大力造林、护林，使每一座荒山都绿起来。

节选自《中考语文课外阅读试题精选》中
《"能吞能吐"的森林》

作品32号

朋友即将远行。

暮春时节，又邀了几位朋友在家小聚。虽然都是极熟的朋友，却是终年难得一见，偶尔电话里相遇，也无非是几句寻常话。一锅小米稀饭，一碟大头菜，一盘自家酿制的泡菜，一只巷口买回的烤鸭，简简单单，不像请客，倒像家人团聚。

其实，友情也好，爱情也好，久而久之都会转化为亲情。

说也奇怪，和新朋友会谈文学、谈哲学、谈人生道理等等，和老朋友却只话家常，柴米油盐，细细碎碎，种种琐事。很多时候，心灵的契合已经不需要太多的言语来表达。

朋友新烫了个头，不敢回家见母亲，恐怕惊骇了老人家，却欢天喜地来见我们，老朋友颇能以一种趣味性的眼光欣赏这个改变。

年少的时候，我们差不多都在为别人而活，为苦口婆心的父母活，为循循善诱的师长活，为许多观念、许多传统的约束力而活。年岁逐增，渐渐挣脱外在的限制与束缚，开始懂得为自己活，照自己的方式做一些自己喜欢的事，不在乎别人的批评意见，不在乎别人的诋毁流言，只在乎那一份随心所欲的舒坦自然。偶尔，也能够纵容自己放浪一下，并且有一种恶作剧的窃喜。

就让生命顺其自然，水到渠成吧，犹如窗前的//乌桕，自生自落之间，自有一份圆融丰满的喜悦。春雨轻轻落着，没有诗，没有酒，有的只是一份相知相属的自在自得。

夜色在笑语中渐渐沉落，朋友起身告辞，没有挽留，没有送别，甚至也没有问归期。

已经过了大喜大悲的岁月，已经过了伤感流泪的年华，知道了聚散原来是这样的自然和顺理成章，懂得这点，便懂得珍惜每一次相聚的温馨，离别便也欢喜。

节选自（台湾）杏林子《朋友和其他》

作品 33 号

我们在田野散步：我，我的母亲，我的妻子和儿子。

母亲本不愿出来的。她老了，身体不好，走远一点儿就觉得很累。我说，正因为如此，才应该多走走。母亲信服地点点头，便去拿外套。她现在很听我的话，就像我小时候很听她的话一样。

这南方初春的田野，大块小块的新绿随意地铺着，有的浓，有的淡，树上的嫩芽也密了，田里的冬水也咕咕地起着水泡。这一切都使人想着一样东西——生命。

我和母亲走在前面，我的妻子和儿子走在后面。小家伙突然叫起来："前面是妈妈和儿子，后面也是妈妈和儿子。"我们都笑了。

后来发生了分歧：母亲要走大路，大路平顺；我的儿子要走小路，小路有意思。不过，一切都取决于我。我的母亲老了，她早已习惯听从她强壮的儿子；我的儿子还小，他还习惯听从他高大的父亲；妻子呢，在外面，她总是听我的。一霎时我感到了责任的重大。我想找一个两全的办法，找不出；我想拆散一家人，分成两路，各得其所，终不愿意。我决定委屈儿子，因为我伴同他的时日还长。我说："走大路。"

但是母亲摸摸孙儿的小脑瓜，变了主意："还是走小路吧。"她的眼随小路望去：那里有金色的菜花，两行整齐的桑树，//尽头一口水波粼粼的鱼塘。"我走不过去的地方，你就背着我。"母亲对我说。

这样，我们在阳光下，向着那菜花、桑树和鱼塘走去。到了一处，我蹲下来，背起了母亲；妻子也蹲下来，背起了儿子。我和妻子都是慢慢地，稳稳地，走得很仔细，好像我背上的同她背上的加起来，就是整个世界。

节选自莫怀戚《散步》

作品 34 号

地球上是否真的存在"无底洞"？按说地球是圆的，由地壳、地幔和地核三层组成，真正的"无底洞"是不应存在的，我们所看到的各种山洞、裂口、裂缝，甚至火山口也都只是地壳浅部的一种现象。然而中国一些古籍却多次提到海外有个深奥莫测的无底洞。事实上地球上确实有这样一个"无底洞"。

它位于希腊亚各斯古城的海滨。由于濒临大海，大涨潮时，汹涌的海水便会排山倒海般地涌入洞中，形成一股湍湍的急流。据测，每天流入洞内的海水量达三万多吨。奇怪的是，如此大量的海水灌入洞中，却从来没有把洞灌满。曾有人怀疑，这个"无底洞"，会不会就像石灰岩地区的漏斗、竖井、落水洞一类的地形。然而从二十世纪三十年代以来，人们就做了多种努力，企图寻找它的出口，却都是枉费心机。

为了揭开这个秘密，一九五八年美国地理学会派出一支考察队，他们把一种经久不变的带色染料溶解在海水中，观察染料是如何随着海水一起沉下去。接着又察看了附近海面以及岛上的各条河、湖，满怀希望地寻找这种带颜色的水，结果令人失望。难道是海水量太大把有色水稀释得太淡，以致无法发现？//

至今谁也不知道为什么这里的海水会没完没了地"漏"下去，这个"无底洞"的出口又在哪里，每天大量的海水究竟都流到哪里去了？

节选自罗伯特·罗威尔《神秘的"无底洞"》

作品 35 号

我在俄国见到的景物再没有比托尔斯泰墓更宏伟、更感人的。完全按照托尔斯泰的愿望，他的坟墓成了世间最美的，给人印象最深刻的坟墓。它只是树林中的一个小小的长方形土丘，上面开满鲜花——没有十字架，没有墓碑，没有墓志铭，连托尔斯泰这个名字也没有。这位比谁都感到受自己的声名所累的伟人，却像偶尔被发现的流浪汉，不为人知的士兵，不留名姓地被人埋葬了。谁都可以踏进他最后的安息地，围在四周稀疏的木栅栏是不关闭的——保护列夫·托尔斯泰得以安息的没有任何别的东西，唯有人们的敬意；而通常，人们却总是怀着好奇，去破坏伟人墓地的宁静。这里，逼人的朴素禁锢住任何一种观赏的闲情，并且不容许你大声说话。风儿俯临，在这座无名者之墓的树木之间飒飒响着，和暖的阳光在坟头嬉戏；冬天，白雪温柔地覆盖这片幽暗的圭土地。无论你在夏天或冬天经过这儿，你都想像不到，这个小小的、隆起的长方体里安放着一位当代最伟大的人物。

然而，恰恰是这座不留姓名的坟墓，比所有挖空心思用大理石和奢华装饰建造的坟墓更扣人心弦。在今天这个特殊的日子//里,到他的安息地来的成百上千人中间,没有一个有勇气,哪怕仅仅从这幽暗的土丘上摘下一朵花留作纪念。人们重新感到,世界上再没有比托尔斯泰最后留下的、这座纪念碑式的朴素坟墓,更打动人心的了。

节选自〔奥〕茨威格《世间最美的坟墓,》 张厚仁 译

作品 36 号

我国的建筑,从古代的宫殿到近代的一般住房,绝大部分是对称的,左边怎么样,右边怎么样。苏州园林可绝不讲究对称,好像故意避免似的。东边有了一个亭子或者一道回廊,西边绝不会来一个同样的亭子或者一道同样的回廊,这是为什么?我想,用图画来比方,对称的建筑是图案画,不是美术画,而园林是美术画,美术画要求自然之趣,是不讲究对称的。

苏州园林里都有假山和池沼。

假山的堆叠,可以说是一项艺术而不仅是技术。或者是重峦叠嶂,或者是几座小山配合着竹子花木,全在乎设计者和匠师们生平多阅历,胸中有丘壑,才能使游览者攀登的时候忘却苏州城市,只觉得身在山间。

至于池沼,大多引用活水。有些园林池沼宽敞,就把池沼作为全园的中心,其他景物配合着布置。水面假如成河道模样,往往安排桥梁。假如安排两座以上的桥梁,那就一座一个样,决不雷同。

池沼或河道的边沿很少砌齐整的石岸，总是高低屈曲任其自然。还在那儿布置几块玲珑的石头，或者种些花草。这也是为了取得从各个角度看都成一幅画的效果。池沼里养着金鱼或各色鲤鱼，夏秋季节荷花或睡莲开//放，游览者看"鱼戏莲叶间"，又是入画的一景。

节选自叶圣陶《苏州园林》

作品 37 号

一位访美中国女作家，在纽约遇到一位卖花的老太太。老太太穿着破旧，身体虚弱，但脸上的神情却是那样祥和兴奋。女作家挑了一朵花说："看起来，你很高兴。"老太太面带微笑地说："是的，一切都这么美好，我为什么不高兴呢？""对烦恼，你倒真能看得开。"女作家又说了一句。没料到，老太太的回答更令女作家大吃一惊："耶稣在星期五被钉上十字架时，是全世界最糟糕的一天，可三天后就是复活节。所以，当我遇到不幸时，就会等待三天，这样一切就恢复正常了。"

"等待三天"，多么富于哲理的话语，多么乐观的生活方式。它把烦恼和痛苦抛下，全力去收获快乐。

沈从文在"文革"期间，陷入了非人的境地。可他毫不在意，他在咸宁时，给他的表侄、画家黄永玉写信说："这里的荷花真好，你若来……"身陷苦难却仍为荷花的盛开欣喜赞叹不已，这是一种趋于澄明的境界，一种旷达洒脱的胸襟，一种面临磨难坦荡从容的气度，一种对生活童子般的热爱和对美好事物无限向往的生命情感。

由此可见，影响一个人快乐的，有时并不是困境及磨难，而是一个人的心态。如果把自己浸泡在积极、乐观、向上的心态中，快乐必然会//占据你的每一天。

节选自《态度创造快乐》

作品 38 号

登泰山极顶看日出，历来被描绘成十分壮观的奇景。有人说：登泰山而看不到日出，就像一出大戏没有戏眼，味儿终究有点儿寡淡。

我去爬山那天，正赶上个难得的好天，万里长空，云彩丝儿都不见。素常，烟雾腾腾的山头，显得眉目分明。同伴们都欣喜地说："明天早晨准可以看见日出了。"我也是抱着这种想头，爬上山去。

一路从山脚往上爬，细看山景，我觉得挂在眼前的不是五岳独尊的泰山却像一幅规模惊人的青绿山水画，从下面到展开来。在画卷中最先露出的是山根儿底那座明朝建筑岱宗坊，慢慢地便现出王母池、斗母宫、经石峪。山是一层比一层深，一叠比一叠奇，层层叠叠，不知还会有多深多奇。万山丛中，时而点染着极其工细的人物。王母池旁的吕祖殿里有不少尊明塑，塑着吕洞宾等一些人，姿态神情是那样有生气，你看了，不禁会脱口赞叹说："活啦。"

画卷继续展开，绿阴森森的柏洞露面不太久，便来到对松山。两面奇峰对峙着，满山峰都是奇形怪状的老松，年纪怕都有上千岁了，颜色竟那么浓，浓得好像要流下来似的。来到这儿，你不妨权当一次画里的写意人物，坐在路旁的对松亭里，看看山色，听听流水和松涛。

一时间，我又觉得自己不仅是在看画卷，却又像是在零零乱乱翻着一卷历史稿本。

节选自杨朔《泰山极顶》

作品39号

育才小学校长陶行知在校园看到学生王友用泥块砸自己班上的同学，陶行知当即喝止了他，并令他放学后到校长室去。无疑，陶行知是要好好教育这个顽皮的学生。那么他是如何教育的呢？

放学后，陶行知来到校长室，王友已经等在门口准备挨训了。可一见面，陶行知却掏出一块糖果送给王友，并说："这是奖给你的，因为你按时来到这里，而我却迟到了。"王友惊疑地接过糖果。

随后，陶行知又掏出一块糖果放到他手里，说："这第二块糖果也是奖给你的，因为当我不让你再打人时，你立即就住手了，这说明你很尊重我，我应该奖你。"王友更惊疑了，他眼睛睁得大大的。

陶行知又掏出第三块糖果塞到王友手里，说："我调查过了，你用泥块砸那些男生，是因为他们不守游戏规则，欺负女生；你砸他们，说明你很正直善良，且有批评不良行为的勇气，应该奖励你啊！"

王友感动极了，他流着眼泪后悔地喊道："陶……陶校长你打我两下吧！我砸的不是坏人，而是自己的同学啊……"

陶行知满意地笑了，他随即掏出第四块糖果递给王友，说："为你正确地认识错误，我再奖给你一块糖果，只可惜我只有这一块糖果了。我的糖果//没有了，我看我们的谈话也该结束了吧！"说完，就走出了校长室。

节选自《教师博览·百期精华》中
《陶行知的"四块糖果"》

作品 40 号

享受幸福是需要学习的，当它即将来临的时刻需要提醒。人可以自然而然地学会感官的享乐，却无法天生地掌握幸福的韵律。灵魂的快意同器官的舒适像一对孪生兄弟，时而相傍相依，时而南辕北辙。

幸福是一种心灵的震颤。它像会倾听音乐的耳朵一样，需要不断地训练。

简而言之，幸福就是没有痛苦的时刻。它出现的频率并不像我们想象的那样少。人们常常只是在幸福的金马车已经驶过去很远时，才拣起地上的金鬃毛说，原来我见过它。

人们喜爱回味幸福的标本，却忽略它披着露水散发清香的时刻。那时候我们往往步履匆匆，瞻前顾后不知在忙着什么。

世上有预报台风的，有预报蝗灾的，有预报瘟疫的，有预报地震的。没有人预报幸福。

Qíshí xìngfú hé shìjiè wànwù yī yàng, yǒu tā de zhēngzhào.
其实 幸福 和 世界 万物 一 样，有 它 的 征兆。

Xìngfú chángcháng shì ménglóng de, hěnyǒu jiézhì de xiàng wǒmen pēnsǎ gānlín. Nǐ bùyào zǒng
幸福 常常 是 朦胧 的 很有 节制 地 向 我们 喷洒 甘霖。你 不要 总

xīwàng hōnghōng-lièliè de xìngfú, tā duō bàn zhǐshì qiāoqiāo de pūmiàn ér lái. Nǐ yě bùyào qǐtú bǎ
希望 轰轰烈烈 的 幸福，它 多半 只是 悄悄 地 扑面 而 来。你 也 不要 企图 把

shuǐlóngtóu nǐng de gèng dà, nàyàng tā huì hěn kuài de liúshī. Nǐ xūyào jìngjìng de yǐ pínghé zhī xīn, tǐyàn
水龙头 拧 得 更 大，那样 它 会 很 快 地 流失。你 需要 静静 地 以 平和 之 心，体验

tā de zhēndì.
它 的 真谛。

Xìngfú jué dà duōshù shì pǔsù de. Tā bùhuì xiàng xìnhàodàn shìde, zài hěn gāo de tiānjì shǎnshuò
幸福 绝大 多数 是 朴素的。它 不会 像 信号弹 似的，在 很 高 的 天际 闪烁

hóngsè de guāngmáng. Tā pīzhe běnsè de wài//yī, qīn qiè wēnnuǎn de bāoguǒ qǐ wǒmen.
红色 的 光芒。 它 披着 本色 的 外//衣，亲切 温暖 地 包裹 起 我们。

Xìngfú bù xǐhuan xuānxiāo fúhuá, tā chángcháng zài àndàn zhōng jiànglín. Pínkùn zhōng
幸福 不 喜欢 喧嚣 浮华，它 常常 在 暗淡 中 降临。 贫困 中

xiāngrú-yǐmò de yī kuài gāobǐng, huànnàn zhōng xīnxīn-xiāngyìn de yī gè yǎnshén, fù·qīn yī cì cūcāo de
相濡以沫 的 一 块 糕饼， 患难 中 心心相印 的 一 个 眼神， 父亲 一 次 粗糙 的

fǔmō, nǚyǒu yī zhāng wēnxīn de zìtiáo … Zhè dōu shì qiānjīn nán mǎi de xìngfú a. Xiàng yī lìlì zhuì
抚摸，女友 一 张 温馨 的 字条……这 都 是 千金 难 买 的 幸福 啊。 像 一 粒粒 缀

zài jiù chóuzi·shàng de hóng bǎoshí, zài qīliáng zhōng yùfā yìyìduómù.
在 旧 绸子上 的 红 宝石，在 凄凉 中 愈发 熠熠夺目。

Jiéxuǎn zì Bì Shūmǐn《Tíxǐng Xìngfú》
节选 自 毕 淑敏 《提醒 幸福》

Zuòpǐn 41 Hào
作品 41 号

Zài Lǐyuērènèilú de yī gè pínmínkū·lǐ, yǒu yī gè nánháizi, tā fēicháng xǐhuan zúqiú, kěshì yòu
在 里约热内卢 的 一 个 贫民窟里，有 一 个 男孩子，他 非常 喜欢 足球，可是 又

mǎi·bùqǐ, yúshì jiù tī sùliàohér, tī qìshuǐpíng, tī cóng lājīxiāng·lǐ jiǎnlái de yēzikér. Tā zài hútòng·lǐ
买不起，于是 就 踢 塑料盒儿，踢 汽水瓶， 踢 从 垃圾箱里 拣来 的 椰子壳儿。他 在 胡同里

tī, zài néng zhǎodào de rènhé yī piàn kòngdì·shàng tī.
踢，在 能 找到 的 任何 一 片 空地上 踢。

Yǒu yī tiān, dāng tā zài yī chù gānhé de shuǐtáng·lǐ měng tī yī gè zhū pángguāng shí, bèi yī wèi
有 一 天，当 他 在 一 处 干涸 的 水塘里 猛 踢 一 个 猪 膀胱 时，被 一 位

zúqiú jiàoliàn kàn·jiànle. Tā fāxiàn zhège nánháir tī de hěn xiàng shì nàme huí shì, jiù zhǔdòng tíchū yào
足球 教练 看见了。他 发现 这个 男孩儿 踢 的 很 像 是 那么 回 事，就 主动 提出 要

sòng gěi tā yī gè zúqiú. Xiǎonánháir dédào zúqiú hòu tī dé gèng màijìnr le. Bùjiǔ, tā jiù néng zhǔnquè
送 给 他 一 个 足球。 小男孩儿 得到 足球 后 踢 得 更 卖劲儿了。不久，他 就 能 准确

de bǎ qiú tījìn yuǎnchù suíyì bǎifàng de yī gè shuǐtǒng·lǐ.
地 把 球 踢进 远处 随意 摆放 的 一 个 水桶里。

圣诞节到了，孩子的妈妈说："我们没有钱买圣诞礼物送给我们的恩人，就让我们为他祈祷吧。"

小男孩儿跟随妈妈祈祷完毕，向妈妈要了一把铲子便跑了出去。他来到一座别墅前的花园里开始挖坑。

就在他快要挖好坑的时候，从别墅里走出一个人来，问小孩儿在干什么，孩子抬起满是汗珠的脸蛋儿，说："教练，圣诞节到了，我没有礼物送给您，我愿给您的圣诞树挖一个树坑。"

教练把小男孩儿从树坑里拉上来，说，我今天得到了世界上最好的礼物。明天你就到我的训练场去吧。

三年后，这位十七岁的男孩儿在第六届足球锦标赛上独进二十一球，为巴西第一次捧回了金杯。一个原//来不为世人所知的名字——贝利，随之传遍世界。

节选自刘燕敏《天才的造就》

作品 42 号

记得我十三岁时，和母亲住在法国东南部的耐斯城。母亲没有丈夫，也没有亲戚，够清苦的，但她经常能拿出令人吃惊的东西，摆在我面前。她从来不吃肉，一再说自己是素食者。然而有一天，我发现母亲正仔细地用一小块儿碎面包擦那给我煎牛排用的油锅。我明白了她称自己为素食者的真正原因。

我十六岁时，母亲成了耐斯市美蒙旅馆的女经理。这时，她更忙碌了。一天，她瘫在椅子上，脸色苍白，嘴唇发灰。马上找来医生，作出诊断：她摄取了过多的胰岛素。直到这时我才知道母亲多年一直对我隐瞒的疾痛——糖尿病。

她的头歪向枕头一边，痛苦地用手抓挠胸口。床架上方，则挂着一枚我一九三二年赢得耐斯市少年乒乓球冠军的银质奖章。

啊，是对我的美好前途的憧憬支撑着她活下去，为了给她那荒唐的梦至少加一点儿真实的色彩，我只能继续努力，与时间竞争，直至一九三八年我被征入空军。巴黎很快失陷，我辗转调到英国皇家空军。刚到英国就接到了母亲的来信。这些信是由在瑞士的一个朋友秘密地转到伦敦，送到我手中的。

现在我要回家了，胸前佩带着醒目的绿黑两色的解放十字绶带，上面挂着五六枚我终身难忘的勋章，肩上还佩带着军官肩章。到达旅馆时，没有一个人跟我打招呼。原来，我母亲在三年半以前就已经离开人间了。

在她死前的几天中，她写了近二百五十封信，把这些信交给她在瑞士的朋友，请这个朋友定时寄给我。就这样，在母亲死后的三年半的时间里，我一直从她身上吸取着力量和勇气——这使我能够继续战斗到胜利那一天。

节选自〔法〕罗曼·加里《我的母亲独一无二》

作品 43 号

生活对于任何人都非易事，我们必须有坚韧不拔的精神。最要紧的，还是我们自己要有信心。我们必须相信，我们对每一件事情都具有天赋的才能，并且，无论付出任何代价，都要把这件事完成。当事情结束的时候，你要能问心无愧地说："我已经尽我所能了。"

有一年的春天，我因病被迫在家里休息数周。我注视着我的女儿们所养的蚕正在结茧，这使我很感兴趣。望着这些蚕执著地、勤奋地工作，我感到我和它们非常相似。像它们一样，我总是耐心地把自己的努力集中在一个目标上。我之所以如此，或许是因为有某种力量在鞭策着我——正如蚕被鞭策着去结茧一般。

近五十年来，我致力于科学研究，而研究，就是对真理的探讨。我有许多美好快乐的记忆。少女时期我在巴黎大学，孤独地过着求学的岁月；在后来献身科学的整个时期，我丈夫和我专心致志，像在梦幻中一般，坐在简陋的书房里艰辛地研究，后来我们就在那里发现了镭。

我永远追求安静的工作和简单的家庭生活。为了实现这个理想，我竭力保持宁静的环境，以免受人事的干扰和盛名的拖累。

我深信，在科学方面我们有对事业而不//是对财富的兴趣。我的惟一奢望是在一个自由国家中，以一个自由学者的身份从事研究工作。

我一直沉醉于世界的优美之中，我所热爱的科学也不断增加它崭新的远景。我认定科学本身就具有伟大的美。

节选自[波兰]玛丽·居里《我的信念》，剑捷译

作品 44 号

我为什么非要教书不可?是因为我喜欢当教师的时间安排表和生活节奏。七、八、九三个月给我提供了进行回顾、研究、写作的良机,并将三者有机融合,而善于回顾、研究和总结正是优秀教师素质中不可缺少的成分。

干这行给了我多种多样的"甘泉"去品尝,找优秀的书籍去研读,到"象牙塔"和实际世界里去发现。教学工作给我提供了继续学习的时间保证,以及多种途径、机遇和挑战。

然而,我爱这一行的真正原因,是爱我的学生。学生们在我的眼前成长、变化。当教师意味着亲历"创造"过程的发生——恰似亲手赋予一团泥土以生命,没有什么比目睹它开始呼吸更激动人心的了。

权利我也有了:我有权利去启发诱导,去激发智慧的火花,去问费心思考的问题,去赞扬回答的尝试,去推荐书籍,去指点迷津。还有什么别的权利能与之相比呢?

而且,教书还给我金钱和权利之外的东西,那就是爱心。不仅有对学生的爱,对书籍的爱,对知识的爱,还有教师才能感受到的对"特别"学生的爱。这些学生,有如冥顽不灵的泥块,由于接受了老师的炽爱才勃发了生机。

所以,我爱教书,还因为,在那些勃发生机的"特别"学//生身上,我有时发现自己和他们呼吸相通，忧乐与共。

节选自〔美〕彼得·基·贝得勒《我为什么当教师》

作品45号

中国西部我们通常是指黄河与秦岭相连一线以西，包括西北和西南的十二个省、市、自治区。这块广袤的土地面积为五百四十六万平方公里，占国土总面积的百分之五十七；人口二点八亿，占全国总人口的百分之二十三。

西部是华夏文明的源头。华夏祖先的脚步是顺着水边走的，长江上游出土过元谋人牙齿化石，距今约一百七十万年；黄河中游出土过蓝田人头盖骨，距今约七十万年。这两处古人类都比距今约五十万年的北京猿人资格更老。

西部地区是华夏文明的重要发源地。秦皇汉武以后，东西方文化在这里交汇融合，从而有了丝绸之路的驼铃声声，佛院深寺的暮鼓晨钟。敦煌莫高窟是世界文化史上的一个奇迹，它在继承汉晋艺术传统的基础上，形成了自己兼收并蓄的恢宏气度，展现出精美绝伦的艺术形式和博大精深的文化内涵。秦始皇兵马俑、西夏王陵、楼兰古国、布达拉宫、三星堆、大足石刻等历史文化遗产，同样为世界所瞩目，成为中华文化重要的象征。

西部地区又是少数民族及其文化的集萃地，几乎包括了我国所有的少数民族。在一些偏远的少数民族地区，仍保留//了一些久远时代的艺术品种，成为珍贵的"活化石"，如纳西古乐、戏曲、剪纸、刺绣、岩画等民间艺术和宗教艺术。特色鲜明、丰富多彩，犹如一个巨大的民族民间文化艺术宝库。

我们要充分重视和利用这些得天独厚的资源优势，建立良好的民族民间文化生态环境，为西部大开发做出贡献。

节选自《中考语文课外阅读试题精选》中
《西部文化和西部开发》

作品46号

高兴，这是一种具体的被看得到摸得着的事物所唤起的情绪。它是心理的，更是生理的。它容易来也容易去，谁也不应该对它视而不见失之交臂，谁也不应该总是做那些使自己不高兴也使旁人不高兴的事。让我们说一件最容易做也最令人高兴的事吧，尊重你自己，也尊重别人，这是每一个人的权利，我。还要说这是每一个人的义务。

快乐，它是一种富有概括性的生存状态、工作状态。它几乎是先验的，它来自生命本身的活力，来自宇宙、地球和人间的吸引，它是世界的丰富、绚丽、阔大、悠久的体现。快乐还是一种力量，是埋在地下的根脉。消灭一个人的快乐比挖掘掉一棵大树的根要难得多。

欢欣，这是一种青春的、诗意的情感。它来自面向着未来伸开双臂奔跑的冲力，它来自一种轻松而又神秘、朦胧而又隐秘的激动，它是激情即将到来的预兆，它又是大雨过后的比下雨还要美妙得多也久远得多的回味……

喜悦,它是一种带有形而上色彩的修养和境界。与其说它是一种情绪,不如说它是一种智慧、一种超拔、一种悲天悯人的宽容和理解,一种饱经沧桑的充实和自信,一种光明的理性,一种坚定 // 的成熟,一种战胜了烦恼和庸俗的清明澄澈。它是一潭清水,它是一抹朝霞,它是无边的平原,它是沉默的地平线。多一点儿、再多一点儿喜悦吧,它是翅膀,也是归巢。也是一杯美酒,也是一朵永远开不败的莲花。

节选自王蒙《喜悦》

作品 47 号

在湾仔,香港最热闹的地方,有一棵榕树,它是最贵的一棵树,不光在香港,在全世界,都是最贵的。

树,活的树,又不卖何言其贵?只因它老,它粗,是香港百年沧桑的活见证,香港人不忍看着它被砍伐,或者被移走,便跟要占用这片山坡的建筑者谈条件:可以在这儿建大楼盖商厦,但一不准砍树,二不准挪树,必须把它原地精心养起来,成为香港闹市中的一景。太古大厦的建设者最后签了合同,占用这个大山坡建豪华商厦的先决条件是同意保护这棵老树。

树长在半山坡上,计划将树下面的成千上万吨山石全部掏空取走,腾出地方来盖楼,把树架在大楼上面,仿佛它原本是长在楼顶上似的。建设者就地造了一个直径十八米、深十米的大花盆,先固定好这棵老树,再在大花盆底下盖楼。光这一项就花了两千三百八十九万港币,堪称是最昂贵的保护措施了。

太古大厦落成之后,人们可以乘滚动扶梯一次到位,来到太古大厦的顶层,出后门,那儿是一片自然景色。一棵大树出现在人们面前,树干有一米半粗,树冠直径足有二十多米,独木成林,非常壮观,形成一座以它为中心的小公园,取名叫"榕圃"。树前面//插着铜牌,说明原由。此情此景,如不看铜牌的说明,绝对想不到巨树根底下还有一座宏伟的现代大楼。

节选自舒乙《香港:最贵的一棵树》

作品48号

我们的船渐渐地逼近榕树了。我有机会看清它的真面目:是一棵大树,有数不清的丫枝,枝上又生根,有许多根一直垂到地上,伸进泥土里。一部分树枝垂到水面,从远处看,就像一棵大树斜躺在水面上一样。

现在正是枝繁叶茂的时节。这棵榕树好像在把它的全部生命力展示给我们看。那么多的绿叶,一簇堆在另一簇的上面,不留一点儿缝隙。翠绿的颜色明亮地在我们的眼前闪耀,似乎每一片树叶上都有一个新的生命在颤动,这美丽的南国的树!

船在树下泊了片刻,岸上很湿,我们没有上去。朋友说这里是"鸟的天堂",有许多鸟在这棵树上做窝,农民不许人去捉它们。我仿佛听见几只鸟扑翅的声音,但是等到我的眼睛注意地看那里时,我却看不见一只鸟的影子。只有无数的树根立在地上,像许多根木桩。地是湿的，大概涨潮时河水常常冲上岸去。"鸟的天堂"里没有一只鸟，我这样想到。船开了，一个朋友拨着船，缓缓地流到河中间去。

第二天，我们划着船到一个朋友的家乡去，就是那个有山有塔的地方。从学校出发，我们又经过那"鸟的天堂"。

这一次是在早晨，阳光照在水面上，也照在树梢上。一切都//显得非常光明。我们的船也在树下泊了片刻。

起初四周围非常清静。后来忽然起了一声鸟叫。我们把手一拍，便看见一只大鸟飞了起来，接着又看见第二只、第三只。我们继续拍掌，很快地这个树林就变得和很热闹了。到处都是鸟声，到处都是鸟影。大的，小的，花的，黑的，有的站在枝上叫，有的飞起来，在扑翅膀。

节选自巴金《小鸟的天堂》

作品 49 号

有这样一个故事。

有人问：世界上什么东西的气力最大？回答纷纭的很，有的说"象"，有的说"狮"，有人开玩笑似的说：是"金刚"，金刚有多少气力，当然大家全不知道。

结果，这一切答案完全不对，世界上气力最大的，是植物的种子。一粒种子所可以显现出来的力，简直是超越一切。

人的头盖骨，结合得非常致密与坚固，生理学家和解剖学者用尽了一切方法，要把它完整的分出来，都没有这种力气。后来忽然有人发明了一个方法，就是把一些植物的种子放在要剖析的头盖骨里，给它以温度与湿度，使它发芽。一发芽，这些种子便以可怕的力量，将一切机械力所不能分开的骨骼，完整地分开了。植物种子的力量之大，如此如此。

这，也许特殊了一点儿，常人不容易理解。那么，你看见过笋的成长吗？你看见过被压在瓦砾和石块下面的一棵小草的生长吗？它为着向往阳光，为着达成它的生之意志，不管上面的石块如何重，石与石之间如何狭，它必定要曲曲折折地，但是顽强不屈地透到地面上来。它的根往土壤钻，它的芽往地面挺，这是一种不可抗拒的力，阻止它的石块，结果也被它掀翻，一粒种子的力量之大，如//此如此。

没有一个人将小草叫做"大力士"，但是它的力量之大，的确是世界无比。这种力是一般人看不见的生命力。只要生命存在，这种力就要显现。上面的石块，丝毫不足以阻挡。因为它是一种"长期抗战"的力；有弹性，能屈能伸的力；有韧性，不达目的不止的力。

节选自夏衍《野草》

作品 50 号

燕子去了，有再来的时候；杨柳枯了，有再青的时候；桃花谢了，有再开的时候。但是，聪明的，你告诉我，我们的日子为什么一去不复反呢？——是有人偷了他们罢：那是谁？又藏在何处呢？是他们自己逃走了罢：现在又到了哪里呢？

去的尽管去了,来的尽管来着,去来的中间,又怎样地匆匆呢?早上我起来的时候,小屋里射进两三方斜斜的太阳。太阳他有脚啊,轻轻悄悄地挪移了;我也茫茫然跟着旋转。于是——洗手的时候,日子从水盆里过去;吃饭的时候,日子从饭碗里过去;默默时,便从凝然的双眼前过去。我觉察他去的匆匆了,伸出手遮挽时,他又从遮挽着的手边过去;天黑时,我躺在床上,他便伶伶俐俐的从我身上跨过,从我脚边飞去了。等我睁开眼和太阳再见,这算又溜走了一日。我掩着面叹息。但是新来的日子的影儿又开始在叹息里闪过了。

在逃去如飞的日子里,在千门万户的世界里的我能做些什么呢?只有徘徊罢了,只有匆匆罢了;在八千多日的匆匆里,除徘徊外,又剩些什么呢?过去的日子如轻烟,被微风吹散了,如薄雾,被初阳蒸融了;我留着些什么痕迹呢?我何曾留着像游丝样的痕迹呢?我赤裸裸来//到这世界,转眼间也将赤裸裸的回去罢?

节选自朱自清《匆匆》

作品 51 号

有个塌鼻子的小男孩儿,因为两岁时得过脑炎,智力受损,学习起来很吃力。打个比方,别人写作文能写二三百字,他却只能写三五行。但即便这样的作文,他同样能写得很动人。

那是一次作文课,题目是《愿望》。他极其认真地想了半天,然后极认真地写，那作文极短。只有三句话：我有两个愿望，第一个是，妈妈天天笑眯眯地看着我说："你真聪明，"第二个是，老师天天笑眯眯地看着我说："你一点儿不笨。"

于是，就是这篇作文，深深地打动了他的老师，那位妈妈式的老师不仅给了他最高分，在班上带感情地朗读了这篇作文，还一笔一画地批道：你很聪明，你的作文写得非常感人，请放心，妈妈肯定会格外喜欢你的，老师肯定会格外喜欢你的，大家肯定会格外喜欢你的。

捧着作文本，他笑了，蹦蹦跳跳地回家了，像只喜鹊。但他并没有把作文本拿给妈妈看，他是在等待，等待着一个美好的时刻。

那个时刻终于到了，是妈妈的生日——一个阳光灿烂的星期天：那天，他起得特别早，把作文本装在一个亲手做的美丽的大信封里，等着妈妈醒来。妈妈刚刚睁眼醒来，他就笑眯眯地走到妈妈跟前说："妈妈，今天是您的生日，我要//送给您一件礼物。"

果然，看着这篇作文，妈妈甜甜地涌出了两行热泪，一把搂住小男孩儿，搂得很紧很紧。

是的，智力可以受损，但爱永远不会。

节选自张玉庭《一个美丽的故事》

作品 52 号

小学的时候，有一次我们去海边远足，妈妈没有做便饭，给了我十块钱买午餐。好像走了很久，很久，终于到海边了，大家坐下来便吃饭，荒凉的海边没有商店，我一个人跑到防风林外面去，级任老师要大家把吃剩的饭菜分给我一点儿。有两三个男生留下一点儿给我，还有一个女生，她的米饭拌了酱油，很香。我吃完的时候，她笑眯眯地看着我，短头发，脸圆圆的。

她的名字叫翁香玉。

每天放学的时候，她走的是经过我们家的一条小路，带着一位比她小的男孩儿，可能是弟弟。小路边是一条清澈见底的小溪，两旁竹阴覆盖，我总是远远地跟在她后面，夏日的午后特别炎热，走到半路她会停下来，拿手帕在溪水里浸湿，为小男孩儿擦脸，我也在后面停下来，把肮脏的手帕弄湿了擦脸，再一路远远跟着她回家。

后来我们家搬到镇上去了，过几年我也上了中学。有一天放学回家，在火车上，看见斜对面一位短头发、圆圆脸的女孩儿，一身素净的白衣黑裙。我想她一定不认识我了。火车很快到站了，我随着人群挤向门口，她也走近了，叫我的名字。这是她第一次和我说话。

她笑眯眯的，和我一起走过月台。以后就没有再见过//她了。

这篇文章收在我出版的《少年心事》这本书里。

书出版后半年，有一天我忽然收到出版社转来的一封信，信封上是陌生人的字迹，但清楚地写着我的本名。

信里面说她看到了这篇文章，心里非常激动，没想到在离开家乡，漂泊异地这么久之后，会看见自己仍然在一个人的记忆里，她自己也深深记得这其中的每一幕，只是没想到越过遥远的时空，竟然另一个人也深深记得。

节选自苦伶《永远的记忆》

作品 53 号

在繁华的巴黎大街的路旁，站着一个衣衫褴褛、头发斑白、双目失明的老人。他不像其他乞丐那样伸手向过路行人乞讨，而是在身旁立一块木牌，上面写着："我什么也看不见！"街上过往的行人很多，看了木牌上的字都无动于衷，有的还淡淡一笑，便姗姗而去了。

这天中午，法国著名诗人让·彼浩勒也经过这里。他看看木牌上的字，问盲老人："老人家，今天上午有人给你钱吗？"

盲老人叹息着回答："我，我什么也没有得到。"说着，脸上的神情非常悲伤。

让·彼浩勒听了，拿起笔悄悄地在那行字的前面添上了"春天到了，可是"几个字，就匆匆地离开了。

晚上，让·彼浩勒又经过这里，问那个盲老人下午的情况。盲老人笑着回答说："先生，不知为什么，下午给我钱的人多极了！"让·彼浩勒听了，摸着胡子满意地笑了。

"春天到了，可是我什么也看不见！"这富有诗意的语言，产生这么大的作用，就在于它有非常浓厚的感情色彩。是的，春天是美好的，那蓝天白云，那绿树红花，那莺歌燕舞，那流水人家，怎么不叫人陶醉呢？但这良辰美景，对于一个双目失明的人来说，只是一片漆黑。当人们想到这个盲老人，一生中竟连万紫千红的春天//都不曾看到，怎能不对他产生同情之心呢？

节选自小学《语文》第六册中《语言的魅力》

作品 54 号

有一次，苏东坡的朋友张鹗拿着一张宣纸来求他写一幅字，而且希望他写一点儿关于养生方面的内容。苏东坡思索了一会儿，点点头说："我得到了一个养生长寿古方，药只有四味，今天就赠给你吧。"于是，东坡的狼毫在纸上挥洒起来，上面写着："一曰无事以当贵，二曰早寝以当富，三曰安步以当车，四曰晚食以当肉。"

这哪里有药？张鹗一脸茫然地问。苏东坡笑着解释说，养生长寿的要诀，全在这四句里面。

所谓"无事以当贵"，是指人不要把功名利禄、荣辱过失考虑得太多，如能在情志上潇洒大度，随遇而安，无事以求，这比富贵更能使人终其天年。

"早寝以当富"，指吃好穿好、财货充足并非就能使你长寿。对老年人来说，养成良好的起居习惯，尤其是早睡早起，比获得任何财富更加宝贵。

"安步以当车"，指人不要过于讲求安逸、肢体不劳，而应多以步行来替代骑马乘车，多运动才可以强健体魄，通畅气血。

"晚食以当肉"，意思是人应该用已饥方食、未饱先止代替对美味佳肴的贪吃无厌。他进一步解释，饿了以后才进食，虽然是粗茶淡饭，但其香甜可口会胜过山珍；如果饱了还要勉强吃，即使美味佳肴摆在眼前也难以//下咽。

苏东坡的四味"长寿药"，实际上是强调了情志、睡眠、运动、饮食四个方面对养生长寿的重要性，这种养生观点即使在今天仍然值得借鉴。

节选自蒲昭和《赠你四味长寿药》

作品55号

人活着,最要紧的是寻觅到那片代表着生命绿色和人类希望的丛林,然后选一高高的枝头站在那里观览人生,消化痛苦,孕育歌声,愉悦世界!

这可真是一种潇洒的人生态度,这可真是一种心境爽朗的情感风貌。

站在历史的枝头微笑,可以减免许多烦恼。在那里,你可以从众生相所包含的甜酸苦辣、百味人生中寻找你自己;你境遇中的那点儿苦痛,也许相比之下,再也难以占据一席之地;你会较容易地获得从不悦中解脱灵魂的力量,使之不致变得灰色。

人站得高些,不但能有幸早些领略到希望的曙光,还能有幸发现生命的立体的诗篇。每一个人的人生,都是这诗篇中的一个词、一个句子或者一个标点。你可能没有成为一个美丽的词,一个引人注目的句子,一个惊叹号,但你依然是这生命的立体诗篇中的一个音节、一个停顿、一个必不可少的组成部分。这足以使你放弃前嫌,萌生为人类孕育新的歌声的兴致,为世界带来更多的诗意。

最可怕的人生见解,是把多维的生存图景看成平面。因为那平面上刻下的大多是凝固了的历史——过去的遗迹;但活着的人们,活得

què shì chōngmǎnzhe xīnshēng zhìhuì de, yóu // búduàn shìqù de "xiànzài" zǔchéng de wèilái. Rénshēng
却是 充满着 新生 智慧的，由// 不断 逝去的 "现在" 组成 的未来。 人生
bùnéng xiàng mǒu xiē yúlèi tǎngzhe yóu, rénshēng yě bùnéng xiàng mǒu xiē shòulèi pázhe zǒu, ér
不能 像 某些 鱼类 躺着 游， 人生 也 不能 像 某些 兽类 爬着 走，而
yīnggāi zhànzhe xiàngqián xíng, zhè cáishì rénlèi yīngyǒu de shēngcún zītài.
应该 站着 向前 行，这才是 人类 应有 的 生存 姿态。

　　　　　　　　　　　　　　　　　Jiéxuǎn zì ［Měi］ Běnjiémíng·Lāshí
　　　　　　　　　　　　　　　　　节选 自 ［美］ 本杰明·拉什
　　　　　　　　　　　　　　《Zhàn Zài Lìshǐ de Zhītóu Wēixiào》
　　　　　　　　　　　　　　　《站 在 历史的 枝头 微笑》

Zuòpǐn 56 Hào
作品 56 号

　　Zhōngguó de dì-yī dàdǎo, Táiwān Shěng de zhǔdǎo Táiwān, wèiyú Zhōngguó dàlù-jià de
　　中国 的第一 大岛、台湾 省 的主岛 台湾， 位于 中国 大陆架 的
dōngnánfāng, dìchǔ Dōng Hǎi hé Nán Hǎi zhījiān, gézhe Táiwān Hǎixiá hé Dàlù xiāngwàng. Tiānqì
东南方， 地处 东海和 南海之间， 隔着 台湾 海峡 和大陆 相望。 天气
qínglǎng de shíhou, zhàn zài Fújiàn yánhǎi jiào gāo de dìfang, jiù kěyǐ yǐnyǐnyuēyuē de wàng·jiàn
晴朗 的 时候， 站 在 福建 沿海 较 高 的 地方， 就 可以 隐隐约约 地 望见
dǎo·shàng de gāoshān hé yúnduǒ.
岛上 的 高山 和云朵。
　　Táiwān Dǎo xíngzhuàng xiácháng, cóng dōng dào xī, zuì kuān chù zhǐyǒu yī bǎi sì shí duō gōnglǐ;
　　台湾 岛 形状 狭长， 从 东 到 西，最 宽 处 只有 一百 四十多 公里；
yóu nán zhì běi, zuì cháng de dìfang yuē yǒu sānbǎi jiǔshí duō gōnglǐ. Dìxíng xiàng yī gè fǎngzhī yòng de
由 南 至北， 最 长 的 地方 约 有 三百 九十多 公里。 地形 像 一个 纺织 用 的
suōzi.
梭子。
　　Táiwān Dǎo·shàng de shānmài zòngguàn nánběi, zhōngjiān de zhōngyāng shānmài yóurú
　　台湾 岛上 的 山脉 纵贯 南北， 中间 的 中央 山脉 犹如
quándǎo de jǐliang. Xībù wéi hǎibá jìn sìqiān mǐ de Yù Shān shānmài, shì Zhōngguó dōngbù de zuì gāo
全岛 的 脊梁。西部 为 海拔 近 四千米的 玉山 山脉， 是 中国 东部 的 最高
fēng. Quándǎo yuē yǒu sān fēn zhī yī de dìfang shì píngdì, qíyú wéi shāndì. Dǎonèi yǒu duàndài bān
峰。 全岛 约有 三 分 之一 的 地方 是 平地，其余 为 山地。岛内 有 缎带 般
de pùbù, lánbǎoshí shìde húpō, sìjìchángqīng de sēnlín hé guǒyuán, zìrán jǐngsè shífēn yōuměi.
的 瀑布， 蓝宝石 似的 湖泊， 四季常青 的 森林 和 果园， 自然 景色 十分 优美。
Xīnánbù de Ālǐ Shān hé Rìyuè Tán, Táiběi shìjiāo de Dàtúnshān fēngjǐngqū, dōu shì wénmíng shìjiè de
西南部 的 阿里 山 和日月 潭， 台北 市郊 的 大屯山 风景区， 都 是 闻名 世界 的
yóulǎn shèngdì.
游览 胜地。
　　Táiwān Dǎo dìchǔ rèdài hé wēndài zhījiān, sìmiàn huán hǎi, yǔshuǐ chōngzú, qìwēn shòudào hǎiyáng
　　台湾 岛 地处 热带 和 温带 之间， 四面 环 海， 雨水 充足， 气温 受到 海洋

的调剂，冬暖夏凉，四季如春，这给水稻和果木生长提供了优越的条件。水稻、甘蔗、樟脑是台湾的"三宝"。岛上还盛产鲜果和鱼虾。

台湾岛还是一个闻名世界的"蝴蝶王国"。岛上的蝴蝶共有四百多个品种，其中有不少是世界稀有的珍贵品种。岛上还有不少鸟语花香的蝴//蝶谷，岛上居民利用蝴蝶制作的标本和艺术品，远销许多国家。

节选自《中国的宝岛——台湾》

作品 57 号

对于中国的牛，我有着一种特别尊敬的感情。

留给我印象最深的，要算在田垄上的一次"相遇"。

一群朋友郊游，我领头在狭窄的阡陌上走，怎料迎面来了几头耕牛，狭道容不下人和牛，终有一方要让路。它们还没有走近，我们已经预计斗不过畜牲，恐怕难免踩到田地泥水里，弄得鞋袜又泥又湿了。正踟蹰的时候，带头的一头牛，在离我们不远的地方停下来，抬起头看看，稍迟疑一下，就自动走下田去。一队耕牛，全跟着它离开阡陌，从我们身边经过。

我们都呆了，回过头来，看着深褐色的牛队，在路的尽头消失，忽然觉得自己受了很大的恩惠。

中国的牛，永远沉默地为人做着沉重的工作。在大地上，在晨光或烈日下，它拖着沉重的犁，低头一步又一步，拖出了身后一列又一列松土，好让人们下种。等到满地金黄或农闲时候，它可能还得担当搬运负重的工作；或终日绕着石磨，朝同一方向，走不计程的路。

在它沉默的劳动中，人便得到应得的收成。

那时候，也许，它可以松一肩重担，站在树下，吃几口嫩草。偶尔摇摇尾巴，摆摆耳朵，赶走飞附身上的苍蝇，已经算是它最闲适的生活了。

中国的牛，没有成群奔跑的习//惯，永远沉沉实实的，默默地工作，平心静气。这就是中国的牛！

节选自小思《中国的牛》

作品 58 号

不管我的梦想能否成为事实，说出来总是好玩儿的：

春天，我将要住在杭州。二十年前，旧历的二月初，在西湖我看见了嫩柳与菜花，碧浪与翠竹。由我看到的那点儿春光，已经可以断定，杭州的春天必定会教人整天生活在诗与图画之中。所以春天我的家应当是在杭州。

夏天，我想青城山应当算作最理想的地方。在那里，我虽然只住过十天，可是它的幽静已拴住了我的心灵。在我所看见过的山水中，只有这里没有使我失望。到处都是绿，目之所及，那片淡而光润的绿色都在轻轻地颤动，仿佛要流入空中与心中似的。这个绿色会

xiàng yīnyuè, díqīng le xīnzhōng de wànlǜ.
像 音乐，涤清了 心中 的 万虑。

　　Qiūtiān yīdìng yào zhù Běipíng. Tiāntáng shì shénme yàngzi, wǒ bù zhī·dào, dànshì cóng wǒ de shēnghuó jīngyàn qù pànduàn, Běipíng zhī qiū biàn shì tiāntáng. Lùn tiānqì, bù lěng bù rè. Lùn chī de, píngguǒ, lí, shìzi, zǎor, pú·táo, měi yàng dōu yǒu ruò gān zhǒng. Lùn huācǎo, júhuā zhǒnglèi zhī duō, huā shì zhī qí, kěyǐ jiǎtiānxià. Xīshān yǒu hóng yè kě jiàn, Běihǎi kěyǐ huáchuán —— suīrán héhuā yǐcán, héyè kě háiyǒu yī piàn qīngxiāng. Yī-shí-zhù-xíng, zài Běipíng de qiūtiān, shì méi·yǒu yī xiàng bù shǐ rén mǎnyì de.
秋天 一定要住 北平。 天堂 是 什么 样子，我不 知道，但是 从 我的 生活 经验 去 判断， 北平 之秋 便是 天堂。论 天气，不 冷 不 热。论 吃 的， 苹果、 梨、柿子、枣儿、葡萄， 每样 都 有 若 干 种。 论 花草，菊花 种类 之 多， 花式 之 奇，可以 甲天下。 西山 有 红 叶可见，北海 可以 划船 —— 虽然 荷花 已残，荷叶 可 还有 一 片 清香。 衣食住行， 在 北平 的 秋天， 是 没有 一 项 不 使 人 满意 的。

　　Dōngtiān, wǒ hái méi·yǒu dǎhǎo zhǔyi, chéngdū huòzhě xiāngdāng de héshì, suīrán bìng bù zěnyàng hénuǎn, kěshì wèile shuǐxiān, sù xīn làméi, gè sè de cháhuā, fǎngfú jiù shòu yīdiǎnr hán//lěng, yě pō zhí·dé qù le. Kūnmíng de huā yě duō, érqiě tiānqì bǐ Chéngdū hǎo, kěshì jiù shūpù yǔ jīngměi ér piányi de xiǎochī yuǎn·bùjí Chéngdū nàme duō. Hǎo ba, jiù zàn zhème guīdìng: Dōngtiān bù zhù Chéngdū biàn zhù Kūnmíng ba.
冬天， 我 还 没有 打好 主意， 成都 或者 相当 地 合适， 虽然 并 不 怎样 和暖，可是 为了 水仙， 素心 腊梅，各色 的 茶花， 仿佛 就 受 一点儿 寒//冷， 也 颇 值得 去 了。 昆明 的 花 也 多，而且 天气 比 成都 好，可是 旧 书铺 与 精美 而 便宜的 小吃 远不及 成都 那么多。 好吧，就 暂 这么 规定： 冬天 不住 成都 便住 昆明 吧。

　　Zài kàngzhàn zhōng, wǒ méi néng fā guónàn cái. Wǒ xiǎng, kàngzhàn shènglì yǐhòu, wǒ bì néng kuò qǐ·lái. Nà shíhou, jiǎruò fēijī jiǎnjià, yī-èrbǎi yuán jiù néng mǎi yī jià de huà, wǒ jiù zìbèi yī jià, zé huángdào-jírì mànmàn de fēixíng.
在 抗战 中， 我没 能 发 国难 财。 我 想， 抗战 胜利 以后，我必 能 扩 起来。那 时候， 假若 飞机 减价， 一二百 元 就 能 买 一架 的 话，我 就 自备 一架，择 黄道吉日 慢慢 地 飞行。

Jiéxuǎn zì Lǎo Shě《Zhù de Mèng》
节选 自 老 舍《住 的 梦》

Zuòpǐn 59 Hào
作品 59 号

　　Wǒ bùyóude tíngzhùle jiǎobù.
我 不由得 停住了 脚步。

　　Cóngwèi jiànguo kāide zhèyàng shèng de téngluó, zhǐ jiàn yī piàn huīhuáng de dànzǐsè, xiàng yī tiáo pùbù, cóng kōngzhōng chuíxià, bù jiàn qí fāduān, yě bù jiàn qí zhōngjí, zhǐshì shēnshēnqiǎnqiǎn de zǐ,
从未 见过 开得 这样 盛 的 藤萝，只见 一 片 辉煌 的 淡紫色， 像 一 条 瀑布， 从 空中 垂下，不见其 发端， 也不见其 终极， 只是 深深浅浅 的 紫，仿佛在流动,在欢笑,在不停地生长。紫色的大条幅上,泛着点点银光,就像迸溅的水花。仔细看时,才知那是每一朵紫花中的最浅淡的部分,在和阳光互相挑逗。

这里除了光彩,还有淡淡的芳香。香气似乎也是浅紫色的,梦幻一般轻轻地笼罩着我。忽然记起十多年前,家门外也曾有过一大株紫藤萝,它依傍一株枯槐爬地很高,但花朵从来都稀落,东一穗西一串伶仃地挂在树梢,好像在察言观色,试探什么。后来索性连那稀零的花串也没有了。园中别的紫藤花架也都拆掉,改种了果树。那时的说法是,花和生活腐化有什么必然关系。我曾遗憾地想:这里再看不见藤萝花了。

过了这么多年,藤萝又开花了,而且开得这样盛,这样密,紫色的瀑布遮住了粗壮的盘虬卧龙般的枝干,不断地流着,流着,流向人的心底。花和人都会遇到各种各样的不幸,但是生命的长河是无止境的。我抚摸了一下那小小的紫色的花舱,那里满装了生命的酒酿,它张满了帆,在这 // 闪光的花的河流上航行。它是万花中的一朵,也正是由每一个一朵,组成了万花灿烂的流动的瀑布。

在这浅紫色的光辉和浅紫色的芳香中,我不觉加快了脚步。

节选自宗璞《紫藤萝瀑布》

作品60号

在一次名人访问中,被问及上个世纪最重要的发明是什么时，有人说是电脑，有人说是汽车，等等。但新加坡的一位知名人士却说是冷气机。他解释，如果没有冷气，热带地区如东南亚国家，就不可能有很高的生产力，就不可能达到今天的生活水准。他的回答实事求是，有理有据。

看了上述报道，我突发奇想：为什么没有记者问："二十世纪最糟糕的发明是什么？"其实二〇〇二年十月中旬，英国的一家报纸就评出了"人类最糟糕的发明"。获此"殊荣"的，就是人们每天大量使用的塑料袋。

诞生于上个世纪三十年代的塑料袋，其家族包括用塑料制成的快餐饭盒、包装纸、餐用杯盘、饮料瓶、酸奶杯、雪糕杯等等。这些废弃物形成的垃圾，数量多、体积大、重量轻、不降解，给治理工作带来很多技术难题和社会问题。

比如，散落在田间、路边及草丛中的塑料餐盒，一旦被牲畜吞食，就会危及健康甚至导致死亡。填埋废弃塑料袋、塑料餐盒的土地，不能生长庄稼和树木，造成土地板结，而焚烧处理这些塑料垃圾，则会释放出多种化学有毒气体，其中一种称为二噁英的化合物，毒性极大。

此外，在生产塑料袋、塑料餐盒的//过程中使用的氟利昂，对人体免疫系统和生态环境造成的破坏也极为严重。

节选自林光如《最糟糕的发明》

参考文献

[1] 王素珍．幼儿教师口语训练教程［M］．上海：复旦大学出版社，2010．

[2] 邓萌．幼儿教师口语［M］．北京：北京邮电大学出版，2016．

[3] 李莉．幼儿教师口语训练［M］．上海：华东师范大学出版社，2014．

[4] 姚春．幼儿教师口语［M］．武汉：华中师范大学出版社，2014．

[5] 李志行．幼儿教师口语教程［M］．成都：西南财经大学出版社，2018．

[6] 谢增伦，彭春艳，陈大鉴．幼儿教师口语［M］．重庆：重庆大学出版社，2019．

[7] 崔元，孙明红．幼儿教师口语［M］．北京：人民教育出版社，2011．

[8] 苏霍姆林斯基．给教师的建议［M］．北京：科学教育出版社，1984．

[9] 万里，赵立泰．汉语口语表达教程［M］．北京：北京师范大学出版社，1990．

[10] 程培元．教师口语教程［M］．北京：高等教育出版社，2004．

[11] 国家教委师范司．教师口语：试用本［M］．北京：北京师范大学出版社，1996．

[12] 刘伯奎．教师口语训练教程［M］．3 版．北京：中国人民大学出版社，2017．

[13] 周兢，余珍有．幼儿园语言教育［M］．北京：人民教育出版社，2004．

[14] 汪缚天，张祥华．师范生口语读本［M］．北京：开明出版社，2005．

[15] 李峻．态势语言论略［M］．北京：中国文联出版社，2000．

[16] 李生兰．学前儿童家庭教育：修订版［M］．上海：华东师范大学出版社，2006．

[17] 李杰群．非言语交际概论［M］．北京：北京大学出版社，2002．

[18] 范玲．学前儿童语言教育［M］．武汉：华中师范大学出版社，2013．

[19] 路玉才，张惠玲．教师口语应用技能训练［M］．北京：教育科学出版社，2016．

[20] 刘金花．儿童发展心理学［M］．上海：华东师范大学出版社，2006．